金融之道

贰

把钱贷给谁

周时奋　陈　琳／著

中信出版集团 | 北京

图书在版编目（CIP）数据

把钱贷给谁（金融道2）/周时奋，陈琳著. —北京：中信出版社，2011.9（2025.1重印）
ISBN 978-7-5086-2981-0

I. 把… II. ①周… ②陈 … III. 商业银行－经济管理－经验－杭州市 IV. F832.33

中国版本图书馆 CIP 数据核字（2011）第 163773 号

金融道2
把钱贷给谁
BA QIAN DAI GEI SHUI

著　　者：周时奋　陈　琳
策划推广：中信出版社（China CITIC Press）
出版发行：中信出版集团股份有限公司（北京市朝阳区东三环北路27号嘉铭中心　邮编　100020）
（CITIC Publishing Group）
承 印 者：北京通州皇家印刷厂
开　　本：787mm×1092mm　1/16　　**印　　张**：19.5　　**字　　数**：260千字
版　　次：2011年9月第1版　　**印　　次**：2025年1月第22次印刷
书　　号：ISBN 978-7-5086-2981-0 / F · 2430
定　　价：42.00元

http: //www.publish.citic.com　服务传真：010-84849000
E-mail: sales@citicpub.com
author@citicpub.com

致 谢

特别感谢本书专业顾问——著名信贷业务专家戴恩成先生在本书成稿过程中提供的全力支持。戴恩成先生是原杭州广发公司业务专员，在杭州广发信贷业务发展和信贷文化形成过程中起到了重大的推动作用，是杭州广发信贷业务发展中的里程碑式人物。作为本书的主要策划人员之一，戴恩成先生倾注了大量的心血，其创造的诸如业务综合开发、“禁区”理论、信贷售后服务等学术研究成果和实战经验，在本书中也有较大篇幅体现。

在本书的写作中，我们得到了章伟良、蒋骊军、朱慧娣、许玲凤、许国荣、陈悦哲、林宪、王勇川、姚非非、吴郡、倪曙晖、乔立江、臧民真、章育民、斯卫新、忻军辉、梁华、斯伟波、王祖康、谌福民、王锋、江发全、卢敏、葛峰、王少波、吴峻、陈妩、郭庆、严靓、姚启建、黄健、陈镭、金晔、秦小松、王秀秀、毛小敏、马燕等同志无私提供的案例资料和帮助，为此表示作者深深的谢意。

由于涉及隐私保护，本书中部分企业名称、个人姓名使用了化名。

目录

序言

距离《金融道——一家弱势银行的崛起》出版刚好四年，第一本《金融道》在金融圈中广受好评，甚至很多其他非金融行业人都在学习，这说明杭州广发的确有它独特的魅力。

第一本《金融道》写的是杭州广发整体的经营管理模式，而《金融道之二——把钱贷给谁》则是对银行核心的信贷业务进行深度的剖析，既有翔实的案例佐证，又有独特的经营理念，很值得一读。

商业银行面对的是市场，不能被动地应付市场，只有驱动市场才能成为市场的主导者，银行经营的难度恰恰就在此处。而杭州广发提出成为“驱动市场的银行”，勇敢地去破解这个难题。

市场的基本逻辑是：如果一个人想得到幸福，他（或她）必须首先使别人幸福。更通俗地讲，利己先利人。比如说，生产者要获得利润，就必须提供给消费者满意的产品或服务，为消费者创造价值。市场竞争，本质上是为他人创造价值的竞争。杭州广发明显深谙此道。他们一系列的创新，都是围绕着“为客户创造价值”这一理念进行的，很多业务模式在当时都是国内首创。银行与企业合作，不仅仅体现在资金上的合作，更重要的是商业智慧的合作，从为企业“融资”到为企业“融智”，这是一个新价值的创造过程，是一个质的提升。杭州广发也确实将“融智”这一行为始终贯穿在信贷经营全过程之中，甚至提供超越了经济利益的服务。

关云长过五关斩六将，智勇双全，杭州广发在致力于成为“驱动市场的银行”的过程中，也是闯过了各道难关，但其中最关键的是三道关。

第一道是“定位关”，简单地说就是选择什么样的客户。中国银行业趋同化严重，而杭州广发却是一家旗帜鲜明的银行，他们从1998年起就提出了中小企业为主的市场定位。从中小企业到成长型中小企业，再到原生态企业，他们对市场定位进行再优化、再深化，清晰的战略思路使得他们能够在经营上做到特色化、专业化，并获得了竞争中的比较优势。

杭州广发认为，选择客户必须先人后事，阅人比阅事更重要，选择客户最重要的是选择拥有共同经营价值观的未来成功者。企业家是一家企业的灵魂，在整个市场经济中发挥着关键作用，选择什么样的企业某种意义上来讲就是选择一个什么样的企业家。

第二道是“理念关”，这是解决信贷经营本质的问题，也就是银行本身的经营价值观。杭州广发认为银行经营的是信用，而并非仅仅是常规意义上的货币。银行依托银行信用开展经营活动，为客户提供的除了资金外，更重要的是提供了银行信用。如果看透了这个本质，银行的发展也就空间无限了，创新也会源源不断。杭州广发信贷业务的发展史从根本上讲就是不断创新信用链接方式的过程，他们有很多在国内银行业首创的产品。

信用，其实是一种冒险的信任，所以从更深一层讲，经营信用也就是在经营风险。实际上所有的银行都在经营风险，也许因为这两个字太刺眼，人们往往不愿直截了当地说出它的本质。杭州广发认为经营风险的关键是风险可控，这是一种观念的更新，也是更加务实地面对风险的态度。

第三道是“方法关”，这是落实到操作层面的事情，需要的是更优更新的方法。一讲创新，可能很多人会觉得是要闯入“禁区”，而事实上，“禁区”并非不得进入之地，而是我们还没发现或者还没有能力进入的地方，一旦我们找到了开门之匙，射门得分就会更加容易。那么，在实际经营中，我们所要做的就是去积极寻找、打造开门利器。

杭州广发的信贷经营有很多有特色的做法，比如：他们倡导的中医式信贷经营——西医是治人的病，中医是治有病的人，在中国经营信贷特别要关注其社会性，要有整体的观念和辩证的方法；驱动市场的各种方法——成片开发、滚动开发、深度开发、专业经营等。在服务客户方面，他们实施了“像养孩子一样的全程服务”、“不能溺爱客户”、“信贷售后服务”等做法，看上去有违一般银行的信贷服务，但却辩证地体现了银行信贷经营的本质。

就像杭州广发建行初期就提出的理念——“不克隆一家银行”，他们确实也做到了。“做别人还没做的事，做别人不能做的事，做别人不敢做的事”，这并非要越政策雷池，侥幸行事，而是突破传统思维下“不能做”的认知框架，抓住市场的本质规律，通过创新业务模式将事情做成。在探索中国特色金融业的道路上，杭州广发做出了很多有益并且有效的探索，很值得去学习研究。

很赞赏金海腾行长在此书后记中提出的观点，在当前严格的政策保护下，银行业确实是发育最不充分、竞争最不完全的行业之一，也是仅存的未被民营资本冲击的领域之一。杭州广发在激烈的同质化竞争中找到了一条独特的发展之路，找到了“蓝海”——中小企业客户，发现了“长尾”——原生态客户，金海腾行长现在又提出了“农村金融”这一新的发展思路，中国银行业的发展空间的确远远没有穷尽，充满想象，探索之路任重而道远。

《金融道》系列的两本书是中国金融界少有的既有实战经验又有理论提炼的好书，不仅对于金融从业人员，而且对于各类企业经营管理人员都是大有裨益的。所以，特别向读者推荐。

张维迎

北京大学教授

第一篇 谁是最优质的客户

选择客户，必须先人后事，阅人比阅事更重要。选择客户最重要的是选择拥有共同经营价值观的未来成功者。

——题记

第一章
谁是最可靠的客户

大客户不一定就是优质客户，小客户也不一定就是劣质客户。

——题记

2008年4月14日的《21世纪经济报道》，头版报道了一家名为南望信息产业集团（下称南望集团）的新闻，消息骇人听闻，说这家集团正走在破产的悬崖边上。这家公司就在杭州，这就不能不引起广发银行杭州分行（下称杭州广发）的特别关注。

这是一家国内响当当的安防巨头。一组标志性的数据足以让每一家银行动心：数亿元的注册资金；产品占据60%的国内市场份额；拥有36项发明专利，400多名智能型员工，博士和硕士超过1/3；企业地位名列浙江软件企业“十强”。在中小企业遍地开花的浙江，南望集团算得上是一家高科技企业的“小巨人”。

小巨人在一夜之间颓然倒下。

导致巨人倒下的原因很简单：冒进，过于冒进。南望集团大范围地涉足水电站投资、房地产开发等多个领域，在浮躁而亢奋的冒进中，资金链断裂了！

人们这才发现被辉煌掩盖着的阴暗死角，那里是一堆拖欠着的地下高利贷，本利加在一起，足足有7亿元。

世事沉浮晃眼过，但是让杭州广发印象深刻的，却是那些被卷入“南望风波”中的银行，他们成了最终的受害者。是的，总共有15家银行4.9亿元贷款深陷其中，再也收不回来了。

事情的败露也起因于银行。15家银行中先知先觉的一家发现了某些不太对劲的地方，就率先点燃了风波的导火索。2008年3月上旬，他们向法院申请资产保全，于是法院查封了南望集团的资产，即使这样，他们也未能全身而退。一句话，银行最担心的事情发生了：银行被客户拉下了水。

一个简单的问题再次让银行深思：谁是最可靠的客户？

客户选择的两个不等式

南望事件让人印象深刻。

在很多银行看来，能够与诸如南望集团这样的大中型企业抱团取暖，一定会是双赢的事。事实上却有另一个说法：贷款的信用风险，高度集中在“大款陷阱”上。

银行过分倾向“大客户”，导致经营结构严重失调。与大客户“荣损与共”只是银行的一相情愿，一荣不一定能俱荣，一损则很大程度上就是俱损。

直到这个时候，杭州广发还是以隔岸观火者的姿态在总结别人、提醒自己。行长金海腾开始布置大家讨论如何从别人的“吃亏”中让自己“长智”，因为那是成本最低的培训。

事情的逆转出现在杭州广发的预警机制自发地提出了问题：“在南望事件中，我们分行没有卷入，但是下面的支行会不会卷进去？”

那就不再是隔岸观火而是“烫着脚”的事情了。

果然烫着了脚。

没多久，德胜支行报告说，有1 500万元贷款套在了南望集团。

1 500万元不是一个小数，德胜分行立刻启动应急机制。

应急的事务现在暂时让少数人去做吧。读者朋友在听到最后的结果之前，先与杭州广发的大多数同人一起作下反思。看过《金融道》第一部的读者都知道，杭州广发的放贷有“首笔谈话制”，这是安全保障的第一关。现在，行内行外的所有人，都首先把犀利的目光投向了这一关。

首先就追问这“首笔谈话”。一追问，蹊跷事还真恰到好处地表现出了它的蹊跷细节。南望集团正是不久前杭州广发发展的新客户，卷进去的也正是首笔贷款。大家现在才恍然大悟，不管当初贷款的理由如何堂皇，这笔贷款得手后却完全被用于“补窟窿”了。

“首笔谈话”的人干什么吃的？

被问及的人追悔莫及：“我总以为是一家大客户。”言下之意是还能放长线钓大鱼。

大家这才想起了行长金海腾曾经说过的这么一段话：

“大客户不一定就是优质客户，小客户也不一定就是劣质客户。”——这就是杭州广发在判别客户上的两个不等式——“做得好，大客户带来的是规模的快速扩张，小客户却能带来单位效益的提升；大客户不一定船大抗风险，小客户也不一定是船小好掉头。客户选择不在于教条式的对照，而在于辨证地判别。”

问题出在判别上，而判别却源于理念。

针对南望事件，杭州广发开始了“理性追溯”，几位善于研究的资深同人开始发言——这时候，善于思考的优势就化为了分析的理性力量：

“信贷经营需要把握四个核心维度，”讨论以学术化的语言开场，话说得一点没错，“投向、投量、投速和投法。投向，就是选择什么样的客户，建立什么样的客户结构；投量，就是对某一客户或客户群体投放的信贷资金的多少；投速，就是选择在什么样的时间，以什么样的节奏来进行贷款投放；投法，就是以何种恰当方式来进行投放。在这四个维度中，最根本的是客户选择。它将决定是否进行投放，也将决定投量、投速和投法的选择。”

这等于没说，因为结论依旧是“兔子果然有两只耳朵”。

金海腾接过话题，继续发挥：“对，信贷最核心的问题，就是把钱贷给谁。”

那么，这个“谁”是谁呢？

大家常常说“风险小、收益高”的客户，是每家银行梦寐以求的优质客户。那么谁是这个“风险小、收益高”的客户？用什么方法去度量这个优质客户呢？这里面有规律可循吗？

讨论由此热烈起来。第一阶段的讨论成果，可以归纳为如下四个方面的分析和基本判断：

第一，客户越大，收益却不一定越高。因为大企业吃香，众多银行都争相提供贷款，银行间的竞争手段之一是利率竞争，竞争的结果是给大企业的利率往往会大大低于中小客户，二者的浮动差在15%以上是司空见惯的现象。

第二，客户越大，风险不一定越小。企业大，不一定强；中国企业的“大”主要看固定资产，而“强”主要看现金流。对于前者，不良资产是一大克星；而对于后者，大企业家常常会在发展过程中冒着超常规的风险去攫取超常规的收益，而银行最怕把钱贷给“疯子”。

第三，客户越大，潜在风险可能越大。由于规模大，企业所具备的行业影响力和区域影响力也大，导致大企业都有丰富的优质社会资源，它们“拆东墙补西墙”的余地也大。它们看似有较强的抗风险能力，实际上这一能力主要依赖于其资金协调能力。它们对这种协调能力过分自信，就常常导致非理性的决策。金海腾在与数百位企业家接触后，得出这样的结论：“一个企业家决策的资金规模往往数倍于其自身的实力。”超出的部分大多来自于信贷。这就意味着，对于企业，一旦有风吹草动，第一个跑来掐住它喉咙的，就是银行；而对于银行，使它们战战兢兢的，正是害怕被这样庞大的伙伴热烈拥抱，在晕晕乎乎之际被一把拉下水。

第四，并不是客户越小，风险越高。杭州广发对其2008年年底的存量客户进行了调查分析，并按贷款金额1 000万元、1 000万~3 000万元、3 000万元以上进行了三个档次的分类。结论是，贷款逾期率最低是1 000万元以下，最高的是3 000万元以上，后者的逾期率是前者的两倍以上；而在经历全球金融海啸的冲击后，在外向型经济特点显著的浙江，中小企业贷款的不良率仍然大大低于大型企业。

马上有人提出反驳，认为上述的四种情况分析，似乎与经济学家的某个调查的结论大唱反调。

那个调查认为，主要银行业金融机构亿元以上贷款的大客户，数量上仅占其全部贷款客户数不足 1 %，而贷款余额却占全部贷款余额的近50%。——OK，经济学的“二八定律”在银行经营中得到了直接的体现，这就是“大客户价值”的理论基础。

讨论的第二阶段显然跳出了南望事件的本身框架，而在立论上形成了两个派别观点，姑且称为客观派和主观派。

前者说：专家理论描述的正是一种本质规律，大客户的作用是客观存在的。

后者说：理论往往是灰色的，大客户小客户只是一种主观判断，其实客户无所谓大小，而在于优质与否。

矛盾吗？其实并不矛盾。

所有矛盾的焦点，都在于如何定义“大客户”。

什么叫客户？杭州广发在激烈争论中形成了新的定义：客户是一种商务关系，客户是合作的对象，客户是选择的结果。

能不能成为银行的客户，这是双向选择的结果。这一选择最终导致一种相互合作的关系，一种经过选择而最终确立的商务关系。

换言之，信贷的核心就是选择客户。客户大不大，就是从长远的合作来看，它能不能真正做大。

行长金海腾说了一句意味深长的话：“重在选择客户。选择客户，必须先人后事，阅人比阅事更重要。选择客户最重要的是选择拥有共同经营价值观的未来成功者。”

这句话其实就是杭州广发的“大客户”标准。

因为这句话中有三个关键词：选择、共同价值观以及未来成功者。

在日后的深化认识中，这三个关键词又演化为“大客户”的三个必要条件：第一必须是优秀的企业家；第二必须是与杭州广发具有共同的经营价值观；第三必须会是未来的成功者。

太理论化了吧，容我们慢慢解释。

发现优秀的企业家

在我们讨论的同时，南望事件的调查也正在紧张地进行。

对于南望集团的判断肯定是出了问题，作为首笔贷款出账前的最后一道程序是否也没把好关呢？这一次的“首笔谈话”漏洞就在于，这一程序的要点本来是要通过谈话去判断一个人，判断一个企业家，而不是直接判断一家企业，但是失败的“南望首笔谈话”却在判断企业。

“首笔谈话制”形成的原因，在《金融道》第一部中有过较为详细的阐述。一个因偶然风险事件产生的看似亡羊补牢之策，经过杭州广发的不断演变，成了授信流程中非常重要的一个环节。杭州广发对每一家第一次授信的企业，在贷款发放前都要进行“首笔谈话”，由分行行长室的一位成员与已通过分行信贷审批流程的“拟贷款”项目的企业董事长或主要经营者进行面谈。

面谈不是东扯葫芦西扯瓢，面谈有它的特殊用意。

金海腾说过，“与企业家进行‘首笔谈话’，侧重的不是具体的合作方案，重要的是谈思路、谈文化、谈管理，了解企业家的为人及其经营价值观”。首次谈话确实需要艺术，需要洞察力，正如金海腾说的：“通过当面的闲谈，能够更全方位地了解企业家的个性和爱好，有利于进一步增进沟通，同时，也有利于收集更多信贷调查中没有发现的信息，帮助进行信贷判断。”

是的，“首笔谈话”往往能牵引出信贷调查中可能忽略的细节。

那是2000年的一次“首笔谈话”。一个温州的企业家在杭州创办了一家企业，向杭州广发申请贷款。进行“首笔谈话”的是行长金海腾，他在事前就开始做“功课”。在翻阅资料时，细心的金海腾把目光停在了这个企业家的身份证号码上，这个号码看似无懈可击，但序列号的归属地却是杭州地区，如果将户口从温州迁移到杭州来，身份证号码应该还是原来温州的号码。这显然是信贷的题外话了，然而循着这个疑点，在看似不经意的谈话中，金海腾得知这个企业家的归属地其实已经无所谓杭州或者温州，因为他全家都已经移民到了国外，相当一部分的个人资产也已经转移至国外。这也意味着，假如贷款发生风险，追诉起来将会非常麻烦。一笔从一般信贷流程上判断似乎风险可控的贷款，实质风险很可能大大高于表面风险。

于是，这笔贷款被否决了。

如果将金海腾谈话的要点仅仅定位于识破其漏洞所在，那就大杀风景了。“首笔谈话”的真正要点首先是判断企业家优秀与否，就是发现优秀的企业家。而“首笔谈话”的另一个重要含义却在于构建。副行长任清尧有着丰富的“首笔谈话”经验，他说：

“‘首笔谈话’不是一次程序性的谈话，它其实是一种沟通机制的开始，通过‘首笔谈话’奠定的沟通基础，银行高层与企业高层建立一种良性互动的交流关系，在银行与企业此后的合作期间，双方高层始终可以保持一种紧密的联系，从而真正有利于银企关系的良性化。”

这正是一种巧妙的跟踪调查。

因此，“首笔谈话”的全部用意，就在于寻找真正优秀的企业家并与之进行沟通，这就是金海腾的“先识人，后识事”的具体化。那么，怎样的企业家才算得上是优秀的企业家呢?

答案可能见仁见智，但杭州广发的常规标准是十分明确的：

1. 企业家自身有良好的人格和基本素质。
2. 有事业心，具备创业和发展的激情。
3. 有现代管理意识、市场化意识和开放思维的能力。

这就是我们常常说的对企业的“人本判断”。对企业的人本判断，基本上就是对企业家的人格判断。通俗地说，贷款是贷给人的，而不是贷给抽象的“企业”的，某某公司只是一个符号。企业的全部诚信正是由企业家本人的诚信所决定，企业家是企业的人格代表。只有考察企业家，才是考察企业。正如约翰 · 皮尔庞特 · 摩根（John Pierpont Morgan）所说的那样：“金钱买不来品德。一个我不能信任的人，即使他以整个基督世界的一切做抵押，也不可能从我这里借走一分钱。”

欧美银行在考察借款人信用问题时，最关注的就是三个“C”：Character（品德）、Capacity（能力）和Collateral（抵押品）。由此可见，绝大多数的银行都是把借款“人”的品德放在首要考察的位置。这种品德决定了他承担责任、主动偿还债务的意愿和信用精神。

现在，我们来看一下当初杭州广发德胜支行对南望集团的“首笔谈话”记录，看看他们是否完成了“发现优秀企业家”的基本任务。为此我们从杭州广发的档案室里调出了当初的“首笔谈话”记录。

那是2007年8月2日的记录，谈话人只常规地提出两个问题：

1. 请介绍一下行业目前的情况和企业目前的位置。

2. 请介绍一下新的发展计划。

记录里甚至没有企业对于这两个问题的解答，就签署了“同意贷审委意见”。整个过程给人以非常典型的“例行程序”的感觉，这里很可能是一种大企业、大客户的先入为主的印象起了重大作用，完全看不到杭州广发“首笔谈话”的本意——了解企业家，了解人。

就这样，“首笔谈话”成了“官样文章”。

放下这个个案，听听平时经营人的感悟吧——

企业说：投资不仅仅选择投什么、怎么投，更重要的是投给谁。

银行说：贷款也一样，更重要的是把钱贷给谁。

企业家与银行家的想法，真有异曲同工之妙。

“首笔谈话”制度建立至今，杭州广发被否决的首笔授信数量逐年减少，这并非因为谈话的标准降低了，而是这一制度客观上促使客户经理授信前的信贷调查更加细致严密，尤其是对企业家的了解更深入。

现在应该交代“南望事件”的最后结果了。其实结果很简单：“首笔谈话”虽然没有把好关，但是第二个风险机制起到了作用，那就是这笔贷款当初设置的担保机制，作为连带责任，当初承诺为南望集团担保的公司为此付出了代价。

拥有共同的经营价值观

银行与客户的关系，通俗地说，就像某个广告说的：“你好，我也好。”它的最高境界，按当前最时髦的说法叫“双赢”。很简单，客户借银行的钱发展，银行收取利息回报。问题在于，企业的发展与银行的回报之间，有一个十分微妙的平衡，银行不能“竭泽而渔”，而客户也不能“娶了媳妇忘了娘”，这才能有恒定的银企关系——一种银企共同增长的关系。

银行和客户都在一定的经济环境中生存发展，都会面临外部经济环境的变化。在这些变化中，银行和客户都会调整自己的经营策略，然后在新的基础上谋求新的共赢。这当然指最高的境界而言，然而我们不能不看到，银企关系的背后，同时又存在着一种博弈关系，也就是说，银企关系实际上是共赢与博弈的双重体。

于是对银行来说，就不能不关注一个情况，那就是当银企双方在内部经营状况和经营策略发生变化时，一方抢先把博弈的一面强化出来，单方面“暗算”对方利益，使银企之间出现利益的不平衡。而这种“暗算”的动机，常常并不缘于双方的商业道德，而是产生于商业心态，是商业心态失衡的产物。

比如银行获得了高额的利息回报，客户却不能取得快速的发展；或者，企业因低息贷款而获得发展，银行的经营利润率却非常低。在这种状况下，有一方就会开始抱怨，银企关系的和谐性也就开始出现裂缝而不能持续。于是，在终结关系前将会有一场信誉的博弈——直截了当地说，是违背信誉的博弈，而在这一博弈中，银行永远是被动防御的。

于是我们常常会听到这样的两种抱怨：

企业说：企业最后总是被银行掐死的。

银行说：银行总是被不诚信的企业拖垮的。

都有道理。

伟大的博弈论的立论基础就是，在一种合作共存的关系中，首先违约的一方肯定能获得利益。要不，火车站的小摊贩为什么总是销售假冒伪劣产品？因为他们与顾客的“合作”都是一次性的，谁先违约谁就占便宜。因而博弈论着重研究的是，如何制约对方的违约而把主动权控制在自己的手中。

银企间微妙的平衡，在于银行期盼的与客户“共同增长”的理想。在这场微妙的博弈中，如何抢得先手，始终掌握主动权？

这先得弄明白什么才是“共同增长”式的理想。

在杭州广发的实际操作中，“共同增长”的理想是以一系列活的个案表达的。

有一家叫“万邦”的浆纸企业，在2000年8月与杭州广发开始接触时，只是一家规模很小的家族企业。企业由创始人徐顺虎与夫人共同出资，主要经营国内外品牌木浆。用浙江人的话来说，那是一家“夫妻老婆店”，从

1994年起已经艰难地走过了6年历程。

当时，万邦的业务规模不大，唯一的房产又抵押给了农业银行，要有进一步的发展必须有新的资金支持，但作为小企业，既没有担保，又没有固定资产抵押，看着偌大的浆纸市场自己却由于资金不足不能扩张而干着急。他们抱着试试看的心理找到了杭州广发。经过周密论证，杭州广发认为万邦规模虽然小，但是已经形成了稳定的一定量的市场份额，更重要的是，中国的纸浆市场刚刚形成不久，万邦积极谋求伺机先发的思路，辅之以诚信的经营理念与稳扎稳打的经营风格，被杭州广发所认可。于是银行最终提出采用第三方仓库监管的方式，用库存木浆质押给予了其500万元的贷款。资金流入后，公司不但业绩明显上升，而且当年年底又在上海发展了一家新的分公司，专门用来拓展北方市场。

这是双方的第一步合作，其成果是银行与企业之间有了更深的了解。2001年，木浆市场还处于低谷，万邦就乐观地获得了广西凤凰木浆的浙江总代理。就像万邦的每一步发展一样，它始终让杭州广发对项目进行同步跟进监控，他们的作风与发展的思路再一次得到了杭州广发的认可，于是银行方面又适时地增加了500万元贷款。同时，为了帮助其扩大进口贸易，在国际贸易融资方面，杭州广发第一次就给予了120万美元的开证额度。万邦的年销售收入和利润都在一年中翻了一番。

至此两者的合作还处于相互磨合阶段，接下去，才是沧海横流方显英雄本色的时候。

进口木浆从2002年年初起价格就一路走低，到三四月份，探至十年来的最低。在许多人迷茫甚至退出的时候，杭州广发与万邦一起对木浆市场作了一次精细的全方位分析和预测，万邦的从业经验加上杭州广发的客观判断和精密计算，结果依旧是共同看好前景。于是，杭州广发果断地再次为万邦增加开证额度到300万美元，使万邦在这一时期购进大批木浆。一个月后，木浆价格就像共同分析的那样出现了小回升。银行并没有见好就收，而是把开证额度继续增加到了500万美元。企业又根据银行的建议，于当年9月份取得了自营进出口权，更名为浙江万邦浆纸进出口有限公司。

企业的戏越演越精彩，而银行也不遗余力地喝彩捧场，共同的利益关照演变为彼此的欣赏。在此后的几年里，杭州广发对万邦始终采取持续支持的态度，而万邦的发展也一直处于银企的共同决策判断之下。三年后，万邦公司已经成为国内浆纸贸易领域的行业领跑者，向着全国浆纸贸易最大的公司和生产规模最大、技术最先进的特种纸生产企业的发展方向豪迈挺进。

这就是杭州广发“共同的经营价值观”理念的精彩个案。在万邦发展的三部曲中，杭州广发看中的正是万邦务实而理性的企业精神和真挚而坦诚的合作姿态。一句话，双方都是实实在在想干大事的主儿，都不是把魄力表现于侥幸的冒进之中，都更看重这种真诚的银企合作关系。或者更理论化地说，是企业与银行之间形成了共同的经营价值观，在发展方向上保持了一致性。

我们粗略地计算一下，在万邦与杭州广发最初合作的几年里，杭州广发两次为其提供贷款，三次提高开证额度，使万邦成为用银行的肥水养着的一条企业活鱼。这其实是一种境界，一种在整个合作过程中双方不断考验、不断磨合而最终达成相互信任、相互支持关系的共生境界。当然，银行通过万邦而得到的收获也颇丰，关键在于万邦心甘情愿。万邦的董事长徐顺虎说：“我们是在广发银行的一路支持下发展起来的，我公司的所有抵、质押物一定会放在广发银行来做，首先确保他们的需要，只有在广发银行满足不了的情况下才考虑其他银行。”

对杭州广发来说，万邦就是他们寄托“共同增长”理想的合作者，原因可以一言蔽之——臭味相投。当然，“臭”在古文的本义中只是“气味”的意思，君不见《广韵》曰“臭，凡气之总名”，《礼记 · 正义》曰“通于鼻者谓之臭”，《周易 · 系辞》则进一步补充具体的用法——“其臭如兰”。

何谓气味？这就是杭州广发强调的“共同的经营价值观”。

用一个也许已经不再时髦的词来描述，那就是“同志”，双方都在寻找着的具有共同志向的人。

杭州广发与万邦是同志，而与南望集团，恰恰称不上“同志”，因为杭州广发从来就不主张冒进，不主张那种失控的发展，他们是“异志”。

人们常常把争取共同利益说成是“共谋发展”，个中的关键不仅仅是“谋”，而且是“共谋”。在这一点上，杭州广发对自己经营的定义已经超越了一般银行经营的范畴，秘密就在这里。我们前面提到，在与客户“共同增长”

的博弈中如何抢得先手，始终掌握主动权？“共谋”就可以打开这个死结。

杭州广发在十多年的发展历程中，选择和培养了一大批能“共同成长”的客户，同时也不断地排除和淘汰了一大批客户，用另一种表述方式，那就是“道不同，不相与谋”。

杭州有一家婴童用品生产企业，在发展初期，杭州广发给予了其信贷支持，使它有了较快的发展。上了一定的规模后，老板产生了跨行业投资的冲动，而这种在当时业界普遍美誉为“多元发展”的跨行业投资，有许多只是凭着简单的发展冲动而缺乏真正跨行业经营的能力，杭州广发在深入考察分析这家企业后，发现它也有这样的毛病。银行为此直截了当地表达了并不认同的见解，双方协商未果，银行选择了退出。

对此，当时的许多企业和银行都不理解。因为那时正是这家企业的上升期，正处在能给银行带来丰厚合作效益的阶段，而且选择的新项目听上去前景也不错。而对于杭州广发，结束相互间的合作，并不是真的发生了危机，而只是根据对“所谋之道”的判断进行的选择。

当然，我们既然说是“共谋”，那么就得不断选择能与自己“相与谋”的合作者。这种“相与谋”不仅表现为银行对企业的选择，也应当表现为企业对银行的选择，更在于银行自身内部的价值观的一致性，包括共同的人生观、共同的经营发展观和企业价值观。

关于经营价值观，金海腾曾经说过一段很精彩的话：“经营价值观的评判无所谓对错。我们所说的共同价值观，是指当对企业的经营方向、发展模式、管理方式等经营要素面临抉择时，双方是否具有一致的思路和观点。”这就把共同价值观的“同志”精神说到了实处。因此他强调说，“这其实构成了银行与企业长期良性合作的一块共同的基石”。

说句后话，上面所说的这家企业，今天还是中国专注于婴童用品的著名企业。杭州广发并没有因为当初的选择而后悔，而且有些窃喜的是，如果当初的合作继续保持下去，也许这家企业会因为得到了银行支持的跨领域投资资本而付诸实践，而它在另一领域的发展前景我们也无法预计；但是从另一个角度看，正是杭州广发的果断退出，引发了他们的深刻思考，结果在跨领域投资后经过一段谨慎的观察，其还是果断地提前收回了投资。有意思的是，几年后当这家企业的老总碰到金海腾的时候，居然说了这么句话："其实当初我们想跨行业经营的方案，只是说说而已。"金海腾哈哈一笑："其实你不知道，我们就是这样认真。"

未来的成功者

一般而言，与银行合作的企业，都是当下的成功者，这不用质疑。但是现在成功的不一定未来也会成功。近些年来，中国企业总是各领风骚一两年，连央视"标王"都难逃"英年早逝"的命运。专家研究后说，中国民营企业的平均生命周期是4.5年。

我们无意于研究企业的生命周期，但是作为银行的合作者，杭州广发希望寄托"共同增长"理想的企业，不只是今天的同志，还是未来的成功者。

这种考虑并不是基于什么高远的理论，而是产生于相互需要的现实。

银行没有独立的物质产品，它只是一种服务，说白了，它的经营方式是高度负债经营，赢利模式也大多只是获取几个百分点的利差收入。银行的基业长青，完全寄托于合作客户的基业长青。请想象，如果主要合作者的前景摇摆不定，银行就必然跟着战战兢兢。从这个意义上说，银行有时候真有些像"风投"。——因为谁也不能保证他看中的，一定就是未来的成功者。

这就需要慧眼。

慧眼是什么？佛经中所说的与肉眼、天眼、法眼、佛眼并称的"五眼"之一，是上乘的智慧之眼，能够看到过去和未来。这样说是不是太玄虚了？

杭州广发进行数年有目的的研究后，发现"慧眼"其实不是玄虚的东西，而往往是对一些特征的判断和对某些规律的发现。具体包括比如分析客户的未来赢利能力、企业的管理能力、市场的发展前景等技术性标准，但很多时候，在预判企业未来发展趋势时，更重要的是抓住关键点。

金海腾说："如果从总体经营上分析，拥有新产品、新技术、新商业模式的企业，成功的概率会更大。"

这句话正好印证了长江商学院的一个信条："一切商业的成功，都是商业模式的成功。"

浙江商源食品饮料有限公司（下称浙江商源）是杭州广发合作了近十年的客户。这家公司的老板叫朱跃明，出道时干的是帮别的公司买酒、送酒的活儿，让人联想到香港老电影中的“马仔”。他于1994年年初创办公司时，也仅仅是零星几个酒水品牌的经销商，手底下有几十号人，没弄出多少动静，在浙江中小企业的芸芸众生中，算不上什么“出挑”的好汉。

杭州广发却独具慧眼看中了朱跃明，认为这家伙有种，是块做商业的料。何以见得？说白了，就是看中了他身上的那股子韧劲和执著。

350年前有位落魄文人留下了一副脍炙人口的《自勉联》，那个人叫蒲松龄。联曰：

有志者，事竟成，破釜沉舟，百二秦关终属楚；
苦心人，天不负，卧薪尝胆，三千越甲可吞吴！

杭州广发看到朱跃明身上所具有的，正是那种“卧薪尝胆，三千越甲可吞吴”的执著和韧劲，看到的是“苦心人，天不负”的成功必然性。更重要的是，他们看到了朱跃明的企业计划中那属于“百二秦关终属楚”的商业模式的创新。

于是双方从酒水质押业务开始合作。

朱跃明的浙江商源在探索通过“事业部+共享平台”的方式，用资本的纽带与下游经销商牢固地捆绑在一起。这种全新的商业分销模式，使浙江商源由酒水的中间商迅速脱胎为全新的渠道运营商，这种运营方式被业界称为“商源模式”。新的商业模式使浙江商源连续突破之前制约酒水经销发展的“瓶颈”，年销售额连续突破千万元、亿元、10亿元大关。2010年，浙江商源组建成集团公司——商源集团有限公司，2011年年营业收入50亿元的目标也已经胜券在握，他们2013年的目标是实现营业收入100亿元。

这就是杭州广发当初慧眼看到的“未来成功者”，看到的拥有独特商业模式的未来开拓者。

因此，杭州广发在浙江商源发展的每一个重要环节，都毫不犹豫地提供支持，包括整合下游资源、控股销售网络、构建共享的信息平台等。杭州广发不仅为浙江商源提供贷款资金，更为重要的是，他们支持的是浙江商源的“资本意志”，一种具有强大增值欲望和自我保护意识的活的资本——资本的意义是中性的，如果没有强大意志支撑，它早晚会是别人的新娘。

这是一种人格化的资本，或者说，是掌握在能够娴熟地运作它的人手中的资本。这个“能够娴熟地运作它的人”，有一个以往被人们嗤之以鼻的名字：资本家。如果我们不是用政治学而是纯粹从经济意义上理解，这个词应当解释为“运作资本的专家”。浙江商源的朱跃明，就是这样的一个专家。

因此，杭州广发当初的信心就建立在这里，他必定是一个未来的成功者，一个能够驾驭资本运行的人。

银行家的慧眼可能会超越企业家的目力。关于这方面，金海腾曾经对自己银行的同人们说过这样一句话：“大多数中小企业知道是怎么失败的，但它们绝大多数不知道是怎么成功的。”

请再将上面的这句话细细地读一遍，因为对于这句话的解读，是了解杭州广发目力的一把钥匙。

这句话有这样几层含义：

其一，一家企业的成功，尤其是一家企业初期的成功，往往带有偶然性，很可能只是某个机遇里偶然得到的一桶金。

其二，作为局内人，企业家很难清楚地知道自己为什么能成功，包括偶然性背后的必然因素，因为他们不太可能真正认识到自己所处的发展阶段，以及发展的客观态势。“不识庐山真面目，只缘身在此山中。”

其三，银行在听取企业家关于企业经营管理和发展规划的介绍时，绝不能完全听信于他们，要有自己的客观判断，因为企业家常常被自己的热情和理想所感动，所迷惑。

其四，因为是中小企业，他们一般不会有专门的研究与反思的机制，凭直觉判断是他们中许多人的专长，直觉判断加上胆识，使他们有迅速而简单的决策特点，只有当决策失败时，他们才可能或者有时间去思考为什么失败。

其实，杭州广发的上述感悟，很大程度上依托于爱迪斯的“企业生命周期”理论。这个理论把企业生命周期分为十个阶段，即孕育期、婴儿期、学步期、青春期、壮年期、稳定期、贵族期、官僚化早期、官僚期、死亡期。

杭州广发所定义的“未来的成功者”，就生命周期的阶段而言，是正处于青春期并且能够迅速进入壮年期的客户，这是优质客户最理想的状态。因为这个群体既能获得企业在快速成长期所带来的超额回报，又能有效地把握风险。

正是在这样的企业生命周期里，资本才可能充分推动和实现企业的创新，因为只有创新才是企业发展的生命。

什么叫创新？创新并非不断变换花样赶热闹，也并非盲目地无中生有，创新常常离不开对原有基础的扬弃，老行业新技术，老市场新产品，老体系新模式，因而处于青春期向壮年期转型的企业，常常最具有创新的基础，也最有可能蜕变出未来的成功者。

杭州广发所做的，只是站在“巨人的肩膀上”再往上跨一步，然而这一步的跨越，并不是每家银行都能自觉做到的。也正因为如此，这一步就往往区分了银行从业者与银行家。

三个可把握的技术维度

在寻找优质客户的时候，对于优秀企业家、共同经营价值观和未来的成功者的判断，往往是在“形而上”的层面上；而在具体的操作环节，人们会希望有更为明快的技术标准，一些可能在“形而下”的层面上可以操作的方法。

什么形而上形而下，说得玄乎了，打住。

《易经》说：“形而上者谓之道，形而下者谓之器。”借古语说今事。

凭借长期的经验积累，杭州广发对客户的评判最终选取了三个技术维度。这三个维度应当能在优质客户的筛选中起到某些标杆作用。

第一个维度是“客户的风险度”。

银行业是高负债经营的行业，风险控制仿佛就是银行的本能。客户的风险常常在其动态的趋势里，包括外部风险、内部风险和信贷担保风险，也包括诸如行业政策风险、竞争风险、周期风险、经营风险、管理风险、财务风险、担保主体资格风险和担保能力风险等。这些因素常常会让人看花了眼，因为一切都会变，都在变。因此在合作初期，在信贷担保风险可控的前提下，银行主要看客户的内、外部风险能不能优化防范，这就是优质客户的潜力所在。简单地说，风险不可能没有，关键在于是否可控，如果可控并且具有向良性转化的潜力，那就是优质客户。

浙江萧山有个经营型材的黄金荣，这个人表面看性格内向，但处事沉稳，基本烟酒不沾，也不经常流连于娱乐场所，业余时间也就是看看书，打打篮球，给人的初步印象，是一个具有良好品格和基本素质的人。于是，客户经理开始对其进行深入的接触和考察。杭州广发的深入考察，往往要求信贷员像外贸跟单一样，与其共同度过一段时间，由此发现这个人在经营企业上有两个特点。一是有创业和发展的激情，他想做事，做大事，而且能将这种欲望巧妙地转化为团队的情绪和意志，这家企业始终给人一种“一帮子做事的人”的印象，而他的同伴对他的评价则是“高调做事、低调生活”。第二个特点是，他的思想方式极为开放和积极。杭州广发的客户经理为了了解他的思想方式和行事方式，与他一起到过上游的钢厂、物流过程中的码头，也与他一起接触分销商和终端用户，路上还饶有兴趣地与其谈天说地，以细心地观察他的言行和处事方式，以及听取上下游客户对他的反映和态度。最后的印象是，他在上下游客户中很能赢得尊重，许多时候他们都能愉悦地接受他的方案，甚至是服从他的方案。

一系列跟踪考察之后，基本的结论出来了：2005年，整个中国正是固定资产大投入的时期，尤其是浙江省的中小企业，钢材需求十分旺盛，是一个有很大上升空间的行业。而黄金荣的企业，上游主要是唐山的中小钢铁厂，供货渠道稳固，而且黄金荣在上游客户中具有相当好的口碑，商业信誉良好。而这家企业在下游即杭州钢贸商业圈内，也属于经营能力独树一帜的企业、在业内小有名气。

请注意考察的最终判断结论：“这家企业具有在业内率先建立新的销售渠道和模式的潜力。” 也就是说，这是一个在风险可控的前提下具有向良性转化的潜力的未来优质客户。接下来的事情就简单得多了，那就是为他量身定做一套风险控制的解决方案。

第二个维度是“客户的贡献度”。

银行也是企业，也要赚钱，利润不但是银行经营最重要的目的，也是银行得以继续生存发展的基础。如果一个客户不能在合作过程中为银行经营的提升带来贡献，甚至纯粹只是消耗资源，这样的合作必定不能长久。客户贡献度不仅仅在于利润贡献度，还有交叉产品销售数量、衍生业务带动能力等。简单地说，就是不但有赢利的价值，而且有潜在赢利和扩大赢利的价值。

有些赢利价值是可以通过对潜在空间的发掘而获得的。在杭州广发的一个合作客户的现金流量表中，银行发现了一个很容易被疏忽、很不起眼的现象，那就是客户企业与上家的结算方式一直使用现金汇票。客户经理马上意识到，这里明显存在着占用资金过多的问题，这就可能直接导致对银行的存款贡献度太小。而只要改变结算方式，就可以挖掘出潜在的贡献率。问题一旦清晰，解决的方案也随之出来了。客户经理告诉企业，由现金结算改为银行承兑汇票结算。就此一项，即为企业带来1亿~2亿的存款，同时也为企业自身带来一年超过50万元的利息收入。企业当然乐意接受。第一年，企业就用这笔“无端多出来”的收入买了一辆轿车，而且见人就说：这辆轿车是杭州广发送的。

第三个维度是“客户的忠诚度”。

合作最忌讳背叛，除非合作从一开始双方就都是投机。在日益激烈的市场竞争中，银行抑或其他经济体都需要较高忠诚度的合作者和客户群，这是事业稳定的基础。2006年，由于广发总行资产重组，市场对广发的负面评价使各分行存款规模节节下滑，甚至连银行承兑汇票都没有银行敢贴现，唯独杭州广发继续保持高速发展，尤其是杭州清泰支行，更是创造了逆势增长40%的历史新高。究其原因，忠诚客户发挥了极大的作用。因为清泰支行的客户大多数是从1998年起就一直保持合作的钢材经销客户，他们从创业初期就一直得到杭州广发的支持，始终将广发作为第一主办行，在银行处于逆境时表现出了坚定的忠诚。而黄金荣带领的企业团队，就是第一个站出来支持清泰支行的忠诚客户。

这三个维度的优化，并不是通过银行对客户的单方面要求达成的，而是双方在合作过程中相互认同、相互信任的结果。在争取这一结果的过程中，需要银行的智慧。

何谓智慧？有句谚语说得好：“智慧意味着以最佳手段寻求最佳结果。”

第二章
寻找富矿

成长，并非简单的扩张，既要有外延式的规模扩大，更要有内涵式的竞争力提升。

——题记

过往有些笑话，常常会成为今天理解某些原理的寓言。

当年为尼克松总统第一次访华安排行程的黑格将军，有一次偶然路过北京的某一条胡同，突然听到“嘭”的一声爆炸，陪同的中方工作人员马上解释说，将军请不要害怕，那是胡同里在爆米花。黑格将军不明白什么叫爆米花，陪同人员想了想，说：“那是一种粮食扩大技术。”黑格将军居然对此大感兴趣，执意要下车去看看操作的全过程。当他花了一刻钟认真看完把米粒装进去，然后点火加热，最后“嘭”的一声放出无数的爆米花后，不禁深有感触，自言自语道：“怪不得中国能养活这么多人，原来他们能扩大粮食。”

这只是当年人们编出来的一则笑话，然而，却可能成为今天中国经济领域里“种芝麻，得西瓜”一类奇迹的象征。爆米花爆掉的只是米粒的外壳，而在经济领域中，奇迹的出现却是调度了要素内部真正的潜力。

请听一个“从50万到600亿”的故事。

1997年，杭州物资城里有很多经营钢材生意的小经营户，当时他们大多只是注册资本在50万元上下的小老板，都是些大部分银行眼中不起眼的“小芝麻”。即使想捡，也很难捡起来。

而如今，其中相当一大批经营户已经成为销售额上亿，甚至上10亿的企业。全国首屈一指的民营钢铁企业建龙钢铁控股有限公司的创办者张志祥，就是从这里起步的。到2009年年底，这些由“小芝麻”发展而来的钢材贸易商成为杭州广发客户的，仅仅在杭州地区就有110多家，授信敞口达30多亿元，存款总额接近40亿元，实际风险为0。这些客户的年销售总额总计已经超过了600亿元，占浙江全省钢材贸易额的50%左右。

这是一个“小芝麻”占据半壁江山的故事。

杭州广发是如何将这些“小芝麻”变成这么优质的客户群体的？看过《金融道》第一部的读者都已经了解，杭州广发曾在与一家空调经销商的信贷合作中创造了国内首单可置换动产质押业务，并以此撬动了一大批中小商贸型企业客户。

精明的画商死盯着未成名的画家，他们常常与美术学院的优秀大学生签订终生合约；王安石的变法魔术“青苗法”，就是政府在春耕时向农民发放购买种子的贷款，到秋后在收获的粮食中分成；美国的“风险投资”收购的是创造能力而不是创造成果；好莱坞的经纪人也是从包装有深度潜质的无名之辈入手。这中间有一个共同的思路是，他们都看中了各自领域中的“成长性”。再用一个更简单的比喻，农民的成功就是他们看到了每一颗种子的成长性，通过培育它能获得数十倍上百倍的收成。

有成长性的企业，就是银行客户中的富矿。

银行寻找优质客户，不仅仅是看到眼前唾手可得的合作利益，更是要寻找到能够不断成长的富矿。

群体优质才是真正的优质

从某种意义上说，银行是客户的组织商，它通过组织客户的利益来实现它的服务功能，并从中赢取服务费。即银行与客户有着比其他任何行业更为紧密的共生共荣的关系。银行要优质，客户必须优质，很难设想，离开优质的客户群，能办出一个优质的银行。

再形象点，银行就是客户的“容器”,“容器”内的“客户内容”的质量，决定着这个“容器”与“内容”加在一起的整体质量。

因此，一家银行拥有单个或几个客户的优质，并不能说拥有了优质的客户，这其中可能有许多偶然因素。单个或数个客户的优质，也很难为一家银行带来良性的持续发展。银行要的是优质的客户群体。

这是谁都知道的道理。然而优质的客户群是怎样形成的？这里面就大有文章。

优质客户从哪里来？如果是一家历史悠久的银行，一般的解释就是，优质客户是历史积累下来的，是银行用自己的信誉凝聚起来的，或者是银行和客户长期合作相互信任的结果。这样的解释对吗？一点都没错，这种解释谁都能接受。然而对于一家新办的银行，它既不可能有“历史积累”，也没有建立起“自己的信誉”，更不存在“长期合作相互信任”，这三条“铁律”在这里都失去了说服力。

实际上，正是这个一般人都能接受的基本道理，掩盖了问题的真相。

杭州广发告诉你：客户是银行主动发展起来的。

没错，不是有“拉客户”一说吗？不对，或者不全对，杭州广发又会告诉你：客户是培养起来的。我们不是说银行是一种特殊的组织商吗？这正是它的“组织效能”的体现。杭州广发的德胜支行，2008年的一次偶然机会，接待了一位前来拜访的陌生客户，经过了解后，知道是运动休闲品牌“361度”的浙江总代理商，叫杭州九环体育用品公司，当时它的年销售额还不到5 000万元，是一家并不大的客户。然而在深度接触后，杭州广发发现这家公司的企业理念和运行方式都很大气，与杭州广发属于志同道合的“同志”，于是开始给予授信支持，为其设计指导银承、贷款、现金管理等业务，传授利用金融工具的技巧，一句话，把它作为长期紧密合作型的客户来培养。两年后，这家公司的年销售额就做到了1.5亿元人民币，并有更好的发展势头，成为“361度”全国经销商中成长较快的公司之一。同时其在德胜支行的存款，也从零起步，到后来最高日均近6 000万元人民币。

如果只是建立一种无目的、无选择的存贷关系，就像许多银行往往以满足客户的数量增加为目标，这在杭州广发看来，只是一种“无机发展”，或者说只是一种“战术行为”，就像是营养价值不高的食品，虽然可以填饱肚子，却很难强壮身体。而要强壮身体，就要寻找营养价值高的食品。在这种指导思想下的客户发展，才是“有机发展”，才是一种“战略行为”。

杭州广发的“有机发展”的方式之一，是“传导式”发展。因为根据杭州广发优质客户的三条标准，最终是落实到“拥有共同价值观”。我们在前面已经说到，杭州广发是如何寻找和发展具有共同价值观的客户的，那么接下来的问题是，如何充分发挥“同志客户”的作用，去发展新的“同志”。这里还是要说到上文的德胜支行客户九环体育用品公司，其与德胜支行愉快合作之后不久，就把“好朋友”杭州旭力体育用品公司介绍给了德胜支行。旭力是体育运动品牌“乔丹”在浙江和湖南的总代理商，通过授信支持，旭力的销售成长性加速，2010年销售额达2.5亿元人民币。就这样，又带出了“李宁”服饰浙江总代理金冠体育用品公司，德胜支行通过库存商品质押贷款的方式有效地盘活了金冠的库存，这之后，又支持该公司收购“Kappa”、法国公鸡、匡威、万仕等在浙江的品牌代理，2010年还引入风险战略投资者，为渠道整合上市作好了准备。德胜支行就这样由点到面地系列开发了浙江的体育运动品牌服饰，上述那些互为同行竞争者的品牌服饰代理商，在杭州广发的旗帜下结成了商业联盟。

实施上述“传导”的德胜支行当年的副行长王勇川说过：“通过一个单体的优质客户，扩散成更大范围的类似优质客户，把单一客户的优质变成群体优质，从点扩散到面，这是我们客户发展的秘密。”

原理很简单，客户可以选择银行，银行也可以选择客户。

杭州广发虽然还在初创期，但已经敏锐地感觉到，这种双向选择意味着什么，也领悟到“银行也可以选择客户”的真正内涵。

从已经形成的客户群体来看，通过数年的努力，杭州广发先后形成了浙江钢材经销商客户群、杭州富阳造纸行业客户群、杭州萧山纺织行业客户群等，这些都是杭州广发优质的“同志客户群”。而受益于拥有这些客户群体的支行或者主管经营部门，往往会在客户群体形成后的数年当中，享受到企业群体发展带来的银行业务良性增长。同时，也由于拥有了可以类比的客户对象，银行往往能从中发现更好的合作机会，设计出更好的方案，最终形成批量化、规模化、专业化的经营方式。

银行在选择客户的时候，往往很难避免主观判断的偏差，导致银行的主观判断与客户的实际情况不相符。通常可能出现的是两种情况，一种是因为信贷调查不细致、判断依据不真实，客户在进入时被判断为优质客户，而客观上并非优质；或者进入时确实是优质客户，但在后续发展中，却演变为非优质，这种动态的变化，也属自然。这两种情况都是与原先的判断出现了不相符。变化不可怕，关键在于银行如何“以变应变”。

我们来讲一个故事。

杭州广发庆春支行的所在地，曾经是杭州最大的手机市场。当时中国手机市场的发展，就像是原子的裂变势如破竹。在一段时间里，国产手机供不应求。国际手机企业也十分看好市场前景，纷纷以合资的方式进入中国。庆春支行一度非常看好这个中国最时尚的营销业，曾经成片开发了手机经销商的客户群，在最高峰的时候合作的手机经销商达到了15户，授信金额超过了10亿元人民币。那真是一个“有钱大家赚”的好时代，处处都是商机。这一业务甚至占据了庆春支行业务总量的1/3强。庆春支行并没有为眼前的景象所陶醉，杭州广发的一贯做法就是不断地琢磨企业。不久他们就发现，国产手机的核心技术不掌握在自己的手上，这是一个致命的大问题，他们判断，随着国外品牌手机大量进入国内，国产手机必然会经历一场无序的竞争而逐渐没落。这是一个很难挽回的大趋势。庆春支行开始关注手机市场的动态，以敏锐地捕捉国产手机衰落的“拐点”，正如在火热的盛夏捕捉报告秋天到来的第一枚落叶。果然在不到一年的时间里，主营国产手机经销业务的客户的销售数量和利润开始下滑，尤其是赢利水平更是显著下降，于是庆春支行就根据预先设立的方案开始逐步退出。因为是逐步退出，所以做得不动声色。而在这个群体里，也有一批主营合资品牌手机的客户继续保持着良好的发展态势，使庆春支行的逐步退出，更显得从容不迫，也未对整个支行的业务在短时间内造成较大影响。当庆春支行全身而退的时候，国产手机市场才出现严重滑坡，最后大概是5倍的下降幅度。

这是一个在应变中对客户进行动态调整的经典案例，它的原则就是“银行也能选择客户”。

选择并不一定发生在客户进入的初期。经济界是一个瞬息万变的世界，企业就像在大海中航行的船只，没有绝对和永恒的安全。不断地梳理客户信息，建立起一个能够主动实施动态调整的客户群体，是十分重要的机制。

任何事情都有两面性。我们刚刚说到过“有机发展”与“无机发展”的概念，这两个概念并不是具有明显优劣区别的对立概念，在杭州广发的金融实践中，它们恰恰是一对互补的概念。有机发展注重质的提高，而无机发展则赢得了量的拓展，量与质只是评价事物的两种标准下的产物。在建立客户群的动态调整机制的时候，质的调整恰恰需要量的铺垫，只有具有一定的量，才能使银行具有进行动态调整的空间。

这就像既要有先锋队，又要有基本群众一样，这才是合理的组织结构。

同样，有了一定的客户群体，就有了更多的比较样本，也能更好地分散风险，也就是说，才可能拥有更大的容错空间。

就单个客户而言，银行往往很难识别和判断其所在行业的经营规律、财务特点和风险因素，然而当众多客户形成同质的客户群体后，情况就会不一样，就有了可比较的因素与差异性，也进而增强了对这一行业的宏观把握能力。所以，如果能在同一行业或同一区域拥有相当数量的可类比企业，就有利于风险管理。

杭州广发曾经对比过一个专业经营商贸流通业的特色支行和另一个非专业经营的支行，前者的客户数是后者的两倍，而后者2008年年末的贷款不良率是前者的两倍。对比显著地反映出同行业客户集中后的有利因素：行业特征容易掌握、行业信息容易捕捉、风险信号容易及早发现、发现后的风险比较容易化解，总之，相比较而言，前者的风险可控性就会比较强。

所以金海腾说：“银行在选择客户时要有战略性的规划。不能东放一枪，西打一棒，最后可能是什么都做，但什么都不深，什么都不懂。”

富矿之富：成长性

中小企业是蕴藏着巨大经济能量的群体，其数量占企业数量的绝大部分，对促进国民经济发展、提供就业机会起到了举足轻重的作用。据2008年年底的统计，中国已有中小企业4 000多万户，占全国企业总数的99.5%，全国税收的48%、国内生产总值的58%来自中小企业，全国进出口的62%、就业岗位中的75%由中小企业创造。

这一现象的背后，正是一条中国式的发展之路。

近几年，随着国内外经济和金融形势的变化，特别是金融海啸之后，国家更加关注和鼓励自主创业，对中小企业的支持力度也随之加大。2009年9月，国务院发布了《进一步促进中小企业发展的若干意见》，明确指出，“中小企业是我国国民经济和社会发展的重要力量，促进中小企业发展，是保持国民经济平稳较快发展的重要基础，是关系民生和社会稳定的重大战略任务”，并且有进一步的实质性动作出台。

一个更加有利于中小企业发展的良好环境正在形成。

中小企业的发展，恰恰说明了它们的“成长性”。而有“成长性”的产业领域，在杭州广发看来，就是金融富矿。

2003年，浙江温州有一个叫“中机国能”的中小企业，专门销售从先进国家引进的成套发电设备。企业的中高层管理人员，绝大多数来自温州的电力部门，从业经验丰富，但是企业在初创期资产规模偏小，自有资金不足，担保资源不够，而且缺少成套设备的设计资质。然而，他们面对的市场潜力巨大，贸易背景真实，核心层管理能力突出，市场的整合能力也堪称强大。这样的企业，在杭州广发的眼光中有着“巨人基因”。杭州广发国际业务部副总经理王祖康当时就一眼看破天机：“他们只缺少两样东西，一是资金，二是利用金融的商务技术。”于是他就与温州分行国际业务部总经理郑曦一起来到这家企业，在深入交流之后，用非传统的银行授信手段为他们度身定做了一套方案，即用“自偿性贸易链”的方法，给企业提供保函业务产品。短短几年后，企业得到了快速发展。到2010年，他们在上海成立了一家新的企业，并成功收购了一家具有电力设计资质的设计院，从而完成了从单一的设备进口商转型为集成套设计、设备引进和总承包为一体的产业链整合，并成功地将新的产品推广到国外市场。这就是被开发出来的“富矿”。

中小企业的成长性，正是通过它们身上的一系列变化表现出来的，杭州广发告诉你：我们不能不对它们高看一眼。

行业变化。过去中小企业大多数是以生产制造和贸易企业为主，现在中小企业涉及的领域越来越广泛，扩展到了科技、信息、服务、网络等众多领域，中小企业已经不再是简陋、低级、粗放的代名词了。

经营者素质变化。过去的中小企业主有另一个通俗称谓叫“个体户”，或者按北方人的说法叫“倒爷”，其基本来源是社会上的“闲散劳动力”。他们往往文化程度不是很高，对新事物缺乏敏感，对新理念的接受能力也比较差，缺乏法制意识，从“挖社会主义墙脚”到“假冒伪劣产品的制造者”，总与他们有纠缠不清的关系。然而现在，中小企业主的文化层次有了普遍提高，许多受过高等教育的人纷纷进入这一行列，而且成为“自主创业”的最富特征的身份，他们对于新事物的接受能力、对于创新的理解、对于资本的本质追求、对于现代企业制度的认知，甚至超越了老一辈企业家。

创新能力的变化。初始阶段的中小企业，往往侧重于传统业务，习惯于做大企业的配角，多守着祖宗的家法，既在作风上固守着传统手艺作坊的做派，也在思想认知上崇尚“老牌子”、“老经验”、“老办法”，业务的发展比较保守。随着现代产业链的细分，中小企业在产业链中的主体地位不断加强，国际交流日益增多，使它们的思想日渐活跃，市场需要也迫使它们求新求变，追求核心竞争力的形成，创新意识和创新能力明显提高。

对外部环境反应的变化。初始期的中小企业所面临的市场只是直接的交易市场，完成的往往是物与钱的直接交易，它们对市场结构的丰富性与复杂性缺乏认识，将资本直接等同于成本，信息不透明，面对的诱惑也比较少。随着要素市场越来越明朗和开放，它们开始感受到市场结构中各种要素的魅力，在经营实践中逐步理解了资本的巨大作用和魔力，也逐步熟悉和更加需要融资市场的巨大助推力。同时，它们所面临的诱惑和挑战也越来越多，有越来越多的人开始从“企业家”的层面走向“资本家”的境界。

这些变化，既说明当今的中小企业越来越发挥出它们潜在的成长性优势，也标志着一个新的“银企合作”的时代的到来。一方面，一种新的金融需求产生于新一代的中小企业之间；另一方面，也产生了一个银行自身发展的成长性的契机，就看银行能否临机而动。这一点，杭州广发已经敏锐地发现了。行长金海腾在杭州广发1997年创办不久就一针见血地说过：“中小企业其实是潜藏着巨大优质客户资源的富矿。面对这样的富矿，却并没有多少银行充分重视并且从中获得超越性收益。”这实在是慧眼独具的发现，他看到的，正是一种新的潜在的成长性。

成长性，富矿之所以谓“富”的关键。

慧眼识机。然而能否临机一动，既需要有勘探、寻找出富矿脉或富矿体的甄别能力，也需要提炼、加工这些矿石的方法。

我们再回头看王祖康和郑曦当初“勘探”到的“中机国能”的“富矿脉体”，这是一个富有电力成套设备的引进和设计能力以及行业未来发展巨大潜力的“矿脉”，作为中小设备贸易商，在中国垄断的电力行业中，它被深厚的“表土”埋藏着。杭州广发发现的“矿苗”，就是这个企业管理团队的市场整合能力，于是用金融的手段对它们进行了提炼加工。后来7年的发展，证明了王祖康和郑曦当初的判断是精准的。到2008年，仅仅依靠引进国外设备已经不再赚钱了，而这家企业却早已完成了向产业链的纵深发展，最终通过购并的方式完成了整合，开始了新一轮的高速发展。

业内人常说，优质客户可遇不可求。如果就传统的银行经营方式，这确实是一句大实话。但是，当既有的优质客户已经瓜分完毕的时候，杭州广发又提出了这样一个命题：优质客户是可以培养的，而培养的前提就是发现潜在的优质客户。

1999年起，杭州广发就确立了“以中小企业为基础，发展大型优质客户”的市场定位，十多年与中小企业的全面合作，实现了双赢。也许下面的一组数字更能说明问题：杭州广发中小企业授信客户占到授信客户总数的90%，余额占比达到了75%，中小企业平均利率水平为基准上浮18%，风险资产收益率为3.24%，表内不良资产率为0.28%。

寻找主动议价权

银行业的竞争在不断加剧，出现了越来越多的银行，越来越多的产品，越来越多的利率优惠，越来越多的促销手段。这一“越来越多”的趋势造成的后果之一，就是客户越来越不再是金融产品被动的接受者，而是主动的挑选者。它的最终的结果就是，客户具有了越来越大的议价权。

金融的“买方市场”就这样产生了。

买方市场的最简单定义，就是客户为大。文雅的解释是“天涯何处无芳草”，直白的解释则是“此处不留爷，自有留爷处”。

于是首先被抬举的是“爷”中的“大爷”。

很奇怪，社会中存在一种习惯性思维，就是“大则优，小则劣”。30多年的市场经济，在中国却建立起“崇大”的价值观，什么东西似乎都越大越好。表现在金融业中，银行扎堆地向大型企业抛媚眼，争着发放贷款，“大客户融资市场”已经变成局部的买方市场。其中可怜的是一些中小商业银行，他们面对“大爷”型客户往往不敢喘粗气，议价时处于明显的劣势，甚至根本没有议价权。

为了争得“大爷”的宠幸，小银行只能血拼价格。而简单的价格血拼，使得其自身原本有限的信贷资源不可能产生更大的效益。

不能获得更大效益不要紧，毕竟与“大爷”为伍是件很体面的事。就像当初阿Q兴高采烈地逢人便说：“赵老太爷跟我说话了。”赵老太爷怎么能跟阿Q说话呢？大家都不信，问他赵老太爷跟他说了什么。阿Q理直气壮地回答说：“赵老太爷对我说：你给我滚出去。”其实用鲁迅的《阿Q正传》比喻这种“崇大”的心理似乎有些太刻薄也太极端，但是为了说明问题，有时候说些过头话反而能引发思考。

只是笑话而已。

2008年金融海啸之后，中国在国内采取宽松货币政策来刺激经济发展，各家银行加快发放贷款的步伐，月度信贷投放量屡创新高。与此同时，在同业间竞争的挤压下，平均贷款利率明显下滑，在这个过程中，部分大型优质企业的贷款利率，基本上优惠到基准下浮5%。

这是为什么，疯了吗？

没疯。银行叹了一口气：难哪，要拉住大客户嘛。我们丧失的岂止利率，更是议价权。

问题就出在银行面对的是体面的大客户。

谁都知道，银行要想在市场中取得竞争优势，就需要寻找可以让自己占据议价主动权的客户群体。而可以让自己占据议价主动权的客户群体在哪里呢？

请将目光转向中小企业。

中小企业往往由于其可抵押资源、担保资源和自身实力的相对不足，在当前的融资环境下处于相对的弱势。对于部分急需资金的中小企业，得到贷款是它们的第一需求，利率问题不得不放到第二位。

这就是杭州广发当初确立“以中小企业为基础，争取大型优质客户”的市场定位时，论证中的正方理由之一。在其后的数年里，浙江地区80%中小企业的贷款利率都是基准上浮的。杭州广发中小企业客户平均使用银行产品超过4个，联动贷存比例一般在60%以上，大部分贷款利率上浮超过20%。现在回头来看，这不能不说是一种高明的精明。

“开拓中小企业市场，能够使自身效益得到充分保障。”时任杭州广发信贷管理部总经理的章伟良说，“开拓中小企业市场，有利于银行掌握议价的主动权，这样做，也为将来利率市场化作好了准备。”

此话何解?

最通俗的解释就是，不仅仅杭州广发有这般的聪明，外国佬也知道。

国内某外资银行相关中小企业贷款产品平均融资成本高达17%，相比同档基准利率上浮超过100%，与民间借贷利率已比较接近。

这就是事实。中资银行和外资银行的贷款利率正在出现分化，尤其体现在中小企业经营性贷款上。

其实道理十分简单，外资银行所利用的，也就是“主动议价权”。

这不仅仅是一个领域的发现，而是需要对富矿进行新的勘探、甄别、提炼、加工的新的整体配套。从这个意义上说，银行开拓中小企业市场，并非只是为了获得短期的议价主动权，更在于借此提升自身竞争力。正如章伟良说的：“由于中小企业本身所存在的某些机制的不完善性或者局限性，势必要求银行能主动地创新，根据其自身特点，设计出能有效控制风险的创新产品，并提供增值服务以获得同业竞争的差异化优势。”

因此，这个议题实际上已经超越了议价权的范畴。

抓不住的财富

杭州广发的一个特点是，他们非常关注经济的某些宏观的趋势，常常能从一些宏观数据中发现他们急于了解的某些端倪。

2008年年底，他们从国家的一个宏观经济分析报告中看到这么一条信息：中小企业贷款仅占中国主要银行业金融机构各项贷款余额的14.7%。仅仅这么一条信息，就让他们浮想联翩。

这个数据不仅与中小企业对国民经济的贡献度形成了较大反差，而且，企业贷款的背后，反映了企业“以钱生钱”的能力，即企业具有调动资本金以外的资金资源的能力，去做超越其资本金额度限制的扩张；同时，也表示企业具有借助银行等金融机构，通过理财使其资产进一步增值的能力。因为一般处于初始阶段的中小企业，往往在技术研发、市场公关上见长，而对于金融的支撑，基本上还是“融盲”，他们往往只是从物质价值的层面理解商务活动，还没有从资本价值层面去理解企业的本质。当然这中间既有中国当代金融业服务水平和服务能力的问题，也是中小企业群体自身的特点所导致的缺陷。

这种情况，在企业外部环境正常的条件下，并不会造成严重的危机，只是表现为企业管理的理念与层次；但一旦外部金融环境发生大的变化，一系列潜在的深层次问题就会暴露出来。

2008年年底发生的世界性的金融海啸，就很快把许多中小企业带入窘境。它们仿佛一夜间交了华盖运，有的亏损面不断扩大，有的歇业再找发展机会，有的则接踵倒闭。

美国的银行倒闭碍着中国中小企业什么事儿？真是中了邪了。

是不是中了那一句著名的谶语：“亚马孙河的一只蝴蝶扇动一下翅膀，一段时间后，美国的得克萨斯州就会刮起一场飓风。”

企业天生追求创造财富，可却经常抓不住财富，只能眼睁睁看着它从指缝里跑掉。

抓不住财富尚且是一回事，奇怪的是，在这样的时候，往往一根稻草就能压死一头巨大的骆驼。

压死骆驼的最后一根稻草在哪里？杭州广发不能不考虑。

原因却十分简单，老问题日积月累得不到解决，新问题又雪上加霜，旧病新伤，导致企业经营的难度加剧。

显而易见的新问题如下：

新问题一：生产成本大幅提高。原材料涨价、劳动力成本提升、能源成本上涨、融资成本提高、国际贸易各种技术壁垒和绿色壁垒导致的出口成本增加、出口退税率降低，以及人民币升值，以前没有感觉到或者只是隐约感觉到的问题，竟然在一夜之间如狂风暴雨袭来，挡都挡不住。成本大幅提高，就意味着赢利空间严重被蚕食，甚至出现了一组十分文雅的新概念——“负利润”、“负增长”。

新问题二：外贸出口受阻。尤其在浙江，这是一个以“外向型经济”为特点的省份，已经形成的经济结构中“外向度”特别高。什么叫“外向度”？也就是出口产品在总产品中所占的份额，再直白点说，所谓外向度高，就是生产的商品主要卖给外国人。现在，全球经济不行了，外国人也赚不了钱，其消费能力严重受挫，他们一以贯之的“高消费”也风光不再。什么时候风光重来？那得等他们的经济全面复苏，然而全面复苏尚待时日，不管怎样现在的情况就是——国际需求下降、企业出口减少，到处在哀叹：钱越来越不好赚了。

而首先陷入窘境的就是以“船小掉头快”著称的中小企业，但哪怕把头掉得“滴溜溜”地转，也找不到新的方向。于是他们就反思自身“抗风险”的能力，想想自己为什么如此脆弱。一反思，发现大量的老问题其实并没有解决，已在“发展遮百丑”中潜在多年。

老问题一：融资难。企业健康与否的最终标志就是现金流，现金流旺盛，企业就能百折不挠；现金流一断，企业就一命呜呼。在现金流紧张与一命呜呼之间，是一段苦苦挣扎的煎熬期，挣扎的目标就是融资借钱。借钱凭什么？一是信用，二是资产抵押，而这正是中小企业的两条软肋。于是大部分中小企业多采取自筹或者“民间融资”的方式筹集资金，这就为民间的非法融资提供了温床。有人调查过，85%的企业把银行贷款作为他们获得融资的最终梦想，抵押贷款则是主要方式。只是他们命不好，抵押资产不足是他们的先天缺陷，而财务管理薄弱甚至混乱则是他们的后天毛病。这倒是为许多中小企业提供了一个重新认识银行价值的切入口。

老问题二：人才缺乏。这是制约中小企业发展的一大“瓶颈”。技术人员、研发等专业人才和高层管理人员，几乎是所有中小企业发展所急需的。然而，一流人才出国或进外企，二流人才进国家机关或大型企业，留给中小企业的人才空间非常有限。要好人才不是没有，“重赏之下，必有勇夫”，但你出得起那份高薪吗？也就在这时候，许多中小企业才真正反思起自己的理财能力和金融意识，反思他们在市场竞争中的地位和态势。

老问题三：管理水平低。由于多数中小企业沿用了家族管理中的低层次管理模式，而且自身的素质也不高，所以多以低技术水平的发展和外延扩张为特征，遇到市场波动或面临系统风险时，应对能力差，回旋余地小。

杭州广发为什么如此饶有兴趣地反思中小企业的问题？

因为这里有一个银行切入的契机。

中小企业通常给人的印象是经营规模小、财务数据不真实、经营者素质不高、企业有效资产不足、银行操作成本高，诸如此类的判断，都是影响银行贷款意愿的因素，使得对中小企业信贷业务的判断产生了“信息掌握难、抵押担保难、控制风险难、规范管理难”等难点论。这是一种被扭曲了的信贷文化。

杭州广发却认为，中小企业的发展面临种种困难局面，是多种因素相互作用的结果，它们亟待切合实际的支持与帮助。杭州广发认为，人们格外关注的中小企业“融资难”的问题，往往只是一种表面现象，多数情况下，都与企业经营不善和管理水平低下有关。这就给银行提出了一个十分有意思的课题：银行要进入这一市场，就必须认识到这不仅仅是融资的问题，自己还要担负起辅导企业经营管理的责任。不然，每一笔贷款都可能是一个风险。

劣势、不足、风险——这些似乎就是中小企业的全部，但真的如此吗？

英国皇家海军有这样一种“上风战术”，即在海战中总是顺风迎敌，当时的海洋还是法国、西班牙“老大哥”的天下，他们总是喜欢“下风战术”，因为顺风向敌意味着接敌面船舷压低，火炮仰角受限、射程降低，必遭致重创。而且，如果采取“下风战术”，见战局不利时，可以顺风撤退，留下后路，安全得很，何乐而不为呢？

但英国人还是执拗地坚持着“上风战术”，并毫不留情地把法、西海军消灭殆尽，他们的思路很简单——“下风战术”既然抓不住敌人，就打不了胜仗，而打胜仗，肯定是要付出代价的。

这也是日后杭州广发的思路：中小企业当然会有问题，但如果是市场，就应该牢牢抓住，至于由此而带来的问题，则只是另一个问题而已。当然，要解决这“另一个问题”，银行家们凭借的可不仅仅是勇气，还需要有智慧。

定位之惑

21世纪的确是一个新世纪，国内所有的商业银行都明确地感受到这个世纪从一开始就呈现出的一个特点，那就是竞争已经迅速进入了更加白热化的阶段。

在金融战场上，你能看到的主要是三股力量：一是国有商业银行，二是股份制商业银行，三是城市商业银行。国有商业银行凭借原有体制的惯性优势和星罗棋布的网点，占据着市场的主要份额，但自身却越来越感觉到优势正在缩小。股份制商业银行在大中城市攻城略地，在部分区域和业务领域取得了局部优势，但是国有商业银行的巨大阴影依旧笼罩在它们的上空，有些透不过气来。而城市商业银行则步步为营，在局部市场上展开韧性的“割据战”，当部分经营优秀的城市商业银行被允许跨区经营之后，所有的城市商业银行都仿佛看到了新的发展空间的曙光。

这一切，基本上就是由商业银行头上的“紧箍圈”的松紧，决定了竞争是不是费力。

有一位国外银行家曾经对比过中美两国银行业监管政策的区别，他的最后结论十分简洁而有意思。他说，美国银行业监管的思路，是规定银行不能做哪些业务，除此之外都可以做；而中国银行业的监管思路恰好相反，是规定能做哪些业务，除此之外都不能做。

这有什么区别吗？有根本的区别。那就是，前者的监管思路是开放式的，而后者则是封闭式的。

中国在近30年里有一句认同度颇高的话，那就是“体制的原因”。这是一个万能的答案，可以用来解释当代中国的一切问题，不管这解释具有多少的正确性，或者根本是牛头不对马嘴。

杭州广发恰恰在这样的情势下进行了一个务实的思考：当体制不可能改变或者一时不可能改变时，我们还要不要发展？

这句话的另一种解读就是：当我们身陷重围的时候，要不要突围？

答案不言自明。

但是接下来的问题就没有那么容易回答了，那就是“如何突围”。

突围，首先得判断和决定突围的方向，我们的方向在哪里？

行长金海腾常常会别出心裁地提出一些看似莫名其妙的问题。他说：“你们看过《从优秀到卓越》[①]这本书吗？”

许多人当然不可能知道行长会对哪一本书产生兴趣。

“那么，我建议大家先去看看这本书，再来讨论我们的问题。”

其实金海腾的意思十分明确。柯林斯在《从优秀到卓越》这本书里评选了11家卓越企业，在金海腾看来，其中美国富国银行和美国西南航空的案例，尤其值得国内商业银行分析借鉴。

富国银行一直以来只专注于做好两件事情：一是房屋按揭贷款，并且基本不做衍生业务，所以他们在次贷风波中几乎没有损失；二是做中小企业贷款。富国银行原来只在美国中西部地区有网点，不谋求全球化。正是这样一家银行，在2008年开始的金融海啸中，超越花旗成为美国市值最大的银行。金海腾说：“优质的发展，是围绕核心定位做强式的扩张，而非虚胖式的扩张。这是富国银行给我们的启发。”

而作为美国唯一连续36年赢利的航空公司，西南航空确定的目标十分简洁：“提供快捷、经济、舒适的服务。”这不是一句口号，因为他们有他们的解释。什么是快捷？不换登机牌、不提供行李托运、不办理转机；什么是经济？票价不到一般航空公司的1/3，比开车旅行还便宜，相当于大巴票；什么叫舒适？优质服务，但没有听音乐、看电影、吃大餐等豪华服务。

这不是专做中低档的生意吗？

不是。西南航空有一个核心定位，那就是做“领先的区域性航空客运服务提供商”。

---

① 《从优秀到卓越》已由中信出版社于2009年11月出版。——编者注

“这里面哪一个是关键词？”金海腾问，然后自己回答道，“区域性。”

什么叫“区域性”？西南航空的解释是：“我们已经不再与航空公司竞争，我们的新竞争对手是公路交通，我们要把高速公路上的客流搬到天上。”

这就是定位。于是，在这个战略定位之下，西南航空的业务定位就是：只提供短航程、高频率、低价格、点对点的直航。最终，他们不仅成为航空业的领先者，也战胜了部分陆路交通服务机构。

富国银行与西南航空似乎都在告诉我们这样一种成功模式：

1. 坚持把一些事做到极致，哪怕别人认为这不是重要的事。

2. 舍弃一些无法做到极致的事，哪怕别人认为这是很重要的事。

3. 确认哪些事能够做到极致，哪些则不能。

把复杂的事情变得简单，把简单的事情做好——这其实是一件非常不简单的事情，而其中的道理与思辨，也并不简单。于是，在金海腾的号召下，富国银行、西南航空一时间成了杭州广发点击率极高的两个话题，引起了一阵全行上下的“头脑风暴”。

各种各样的讨论，各种各样的感悟，各种各样的见解纷纷出笼：

——商业银行要避免发展的同质化，就要根据自身的优势和特点，制定市场定位、业务定位、客户定位和产品定位的差异化经营战略，这是在竞争中实现突围的关键之一。

——定位就是如何在你的预期客户的头脑里独树一帜。

——战略就是坚持，定位就是取舍。

——做大不一定能做强，做强一定能做大。

——寻找到与自身优势匹配的优质客户群，建立自己的核心客户定位战略，找到自己的富矿，将是银行实现长远差异化发展的重要基础工作。

——别说了，我们该如何定位？

……

是的，所有的感悟，已经逐渐指向同一个方向：中小企业战略。

是的，对杭州广发来说，面对中小企业这样一个巨大的富矿，单一的零打碎敲很难成功，首要问题就是从市场定位入手，构建前瞻性的发展战略，并建立全面系统化的内部支撑体系。

别急，包袱就会在下面慢慢解开。

从“种芝麻”到“GP客户”和“532信贷计划”

寻找定位，说白了，就是寻找合适的生存方式和生存策略。

杭州广发在1997年成立之初，就提出了“种芝麻，抱西瓜”的公司业务发展策略。“芝麻”指的就是中小企业，甚至是小企业、微小企业，而“种”的含义恰恰区别于“捡”。“种”的策略是成片地开发，计划性地培育，而“捡”则有很大的偶然性和随意性。“种”的关键在于让其成长，增大；而“捡”只是对既有利益的收获，能捡多大就捡多大。杭州广发当时提出“种芝麻”策略，也是基于对浙江民营经济发达、中小企业众多的经济特点的深入分析。

一年多过去了，杭州广发正式在1999年年底将“以中小企业为基础，努力争取优质大型客户”作为市场定位，成为中国第一家有明确市场定位的银行。于是，中小企业市场的开发也从简单的业务竞争、产品竞争的层面，上升到战略的高度，整个银行的内部支撑体系随之作出了适应性的调整。

定位不是一句口号。所谓定位，本身就是一种“排他”的策略，意味着你将采取一种与别的银行不同的生存策略和生存方式。那是一种什么样的方式呢？没有样板可以参考，没有经验可以借鉴，你得作出针对性的创新，因为你得在别人不愿做、不敢做、不屑做的领域里生存，你就得准备经历一系列的冒险，突破一系列的难点。

首先面对的就是“风险”。中小企业的信贷市场，一眼望去大而无当，盯住细看又微不可显。当时是银行谈风险色变的时代，中小企业真的是天上掉下的馅饼？难道其他的银行都是傻瓜？

金海腾有个怪思路，就是不按常理出牌。他说：“现在我们就暂且先设定目前的银行都是傻瓜，我们的任务就是找到它们到底傻在什么地方。如果找不到，就说明我们才是异想天开的傻瓜。”

问题其实很简单，金融的本质是经营信用——银行的信用和客户的信用。中小企业的最大问题就是还没有建立信用，没有信用想贷款，谁见了都害怕。但没有建立信用也还是有办法进入金融的信用链的，传统的办法就是以不动产抵押。但是中小企业之所以被称为中小，就是因为它们的不动产加在一起也数量有限，想象一下什么叫中小企业？“家庭作坊”、“夫妻老婆店”、“手工业生产”、“旧机器破仓库”，即使有一些值钱的设备，大多也是用于生产针对性产品的“专业设备”。与专业设备相对应的概念是“通用设备”，通用设备这里不用那里也能用，而专业设备失去了专业性应用时，就是一堆废铜烂铁。

“现在的问题，就是先有鸡还是先有蛋。”——银行希望中小企业先发展起来，然后有足够的资产建立起自己的信用；中小企业希望先获得银行的贷款发展企业，然后才有可能建立信用。

“是呀，我们掉进先有鸡还是先有蛋的逻辑混乱中了。”金海腾说，“那么如果既没有鸡也没有蛋行不行？”

“那总得有些什么吧？”有人说。

“有些鸡毛行不行？有些蛋壳行不行？”行长的怪思维又开始了，“比如我们没有鸡也没有蛋，但是有基因。”

“什么是信用的基因呢？”

“值钱的东西。”

“对。产品、原材料、连带责任、担保……”

于是杭州广发在同行业中率先推出了动产质押、三方保理等创新产品，并引发了此后源源不断的业务创新。

一个定位的执行需要创新手段的支持，但又正是定位的确立，使创新有了方向。

战略的执行需要不断地深化、优化、系统化。

2000年年底，杭州广发对前三年种的“芝麻”进行了全面的分析，有些“芝麻”已经长大，有些“芝麻”还是没有长大，甚至出现了成为烂“芝麻”的可能。无论从风险控制角度，还是从业务发展的效率角度考虑，这时都需要对这个客户群体进行筛选，重新考量。于是，在总结前期实践经验的基础上，杭州广发细分客户，正式推出了“GP贷款计划”。

所谓GP，就是英文Growing Point的缩写。“GP贷款计划”，就是“中小企业成长贷款计划”，将具有未来可持续成长性的优质中小企业，作为目标客户有目的地培养。

如果形象点说，这一计划就是改变原先广种薄收的“种芝麻”方式，改为选取优质的“芝麻”基因来培养“大芝麻”。这是基因技术导发的“金融仿生学”。

具体的实施大概如下：对于GP客户的标准分为定量指标和定性指标，定量指标的确定根据行业和市场环境的不同各有区别，但在定性指标上，杭州广发研究出一套自己特有的评判体系。我们在前面曾经提到，杭州广发判断优质客户有四大标准：一个优秀的企业家、拥有共同的经营价值观、未来的成功者、可以动态优化的三个维度，这时候就开始落到了实处，成为GP客户的具体判断标准。

这四个标准，有两个半是非经济的指标，或者可以时髦地称为文化指标。杭州广发的解释是这样的：在一家企业经营初期，法定代表人的思路和素质在很大程度上决定了企业能否获得优于同行业同类型竞争对手的发展速度；而当企业进入了高速发展期后，这家企业能否保持良性快速成长，则往往取决于企业文化。杭州广发也正是基于这个思路，将非经济因素纳入了对企业的考量标准之中。

GP贷款计划推出的更大意义在于，杭州广发已经将中小企业市场定位深化为可持续发展的具体操作。

从“种芝麻”到“GP计划”，银行的工作重点还是落在客户的身上，落在具体对象的选定与培养上。但是，银行内部如何整体控制，这又是系统论、信息论、控制论这“老三论”必然会提出的问题。这个问题提得对。

两年后的2002年年底，杭州广发进一步提出了“532信贷计划”。

这是从1997年“种芝麻”经过五年多实践后的一次经营结构的再设计。“532”是对10的分解，也就是说，其中的“5”是指贷款总量的50%，由中小企业组成，这是杭州广发的基本客户群，也是优质客户的后备军；其中的“3”，是指贷款总量的30%，包含两块，一块是优质的住房按揭贷款，占15%，另一块是GP客户，也占15%；最后的“2”，是指贷款总量的20%，构成这一部分的客户群体是优质的大型客户，可以是由原先的中小企业转化而来，也可以是新开发的客户。

做任何事情就怕“一刀切”。杭州广发在推出“532信贷计划”的当时，就特别强调实施的过程是一个动态的过程——按照资产结构的变化，以“532计划”为导向，应当分步骤实施，可以通过“442”或“343”的过渡。这不仅是对客户结构的战略性调整，更是对市场定位的进一步优化和系统化。

这时候，杭州广发就不仅仅只是在“种芝麻”，也真正开始了“抱西瓜”。金海腾这样总结道：“定位实施的终极目标，就是要在一个优质的客户群体中获得相对独占式的优势。”

杭州广发至此完成了从被动吸收客户资源到主动优化管理的飞跃。

慧眼识成长

面对中小企业这个富矿，去寻找、识别出优质的客户，就如玉石的采掘，需要慧眼才能找到能够打磨出宝玉的优质毛石。

我们上面已经说到，杭州广发对这些“优质毛石”的鉴别，核心的标准就是“成长性”。这里“成长性”是广义的，包括企业生存的市场环境、企业的内部经营管理能力、企业的财务指标，等等。杭州广发将之归纳为市场的成长性、商业模式的成长性、产品技术的成长性、利润的成长性和文化的成长性。一句话，是对企业“动态的全面考量”的标准。

首先是“市场的成长性”。一般说来，企业所处的市场状况，大致决定了企业的财务环境和运营环境，也决定了这家企业有多大的成长空间。这个市场环境包括政策环境、行业环境和消费对象。政策环境主要是考察企业是否是国家支持的行业；行业环境主要考察企业在行业内是否具有生存和发展空间；而消费对象的状况，主要考察消费需求能否持续上升。简单地说，就是判断企业的市场区域能否扩展，市场渠道能否延伸，市场深度能否挖掘。谁都知道，市场是企业的生命。杭州广发的高明之处就在于，他们认识到另一个被人们忽视的常识。那就是，一个常识在贯彻的过程中，往往会被分割成许多流程，每个流程都只关注自己环节内的责任，而这些责任在落实的过程中常常又会使常识的原则变得支离破碎，结果是人们常常违背常识。杭州广发只是重新强调了“母常识”的系统性和整体性。

美承数码是杭州一家销售IT产品的企业，主要代理销售笔记本电脑、投影机、配件外设等IT产品。在1992年成立时，美承数码的笔记本电脑就在总销售收入中占了相当大的比重。我们回想一下20世纪90年代的前期，那时候，在全社会人们眼中，电脑的主流样式就是台式电脑，能够拥有台式电脑已经是很奢侈的事情，至于“笔记本电脑”，好像只在外国佬那里看到过，那可能是很贵很贵的。做笔记本电脑生意，能做多大？外人无不为这样的企业捏一把汗。

但美承数码进入了杭州广发的视线。

经过深入接触和对市场的深度分析，杭州广发的结论在当时令人诧异：“便携性更好的笔记本电脑，将成为消费者的主要选择”，“综合考虑竞争、成本、门槛等因素，这个市场将会迎来爆发式的增长”。

于是，杭州广发选择对美承数码进行信贷支持，在一段时间的合作后，又将信用卡分期付款的模式嫁接到企业的销售中，为企业赢得了更多终端消费客户。关于笔记本电脑的最终市场情况这里不再细述。总之，在2008年，美承数码已经以96分的高分荣获《计算机产品与流通》评选的“2007中国卓越IT连锁企业”第二名，以及“2008中国电脑商500强华东区域百强”之第二名。

借美承的案例，只是想说明如何判断市场的成长性。

再来看看“商业模式的成长性”。一家企业的经营管理模式，常常预示着它能够长多大。其中有两大考察点，一是经营上是否具备延展扩张的能力；二是管理上是否具备提升创新的能力。说起来仿佛理论化了一些，而事实上，这是看企业的一个切入“点”。

家电行业是杭州广发的客户领域。杭州地区的家电经销行业，经销模式历经了单店经销、专业家电市场和连锁家电卖场三个阶段。在不同的发展阶段，杭州广发先与单店经销商展开信贷合作，1997年在预期家电市场专业经销会有快速发展后，转而与之合作而逐渐退出单店合作模式。2002年，连锁家电卖场刚刚兴起，杭州广发又选择了与永乐、国美进行合作，而且成为其在浙江门店的基本结算银行。回顾整个过程，杭州广发都是在各个模式快速发展时期进入，在逐渐式微时退出。退出的原因，就是看到旧的经营模式由于自身的局限，被新的模式取代。银行的判断很简单，就是看“模式的成长性”。

至于“产品技术的成长性”，主要是考察一家企业的主营业务是否具有因产品的技术领先而形成的市场竞争力。不了解这一点，在浙江这样中小企业发达的地区就容易看走眼。中小企业大多都是新企业，它们生产的产品，也大多都是属于“民生”型的产品，与百姓的衣食住行有关。这里面的大起大落、大喜大悲，故事十分丰富。总结一下，大起大喜往往是因为广告宣传和价格优势，当年的国产手机，如科健、波导等国产品牌都曾经凭借着价格优势和广告攻势在市场上占据了一席之地，但经过市场洗礼后，只有几个品牌最后突围。说到底，最终还是技术的门槛决定了市场竞争的实力。这就需要弄清楚，企业产品在技术的形态上，是替代型还是被替代型，是自主创新还是抄袭跟风，真正的核心竞争力在什么地方。考察技术的成长性，就是检验一家企业是否具备创新能力，并将这一创新力转化为实际推动力的能力。

再说“利润成长性”。说白了，就是能够持续获利的能力。获利是企业最终的目的，也是银行获得充足还款来源的保证，没有持续获利能力的企业一般不会长久，除非天时、地利突然创造奇迹。理性地梳理一下，持续获利能力一般需要考察的包括高于同行业同类型企业的利润率、较快的利润增长率、较长的利润持续力。这也是检验企业的经营是否优质、是否具备成长性的终极指标。

最后是“文化成长性”。说起来有些玄，浙江台州居然是全世界缝纫设备的制造中心，拥有飞跃、杰克、宝石等多家知名企业。金海腾曾经在2005年对浙江台州地区的缝纫机企业进行过一番颇为专注的考察，回来后断然下了一个结论：“杰克将在三年内超过飞跃。” 当时飞跃是世界排名第一第二的缝纫设备制造商，杰克则远远落后于它。金海腾的理由很明确：“杰克拥有远远优于飞跃的企业文化。”什么是文化？就是一家企业无可复制的价值观和生存个性。在2008年的金融海啸中，飞跃没有经受住考验，而杰克则顽强地生存了下来，并迎来新一轮的发展机遇。常言道：“小胜靠机遇，大胜靠管理，长胜靠文化。”文化体现的是一家企业追求理想的内生动力，以及这个内动力生成与作用的方式。有个有趣的插曲是，当金海腾说到“杰克将在三年内超过飞跃”时，一起去考察的广发澳门分行行长瞪了他一眼，那目光中显然是表达了某种不赞同。金海腾莞尔一笑，说：“我们走着瞧吧，但愿不要被我不幸言中。”这件事恰恰被他言中了，几年后当飞跃重组的时候，杰克成了它的新股东。这件事我们后面还会说到。

杭州广发梳理出的成长性的五个要素，在其金融实践中确实起到了指导作用。而且其认识到，所谓“成长”，并非简单的扩张。成长既要有外延式的规模扩大，更要有内涵式的竞争力提升。成长不仅需要有不断创新推进的精神，也要有能够将创新转化为实际生产力的内部支撑体系。

简言之，成长并非只是变得更大，而且是变得更好。

第三章
原生态之美

原生态客户有其本源性的独特生命力，这个“长尾”其实是银行新的“蓝海”。

——题记

被忽视的90%

中小企业并不是杭州广发独家关注的领域。21世纪初，国家政策也开始注意支持中小企业的发展，国有大银行、全国性股份制商业银行、各类商业银行以及众多的地方金融机构，都把目光投向了中小企业的融资市场。

这正是此一时彼一时。

但是运行了一个阶段后发现，银行们瞄准的中小企业客户，往往都是销售达到相当规模的“亚大”企业，或者称为“强势企业”。在这些企业的经营过程中，银企之间的关系已经是“名花有主”，其他银行要插进一只脚去，大概只能用更低的资金价格和大致雷同的合作模式，将企业从一家银行“挖”到另一家银行。最终得到滋润的还是那些中小企业中的“贵族”，而且把这些强势企业弄得更强势——它们有更大的选择合作银行的余地。

形势说变就变。

从2008年开始，对中小企业信贷市场的开拓挖掘有了更进一步实质性的进展，政策的支持、小额贷款公司的成立、各家银行创新的加强，整个银行业中小企业信贷业务风生水起，甚至原本对此不屑一顾的大银行也开始开足马力，于是原先的“蓝海”转眼间已经变成了“红海”。

如何寻找银行信贷业务新的“蓝海”？这是当时杭州广发一个急切想求得答案的问题。

先清家底。到底杭州广发辐射范围内的中小企业的境况如何？因为我们经常会在一些自以为是的结论里打转转。

有时候，正是目光一转，就看到了一片新的世界。稍一调查，杭州广发就发现浙江全省约有80多万家登记在册的企业，其中仅有10万多家与银行建立了信贷关系，也就是说，有70万家企业还被阻拦在银行信贷的大门外，这个比例竟然快占到90%。

90%，那是一个什么样的概念？

在金融业相对发达的浙江省，尚且有近九成的企业没有得到银行的信贷支持，那么在全国范围内，又是什么样的景象？

“原生态企业”——杭州广发这样命名这批尚未与银行建立信贷关系的企业。如果我们回顾金融业的历史，会很清楚，这一行业本身就是因为当时的那一批原生态企业的融资需求而产生的。

杭州广发的几个理论家这时候一声长叹：“这正是，在‘二八定理’的背后，还有一个‘长尾理论’。”

这是当时企业理论中两个戏剧性的概念，首先是“二八定理”占有优势地位，这一理论的大体意思就是，在企业或者社会的运行中，只有两成的机能真正发挥着作用，或者只有两成的机构真正具有贡献，或者只有两成的组织单元真正主宰着发展的态势……总之，只有这个伟大的“两成”是创造历史的英雄，其余的八成只是历史的龙套和随从。有一系列成功的案例支撑这一说法。这一理论一度让人们豁然开朗，以为拉住“强势企业”就是拉住这伟大的“两成”。

正当“二八定理”被炒得沸沸扬扬的时候，有人又介绍了一种“长尾理论”，大体的意思是，当大家都盯住这伟大的“两成”时，被人为忽略的那余下的“八成”，才真正有发展余地。也有一系列成功的案例支撑这一说法。

正是公说公有理，婆说婆有理。

杭州广发首先对浙江企业的现实作了形而上的分析。如果说“二八定理”

让我们忽视了蕴藏着富矿的中小企业，那么这些尚未有银行贷款的原生态企业，可以说是银行信贷市场上的“长尾”。

用《长尾理论》作者克里斯·安德森的理论原理来分析，商业和文化的未来不在于热门产品，不在于传统需求曲线的头部，而在于那些被忽视的非热门产品——也就是需求曲线中那条无穷长的尾巴。

那么是不是可以这样理解：在银行信贷市场上，中小企业的融资产品或者小企业的融资产品，由于其操作成本较高、风险控制成本较高、单个项目利润额较低这样一些现实问题，目前仍是“非热门”产品。但是这些单个融资需求量不高，但数量接近企业总量九成的“原生态企业”，它们所能占据的共同市场份额，就可以和大企业的融资市场份额相比，甚至更大。

只要简单地推理，就会得到肯定的结论。

啊！这正是一个尚未被发掘的市场。这些被忽视的90%所组成的“长尾”，完全可以成为银行信贷市场新的“蓝海”。

这时候，行业内的人们开始关注起这片“原生态”之美了，就像在显微镜里突然发现了细胞那美丽的自然结构。

原生态，自然赋予生物最本原的生存状态。

生态是生物和环境之间相互影响而平衡共存的一种生存发展状态。原生态就是在自然的条件下生存的东西，如果它们有什么特征，那就是天然之美、自然之美和原始之美，美就美在它们强大的生命力，这是进化发展的基础。

是的，在“原生态企业”这个群体中，也潜藏着很多优质企业，或者说是“原生态的优质企业”，虽然它们的规模不一定大，但在某些细分的领域里，却可能名列前茅，甚至是细分的子行业中的冠军。它们不是以庞大的体量而是以精细的基因表达着它们的存在。

在杭州广发的目标客户资料里，我们发现了许多“小巨人”的影子：

它们可能拥有核心技术。有一家只有十几个人的小公司，他们研发出某项用于钢厂污水处理系统的关键技术，凭此技术，他们仅一个项目就能实现上千万的利润，但却没有一分钱银行的贷款。这难道不是原生态的优质企业？

同样，它们或许掌握着稳定的市场渠道。有一家做安防设施经销的小企业，仅有100多万的流动资金，经营了五六年，每年都能够赚得300万以上的利润。

也同样，它们或许有独特的生产加工能力。浙江的“小狗经济”[①]造就了一批产业集群，在每个集群中往往有很多分工明确、合作紧密的小企业群，通常一家企业只生产产品的某个零部件，比如一个螺丝，或者一个外壳，它们在实践中建构起来的产业链十分合理而有效，而这些企业往往都是一些原生态企业。

原生态企业之所以能够存活，并且相当一部分活得很好，是因为它们或多或少地深谙生存之道，拥有市场竞争力之源。

这正是另一种“沃尔玛现象”。

曾经有人这样评论世界500强之一的沃尔玛的成功：“一般人认为，有远见卓识的企业家能铸就强势，目光短浅的人只能成就家庭作坊，而在现实中，有远见卓识、开阔视野的却往往造就了真正的弱势，而目光短浅只看眼前一点点地盘的却能铸就真正的强势。”

这看似不可思议，但事实却正是如此，步步为营才能稳步成功，沃尔玛是如此，很多原生态企业也是如此。

原生态之美并非可望而不可即，分析原因才能找到对策。原生态企业之所以没有银行贷款，大致可以分为四种情况：

一是不能贷。企业本身质量不够好，难以获得融资。

二是贷不到。按目前银行的信贷准入条件，很多原生态企业难以满足，所以很难获得贷款。

三是不愿贷。企业本身有获得融资的能力，但是按照企业当前的发展思路，靠其自身积累可以支撑发展，或者企业对银行融资别有看法，不愿去贷款。

四是没想贷。企业没有意识到需要更加优质、快速的发展，并且这个发展需要通过对外融资来实现。

---

① 小狗经济：著名经济学家钟朋荣在考察浙江经济发展后概括出来的。小狗经济的秘诀在于分工明确、合作紧密，优势在于产业集中和竞争、专业化和协作、体制和机制创新，以及用市场关系代替企业内部管理关系。——编者注

杭州广发认为，在上述的四种情况中，除了第一种很难成为银行的信贷客户外，其他三类都可能是潜在的客户，甚至是优质客户。

好，认清了本质，就可以行动。

原生态客户

2006年10月，杭州广发提出公司信贷业务的一个主攻方向，就是开拓原生态企业客户。在对原生态企业进行了深入的分析之后，杭州广发逐渐形成了自己对可以合作开发的原生态企业的标准。

杭州广发最终这样定义原生态客户：所谓原生态客户，“是指企业与银行之间只有结算而没有信用关系，从未向银行贷过款也难以通过其他渠道融资，但已经形成较好的发展态势，资金缺乏是制约其进一步发展的主要原因的小企业”。

这个定义听上去有些拗口，但是具体分析下来，原生态客户有五个特征：

特征一：企业已经完成了资本原始积累，已度过“种子期”与“投入期”，能够应付目前状态下企业自身的日常经营。

特征二：企业发展态势良好，具有发展性、成长性，未来有可能做精、做深、做大或做强。

特征三：企业没有银行融资或者只有少量银行融资。

特征四：资金短缺成为企业进一步发展的主要制约因素。

特征五：法定代表人或管理团队具有与银行规范合作的意愿。

这五个特征，就是杭州广发选择原生态企业客户的标准。

但另一方面的研究也提醒了杭州广发。一般而言，原生态企业往往存在着对外公开信息少、市场变化快、担保难、管理弱等缺点。这就意味着，除了更准确的筛选外，银企合作方法和模式也需要更多的创新。

到此，实际上只是对原生态企业有一个理论上的廓清，真正要开展工作，还得作一番认真的个案调查。企业都是活生生存在的，各家有各家的优势，也各有各的难处。就像许多时候，你要认识什么是“人”，只能通过一个个具体的人认识。

杭州广发对“原生态小企业”客户的信贷调查，尤其强调客户的财务信息与非财务信息的综合把控。使用的渠道和方法看似十分细碎，但不失为非常有效的方法，我们在下面开列一份目录账单，大致上有十个分项目：

1. 股东或业主个人名下现金流动情况和个人资产分布情况；
2. 原料和成品库存进出情况；
3. 进销税票情况；
4. 同订单情况；
5. 销售台账记录情况；
6. 纳税报表反映情况；
7. 水电耗用凭据记录情况；
8. 供货客户与购货客户评价情况；
9. 同行、同地客户评价情况；
10. 政府相关部门和银行监管部门评价情况。

这些也正可以用“原生态”三个字加以形容，总而言之，最初的感觉是别开生面，很有些“乱世英雄起四方，有枪便是草头王”的架势。

当时杭州广发内部下发的文件中有这么一段话：“很多原生态企业财务制度很不规范，如果单纯按照财务报表对其进行分析，会与实际情况存在很大的偏差，需要进行适应性的调整。”

这段文绉绉的话的背景故事，发生在对一家企业进行信贷调查时。当时的调查人员发现了一个怪现象，企业的原材料进货采购金额远大于报表反映的销售中的原材料成本。材料成本难道蒸发了？深入调查之后，才发现这家企业实际上有部分材料的经营是现金采购后又现金销售的，这种现买现卖对一些小企业来说是很合情合理的事：“有好价钱，为何不在材料上先赚它一笔？”

于是银行告诉他们：“企业账外部分的经营活动也要账目化，现金流出流入纳入账内核算，银行才能照此核定企业贷款金额与还款期限，使核定的贷款金额、期限与企业的实际经营活动需要相适应。”

同时调查还有一个新的发现：原生态企业由于经营管理简单，透明程度也更高，银行更加容易获得企业的真实信息，所以风险度反而相对降低。

经过不断摸索和产品创新，到2009年年底，杭州广发累计开发原生态客户323户，累计发放贷款超过40亿元，贷款利率远高于平均利率，仅有两笔贷款经历了风险，但最后均全额收回。

共同贴近市场

说实话，与原生态企业这位“草莽英雄”合作，一开始并不好入手。客气一点说，原生态小企业具有贴近市场、经营灵活、变化较快、效率较高的特点；直白点，这是一批不按常理出牌的主儿。你可以把它们视做没有章法的一群，但是它们的最大章法，恰恰在于只认准一个标准——市场。一切从市场出发，怎么行怎么来。

银行在与原生态企业合作时，需要更有市场化的观念，与企业共同贴近市场，以发现合作的切入点。

中小企业尤其是小企业，往往有无限的创造力和创造的胆魄，缺乏的是有条理的思考和有效的创新设计。它们关注的是具体的经营活动，希望有充足的资金来支持经营，但却不懂得融资之道，不太关注资金流动的有效性。而后两点正是银行的长处。在杭州广发的实践中，他们发现这种“长短结合”正是一个很好的切入点。

银行要善于将融资活动与小企业的经营活动、资金流动有机结合在一起，与企业外部市场环境紧密结合起来，为原生态企业创造新的商业运作模式。如三方保理项下的商品（或原材料）采购模式，存货质押项下商品（或原材料）库存模式，买方信贷（或异地法人按揭）项下商品销售模式，应收账款质押（或保理融资）项下货款变现模式，上下游客户资源整合模式等，这些模式只要银行结合企业经营有针对性地帮助它们设计出好的方案，不但企业家乐于接受，而且也能大大增强原生态小企业的市场竞争能力。

那还是在2000年的时候，有一家叫做杭州雅隆亚IT系统工程公司（下称雅隆亚）的企业到杭州广发庆春支行咨询贷款的事。这是一家成立不久的小公司，注册资金只有50万元，销售业绩也只做到2 000万元左右，产品主要销往金融系统。他们的问题是工程接单越来越多，需要增加流动资金，但由于实力弱，品牌影响力不大，又无固定资产可抵押，也没有企业愿意为其担保，当时各家金融机构根据传统的信贷模式，都不可能给予其授信支持。但是庆春支行却从“订单越来越多”这一表象看到了某种可喜的迹象，行长和客户经理开始对企业作深度的调查和评估，结果很让他们觉得意外，订单多是因为这家企业的产品已经得到市场的认可，而且业务呈明显的上升态势，深度考察后又发现这家企业管理团队和研发团队的能力都较强，法定代表人和股东的信誉也不错，而且其经营活动中体现的应收账款质量好，获利能力强。这是一家可以称为优质的原生态企业。于是庆春支行就为其量身定制了一个方案，以其对金融机构的应收账款做质押，单单对应，合理打折，通过工商管理局登记，进行授信支持，货款回笼归还信贷。就这样，雅隆亚通过杭州广发的业务创新支持，加快了流动资金的周转，提高了流动资金的效率，得到了持续发展，最后成为上市的品牌企业。这就是杭州广发提倡的善于将融资活动与小企业的经营活动和资金流动有机结合，为原生态企业创造新的商业运作模式的一个经典案例。

在与原生态小企业的合作中，有一个棘手的问题就是“担保难”。这些小企业总资产少、可抵押不动产更少，如果用常规的担保思路，这些企业很难获得贷款。银行要开拓这个领域，就得自己动脑筋来创新融资担保。这一创新的成功，将可能成为银行在这一领域的核心竞争力。

杭州广发在这一领域中，立足于原生态小企业客户自身的客观实际，创造了一系列新的融资担保方式，对原生态小企业融资上的突破起到了根本性的推动作用。

但是，不同的企业有不同的资源，银行就要对症下药。

首先，原生态小企业可抵押的不动产少，但是有动产资源，比如存货能不能质押担保，仓单（提单）能不能质押担保，应收款能不能质押担保，应收商业承兑汇票能不能质押担保。杭州广发就是利用上述的有价值资源，开辟了一系列新的企业自身质押担保模式。

其次，企业都有上下游业务客户的资源，这些资源通过“价值化”后能不能开展合作担保？杭州广发充分利用小企业的客户资源，将自己作为一种有效的中介资源参与其中，创造出“厂 · 商 · 银”三方合作担保、“厂 · 商 · 商 · 银”四方合作担保、“厂 · 商 · 储 · 银”四方合作担保、“上家卖方”担保、“下家买方”担保、“商业承兑汇票”连带担保、“一定范围内企业共同组合”担保等一系列模式，充分利用了小企业客户的经营关系资源。

再次，利用小企业客户的现金流量资源，也可以解决担保的困难。比如“应收账款”保理担保、“出口退税”质押担保、“出口信用保险”质押担保、“收益权（收费权）”质押担保、“应收商业承兑汇票贴现”担保等，将企业的未来现金流转化为现在的可担保资源。

此外，各级政府为推动破解小企业融资难的问题，成立了很多有政府背景的担保公司，并且各类民营担保公司也发展得十分迅速。在解决小企业和个体经营户担保困难的问题上，银行正可以与相关担保公司合作，达到借力使力的目的。杭州广发通过事先评审确定担保额度整体业务合作模式，当小企业或个体经营户担保困难时，可由银行推荐给合作的担保公司，经担保公司审查认可；或担保公司推荐给银行，经银行审查认可，由担保公司担保在银行取得相应授信业务合作。2008年，杭州广发仅在杭州市范围内，就与18家担保公司建立了担保业务合作关系，审批核定可担保额度近10亿元，已累计为70家原生态小企业提供近3亿元授信担保。同时，在名义担保能力相当的情况下，出于控制自身担保风险的目的，民营担保公司评审会更科学、调查会更深入、效率会更高，特别是中期的贷款使用监督和后期收贷环节，民营担保公司能发挥更好的作用。

如果你想知道杭州广发的这些创新思路是从哪里获得启发的，他们可能会告诉你一个十分简单的结论：“只要你把不动产担保的本质想清楚了。”

是的，不动产可以用来担保的本质是什么？是它身上的“价值”。能担保的不是不动产的功能，而是它的价值，价值才是可担保的本质。原生态小企业虽然缺少不动产，但是它们有除了不动产以外其他广泛的有价值的东西。只有真正深入到企业的实际，才可能发现具体的价值存在的形式。

其实，解决融资难问题对原生态小企业发展只是治标之举，帮助其全面提升经营管理水平才是治本之策。原生态小企业客户普遍存在经营和管理的规范问题，银行要加大加深与原生态小企业合作，靠单一融资服务显然不够。杭州广发有一句话："像养孩子一样扶持原生态小企业。"

在2003年年初，杭州广发就推出了企业财务顾问业务，将银行与原生态小企业的合作由单纯融资的浅层次合作，向帮助原生态企业加强管理、改善经营、提高效益的深层次合作转变。有一个数字可能能说明问题，到2009年年底，杭州广发已经累计与136家中小企业建立了企业财务顾问业务关系。所谓"企业财务顾问业务"，一般分为"常年企业财务顾问业务"和"专项企业财务顾问业务"两种形式。顾问的工作，包括定期诊断、专项调研、咨询答复、主动建议、定期会谈、讲座培训、综合报告等服务方式。

杭州广发认为，企业财务顾问业务还可以将服务从较低层次的技术性服务提升到战略规划的高度。杭州广发每月都会安排一名行长室成员或者分行主要业务经营部门总经理，深入到企业财务顾问服务签约单位进行调研，并提供咨询服务。杭州一家以酒水经销为主的原生态小企业，在杭州广发的帮助下，建立了有效的企业文化，实现了发展模式转型，大幅提高了企业的经营管理水平。这家企业的老板朱跃明说："只要每年让我跟金海腾行长吃一顿饭，我这个企业财务顾问费花得就值了。"其实，在我们这个社会，所谓的"吃饭"只是碰面的代名词，他只不过说出了杭州广发许多客户的共同愿望：希望能够听到杭州广发高层对当前经济的看法以及对此企业到底该怎么做——当企业家把银行家视做他们的"导师"时，这确实是个值得小小一乐的境界。

创新银行内部支撑体系

如此这般的模式创新，反过来对银行原有的信贷体系提出了挑战。用杭州广发员工的一句话说，就是"我们的银行已经很不像一家银行了"。

银行原有的体系大多为支撑大中型客户服务，难以有效地为原生态客户提供优质服务，这就需要全面的调整，甚至重新构建一套新的体系。为此，杭州广发确实动了真格，在管理组织、服务方式、风险控制、激励考核、利率定价等方面进行了一系列的探索。

有一些很文牍化的说明，你有兴趣可以读一下，或者翻过去也无妨，不过杭州广发的确作了如下一系列的内部机制创新：

1. 建立扁平的管理组织机制。小企业市场变化非常快，需要及时收集掌握市场信息，作出经营与管理的决策，这就需要银行减少组织内部沟通的层次，提高决策的效率，形成面向市场，以市场、客户为导向的扁平管理决策组织。

2. 建立快速服务效率机制。针对原生态客户市场反应灵敏、经营灵活快捷的特点，杭州广发制定了更明确的操作流程，对每一流程作出时限规定。针对原生态小企业的服务，只要有一线信贷人员提出要求，二线就必须突破八小时工作制，转变成“全天候”服务，保证快速调查、审查与办理。在合规经营的前提下，突破相关流程顺序操作的限制，采用后置流程前移、不同流程同步组合的方式，缩短流程操作时间。对特别的客户与业务，采用专人调查、专题研究、专项评审的办法，解决原生态客户临时性、特别性时限要求。正是在这些突破中，杭州广发一个看似毫无道理的理念落到了实处。那个理念就是：“一线永远是对的，二线永远是错的，除非证明不是如此。”

3. 建立独特风险控制机制。由于原生态小企业规模小、承受外部环境变化能力弱，客观上授信的风险也较大。杭州广发为此改变了一个风险管理的理念，那就是变“风险最小”原则为“风险可控”原则，用独特的风险文化和手段去控制、化解原生态小企业授信风险。独特的风险控制方法包括：

——采用控制原生态企业客户物资流、资金流，进而控制企业客户现金流，最终控制授信风险的思路与方案，保证授信第一还款来源的落实。

——利用追加个人股东、法定代表人、高管团队、财务总监等个人无限责任连带担保的方法，控制授信原生态小企业相关经济关系人的违约失信风险。

——在“首笔谈话”前，采用一票否决制的方法，避免不良授信客户的准入。

——采用法定代表人首笔谈话制的风险控制方法，加强对原生态企业法定代表人的经营管理能力的考察。

——采用行业、区域专业经营的管理方式，避免对行业、区域内原生态企业了解不透产生的系统信息风险。

4. 建立开拓激励考核机制。在原生态小企业信贷业务中，单个客户业务量很小，有可能导致一线信贷人员开拓小企业信贷业务热情不高。杭州广发对此采取了专门设置原生态客户考核激励政策：

——规定分行要在第一时间组织相应部门和人员组成创新工作小组，召开一系列论证会、神仙会[①]、沙龙会，以头脑风暴的形式进行全方位的论证，制定风险可控、效益有保证的业务创新方案，并在支行双百分考核和员工个人贡献积分考核中，均设置创新奖励的分值。

——制定优先倾斜支持原生态小企业客户与业务开发的信贷投放政策。对原生态小企业授信业务项目实行“优先评审、优先审批、优先出款”的三大优先政策。

——非道德风险形成的原生态小企业授信风险，客户经理不用单独承受，并由专门部门、专门人员集中处理。

——在团队和个人考核中，设有原生态企业客户与业务开拓目标要求，将考核结果与季度奖金相挂钩，并增加考核权重。

5. 建立规范利率定价机制。杭州广发专门制定了利率管理办法，规范对原生态小企业贷款利率定价管理，规定原生态小企业贷款利率的高低主要依据如下四大类因素分别确定：

——企业类型，分为一般原生态企业、优质成长性原生态企业即GP贷款客户等。

---

① 神仙会：通过和风细雨的自由交谈、讨论和辩论来提高认识、统一思想的一种会议方式。——编者注

——担保类型，分为一般担保、房地产抵押担保、存单银票质押担保等。

——账户类型，分为基本账户和非基本账户。

——业务合作效益，包括存款业务、国际业务、票据业务、个人金融业务等方面合作。

根据上述四种不同影响因素，原生态小企业贷款利率高的达到基准利率上浮30%以上，低的则是基准利率，个别的甚至是基准利率下浮10%。

上述冗长表述完全摘抄自杭州广发的某一份内部报告，文字的表述虽然枯燥无味缺乏文学的灵动，却让我们看到杭州广发真刀实枪的改革和创新，这一点比妙笔生花要可贵许多，也能让读者心里踏实。

第四章
与大象共舞

一个优秀的企业家永远充满好奇心，但要经得起诱惑，大企业往往会有更多的诱惑，于是，风险与机遇也就同时增加了。

——题记

琢磨大企业

突发的不幸事件，总让人记忆深刻。

2008年9月30日，一直被誉为行业源头、企业龙头和“亚洲第一”的浙江华联三鑫石化有限公司（下称华联三鑫）资金链断裂，在人们猝不及防的时候突然倒闭。

众所周知，华联三鑫是杭州广发的授信客户。可是这一次，杭州广发没有被卷进去。两年前，他们曾给华联三鑫做了1亿元的授信，临出款时，时任副行长的任清尧正值值班期间，他即时行权，坚决否决了这笔贷款。

任清尧有未卜先知的能耐吗？

关心华联三鑫案的人们都感到奇怪，说不清到底是什么力量让华联三鑫突然倒掉。说法倒是很多，诸如金融危机导致行业不景气、投资期货市场不利导致资金断裂、超常规发展导致内部经营管理跟不上等。

很难说哪个是主因，个个都像导火索。

仿佛已成为惯例，由于经济快速发展的惯性，潜伏在企业内部的问题常常只是在人们的眼前一晃而过，然而一旦某个环节衔接不上，大盘就可能轰然崩溃。

这就是人们常常说的“大企业病”。

任清尧在两年后回忆说：“我始终觉得华联三鑫存在一些问题。一是在它的发展中，外部市场因素、政策关系运用的推动要大过其内部自身经营管理能力的作用；二是从资金层面来看，虽然它有很多银行授信，但资金链仍然紧张，高负债经营的弊端开始显现；三是与其他银行相比，我们的贷款金额只不过是一个零头，不足以让我们对企业的经营管理有更多的建议权，这样的‘吃拼盘’式的贷款，不符合我们的战略选择。”

透过这几句极为朴素且带有某些艰涩术语的话，我们还是能捕捉到些许杭州广发式的银行家智慧。回头再仔细听听任清尧说了些什么：

他说：外部推动作用大过内部运营能力。

他说：高负债经营的弊端开始显现。

他说：我们没有更多的建议权。

他说：“吃拼盘”式的贷款，不符合我们的战略选择。

这一思考与发现，发生在2006年。当时的华联三鑫正经历五年的飞速发展，公司大股东看到了国内PTA[①]市场的巨大需求，迅速行动，运用内外部优势，抢占了制高点。企业家灵敏的市场嗅觉和强大的行动能力，使他们的企业魄力得到淋漓尽致的发挥。社会一片喝彩之声。

在这个当口上，任清尧保持了一份银行家难得的矜持与冷静。其实，他当时已经感到了更为深刻的担忧：“有更多的诱惑，正在考验着这家企业能不能守住自己的底线。”

所谓的企业品格，所谓的危机临界，就在于这条底线。

在华联三鑫凯歌高奏的时候，冷眼旁观的任清尧心里很清楚，华联三鑫的银行贷款已经高达数十亿元。他同时又关注着另一个怪现象：被华联三鑫头顶“亚洲第一”的光环所诱惑，各家银行正在莫名其妙地“循环佐证”——这一家的大胆贷款，成了下一家能更加大胆贷款的佐证。

出款的那一天，正好轮到任清尧值班。

---

① PTA：精对苯二甲酸，期货品种之一。——编者注

作为具有临事裁决权的值班行长，任清尧守住了杭州广发的自我准则：共同的经营价值观。

这让杭州广发成为浙江地区极少数没有被华联三鑫牵扯进去的银行之一。

事实上，任清尧在说“不”的同时，心里也经历着一场痛苦的抉择。

面对诱人的“存贷利差”，面对有限的“中间业务的创新”，几乎所有的国内商业银行都在自身的发展中，把“扩大资产规模”视做第一要务，也由此产生了偏向青睐大客户的原动力。于是，由于各银行对分支机构采取直截了当的“规模考核”，信贷人员都不假思索地向“大客户”乱抛媚眼。

如果没有2008年的“应验”证明任清尧当时的清醒，肯定十个人有九个至今都会在背后说他傻，因为他违反了一个基本常识：就像下围棋，抢“大场”总是对的。瘦死的骆驼比马大，小百姓们都知道傍大款、攀高亲的道理。

可是任清尧却认准了一个理儿：“客户越大不一定越好。”

水深水浅只有蹚过才知道，可惜信贷经营没有试水的机会。

但不试水，也可以从概率事件中探索规律。于是，“越大并非越好”成了杭州广发信贷文化的一句经典。

行长金海腾常常会琢磨客户，他曾客观地说过：“一个优秀的企业家永远充满好奇心，但要经得起诱惑。大企业往往会有更多的诱惑，于是，风险与机遇也就同时增加了。”

一个新的命题显然摆到了杭州广发的面前：琢磨大企业。

这一命题的深层次含义是，不一味盲目地追捧或者排斥大企业，而要学会如何“与大象共舞”。

打得赢就打，打不赢就跑

商业银行的大客户，基本上都是大企业。对于银行来说，大企业就像是“萧何”，不是有一名俗语叫“成也萧何，败也萧何”吗？

萧何不是坏人，有大客户也绝对不是坏事，就像万吨级巨轮，恢弘，辉煌，势不可当，尤其当它静静停泊在港口时，就像豪华的泰坦尼克号，具有很强的安全感和观赏性。然而巨轮一旦驶入茫茫大海，置身于惊涛骇浪、急流暗礁之中，它的航程就充满了风险。

人们常常拿船来比喻企业，说大企业“船大能抗风”，另半句或许就是“真抗不住就全军覆没，谁也救不了”；说小企业“船小掉头快”，言下之意是大企业“反应迟钝掉不过头来”。

我们不想骇人听闻地编造大企业遭遇风险的“妖言”，吃不到葡萄就说葡萄是酸的。我们只是循着杭州广发的思路在“琢磨”大企业，以求得更为明智的合作方式。

大企业有无可置疑的优势，也有不可避免的系统性风险：政策风险和行业风险。

杭州广发曾经历过一个比较典型的案例，那就是宁波建龙大型钢厂项目。这是一家中外合资的钢铁企业，中方主要股东是唐山建龙钢铁有限公司，当时与江苏沙钢集团、河北津西钢铁厂、南钢集团和海鑫集团并称为全国五家最大的民营钢铁企业。其老板张志祥以钢铁贸易起家，位列“2003中国大陆百富榜”第82位，拥有10.5亿元身家。不管从哪个角度看，这都是一头企业“大象”。

杭州广发是唐山建龙钢铁创业初期最坚定的支持银行，对其下属钢贸企业的授信一度接近两亿元。2003年，宁波建龙项目开建，作为密切的合作伙伴，他们希望继续得到杭州广发的支持。杭州广发对项目开展了例行的调研。在深入细致的了解和判断中，杭州广发发现了三大问题：其一，虽然地方政府对这个项目极为支持，但当时全国的钢铁行业投资过度，宏观的政策环境有极大的不确定性；其二，这个项目建设周期长，审批手续烦琐，而且市场需求不确定因素太多；其三，项目投资概算几经修改，从300多亿降至89亿元，其中不确定因素太大。结论是：政策风险和行业风险并存，而且不一定能逆转。

事后，金海腾说：“其实我们认可的是他一家一家收购钢厂的模式，并不认可他在膨胀心态下的冒进。”

于是，杭州广发向“大象”朋友开诚布公地谈了自己的最终意见：不向这个项目提供贷款，建议重新考虑项目的建设方案。为了引起“大象”的进一步重视，杭州广发还提出一个附带警示，如果宁波建龙项目按原方案开工，杭州广发可能会考虑退出向“大象”发放的原有贷款。

这是他们琢磨这头“大象”的最终结果。

一盆冷水当头泼向正在兴头上的“大象”，大家都没好脸色，说不到一起去，各持己见。

事情的发展正如当初的判断。2004年年初，国家着手通过收紧信贷等方式抑制钢铁业的过度投资，宁波建龙项目的投资压力开始显现。这时候，江苏的“铁本事件”①更给项目的前途蒙上一层阴影。2004年5月，宁波建龙项目也被查出存在违规、越权审批项目的问题，其还违反国家金融政策，将6亿元流动资金贷款转为固定资产投资。项目被即时叫停，从此陷入泥淖一蹶不振，两年后才由杭钢集团重组，外界一度盛传为“铁本第二”。

各家贷款银行都吓出一身冷汗。

想拿这件事证明杭州广发的超人能耐吗？不，只是想证明他们的老实。他们的老实，就在于按照思维逻辑完成了一个在中国投资的最常规的思考：项目能顺应国家的政策方向吗？

这只是一个“小学一年级”水平的问题。

因为所有管理类书籍都会涉及“政策风险”的定义，虽然说法不一，大致的意思都是：所谓政策风险，是指政府对某一行业（产业）的不确定的限制性政策，以及当政策发生重大变化时所造成的市场环境变化给企业经营所带来的风险。上述政策包括行业监管政策、税收政策、外汇政策、货币政策等。

也因为所有涉及这一定义的教材无不作如下的生发：对政策风险的判别需要前瞻性，要将行业分析与国家整体经济运营环境相结合。对于国家政策不支持或限制的行业和企业，即使领域再大，短期利益诱惑再多，也不值得进入。

---

① “铁本事件”：民营企业江苏铁本钢铁有限公司未经国家有关部门审批，2006年6月开建800万吨钢铁项目，在常州市新北区春法镇违法占地600亩，4 000多农民被迫搬迁。2007年4月，国务院派出专项检查组，核实查处江苏铁本钢铁有限公司违规建设钢铁项目，认为这是一起典型的当地政府及地方有关部门失职违规，企业涉嫌违法违规的重大事件。——编者注

更因为30多年的中国宏观调控史反复证明和强调着：中国的经济一直在“无形的手”和“有形的手”的双重把控之下。

正是这两只手，紧紧地牵制着中国的“大象”企业。

然而，“大象”的错误，常常是太把自己当“大象”。

另一个问题值得讨论：如果这个项目最终成功了呢？

社会科学的难度，就在于无可实验，也无法假设。

杭州广发的回答则是：“面对难以把握的风险，与其贷错，不如退错。机会永远会有。”

评曰：别看这一回答缺少理论色彩，显得有些傻，其实它的骨子里闪烁着的正是毛泽东军事思想式的光芒——“打得赢就打，打不赢就跑”。

判断“真假李逵”

杭州广发是这样一家银行，它常常将自己的客户、既成业务和身边发生的企业事件，引申为业务学习的教材。就像宁波建龙项目一样，它又通过自己身边的另一个企业事件，明确了对于大企业的第二个风险——行业风险的认识。

曾经风靡一时的“小灵通”业务，是1997年12月在杭州的余杭区首次开通试用的，其后一度在全国遍地开花。作为当年为拯救境况不佳的固定电话业务而推出的一种新的电信传输业务，它造就了一段时间的市场繁荣。银行的神经总是敏感的，当时杭州广发内部就有人提出是否可以重点考虑支持这一领域。

支持这一观点的人态度很鲜明：这一定是“未来的成功者”，首先它是电信传输的创新，其次是价格低廉，符合民生需求。总之可以用“价廉物美”四个字来概括。

持“未必”态度的人理由也很充分：这未必是“未来成功者”，很可能只是“昙花一现”。因为其一，“小灵通”信号覆盖局限性很大，是一种局域性的模拟手机；其二，手机正在迅速发展，很快会把这种“亚手机”的业务压扁，而且手机资费不断降低是必然的事，“小灵通”的价格优势会很快丧失；其三，“小灵通”是低效率重复建设，会造成严重的资源浪费，并非国家支持行业。

正在仁智各见、难分伯仲的时候，金海腾正好从芬兰考察回来，他带来一个令人重新思考的信息：芬兰的诺基亚手机，几乎成了这个国家的支柱产业，它带动了芬兰许多中小企业成为它的制造分支，而诺基亚的产品，几乎遍布全世界。金海腾说：“倾国家之力支持一个产业，这个产业就没有理由不引起我们的深度思考。”

也就是说，在思考“小灵通”的时候，手机成为了参照物。

杭州广发最终没有渗透到这一领域，但是却由此对“行业风险”有了一次认真的思考和剖析。

从“小灵通”命题向一般原理拓展开去,“行业风险”的概念慢慢具体了：

“那是一种源于行业本身的生命周期、产品的可替代性、技术更新、行业壁垒、需求者变化等因素所带来的企业竞争状况和经营环境变化的风险。”

如果再推而广之，它将深度涉及如下因素造成的风险：比如行业对国民经济的重要性，比如产品供求状况和发展潜力、赢利能力、行业价格控制能力，再比如行业进入壁垒、与供应商谈判中的地位，也包括控制成本和费用的能力、现金流量的充足性与稳定性、企业管理难度、投资回报率和社会平均利润率比较以及亏损风险。

如果上文的描述令你头痛，那么我们改用一种简单形象的说法：如果你所从事的是最终会被本行业“排泄”出去的废物，它就充满了行业风险。

显赫一时的“小灵通”日后的命运果真如此：随着手机的迅速普及、手机资费的不断降低，其生存空间越来越小，最后，政府主管部门要求所有的“小灵通”业务在2011年前退市。

“小灵通”的昙花一现，使人想到“垂暮的巨人”。

是“垂暮的巨人”还是“未来的成功者”，就其表象看有时候还真看不出多大区别，就像从外形看不出“小灵通”与手机有什么区别一样。这就是银行家的认识难度。

这时候，我们倒应当细品一下当初“未必”派的主要观点。

实际上，他们提出了关于“小灵通”的三个关键性质疑：技术是不是真正意义的创新？所谓廉价是不是真正的竞争优势？是不是真正与国家鼓励的发展方向一致？

这三个质疑，如果我们用“参数置换”的方法使之可用同一个参数系来考察，就能得到更为明白的启示，这个参数系就是“小灵通”与中国电信业的关系，也就是“具体企业与其所类属的行业的关系”。由此，可得出如下三个结论：

“小灵通”技术低于本行业中的手机技术；

“小灵通”的价格低廉最终敌不过本行业中手机的降价；

“小灵通”并不是本行业中政府倡导的发展方向。

那么，“小灵通”必然被替代，被本行业中的领先者替代，这是它的宿命。

用“同门竞争力”来判断“真假李逵”，这是杭州广发在实践中发现的一个行之有效的方法。

当然他们也补充说，如下几条“军规”也被杭州广发引以为共识：

——如果行业的大状况不佳，但企业在某一细分市场中可以获得较好的发展前景，那么还是可以考虑提高对该企业的评价。

——对处于成熟期的行业选择审慎进入。

——对处于衰退期的行业则严格控制。

——对处于辉煌期的行业和企业，我们仍需要保持冷静。

“在处于上升时期和顶峰时期的企业之间，我们选择前者。”金海腾说。

最后一条“军规”是，对于处在衰退期或者正在从成熟期走向衰退期的行业，即使企业当时实力再雄厚，也不应当与这些“垂暮的巨人”进行战略性的合作。

当心“虚胖的大象”

2004年，杭州广发突然听说他们的某大客户资金链几近断裂，很多银行都在对其紧急收贷。开始时他们一时难以置信。这是一家国内著名的电池生产企业，其主业经营良好，与杭州广发一直合作得十分愉快。当即就有人否定说：“不可能，像这样稳健扎实的大企业，资金链怎么可能断裂？谣言。”

不管是不是谣言，先调查一下总没有错。

一查，发现了大问题。这家稳健扎实的“大佬”，居然也没挡住利益的诱惑，为求更高速的发展，轻率地到安徽投资房地产业务。当年宏观调控来临时，其不仅房地产业务资金链断裂，而且导致主业电池生产的资金链紧张，一度陷入了困境。

又一曲跨行业多元拓展的悲歌。

在市场竞争日益激烈的时代，多元化是很多企业扩展生存空间、增加赢利渠道的重要手段。问题在于，多元化常常很容易“做大”，却很难“做强”。中国企业仿佛都梦想着“做大做强”，而在中国的企业词典里，“做大”指的是固定资产总量，而“做强”的标志则是现金流的充沛。

多元化扩张常常不等于实质性做大，更难实质性做强。道理很简单，所谓“做大”，常常是把贷款转化为企业资产，如果出师不力，资产再变不回现金，就成了一个很学术化的名词——“不良资产”，尤其是专业设备，就等于一堆废铜烂铁。但是“资产”有一块很微妙的遮羞布，叫“账面原值”，是用来对付一般审计的防火墙。“做强”就靠赤裸裸的数字了——实际的投资回报率，或者更直白地说是纯利润。

关于多元化发展，有许多学说和理论都反复证明过它的高明和高效，也列举出许多著名的成功案例。然而还有一句很极端的名言：“利用世界上每一种社会需求都可以赚到钱，但是轮到你能赚的，恐怕只有一种。”其实许多人用一生时间一直在寻找的，就是这“一种”。

这就给银行家提出了一个新的命题：如何区分优质的多元化和盲目的多元化?

著名电池企业悲怆的多元化，在杭州广发内部引起了一场对于多元化价值与表现的讨论，从而产生了一个叫“虚胖的大象”的新说法。

有些规模很大却十分虚弱的企业，就是他们所称的“虚胖的大象”。“虚胖的大象”大而不强，可能短期内还不至于产生风险，也可能存在交易性机会，问题就在于其内在的弊病很难一眼看清，甚至不是单一的症结，潜在的风险很大。要认识和回避“虚胖的大象”，需要寻找它的基本特征。

杭州广发最后归纳出“虚胖的大象”的三个基本特点：

一是高负债和过度经营。负债率高，财务费用就会在管理费用中占很大的比例，如果只是企业“为银行打工”还算不上大事，更大的问题还在于企业的隐性负债规模——民间融资。这种报表不反映的“体外循环”，常常以高利率为特点，饮鸩止渴的结果是总有一天“八个桶七个盖”，资金链断裂，陷入全面瘫痪。而一旦企业趴下，其一堆烂账一大半都是无法偿还的贷款。

二是资产规模大但周转速度慢。很显然，企业资产的周转速度，反映了企业的营运能力和效益。总资产周转速度反映的是企业的长期偿债能力，流动资产周转速度则反映企业的短期偿债能力。如果不是行业营销机制有问题，应收账款周转过慢一定是运营不够良性，结果一定是现金流“贫血”，必然影响企业的偿债能力。注意，企业的偿债能力是决定银行是否对其放贷的命脉。

三是销售规模大而赢利能力弱。这种企业“花钱买吆喝”的现象出现的原因常常在两个方面：要么是行业性因素，比如处于衰退期的微利行业；要么是竞争力不强，赢利能力低于同行业平均水平。注意，向这样的企业发放的贷款，可能会被主要用于“补齐”同行业平均水平，不可能产生利润提升。

巧合多了，就成了常识：多元化经营的企业几乎都是规模型企业，尽管许多规模型企业都是成功的大企业，但总让人忍不住想到《红楼梦》里的那句“百足之虫，死而不僵”。医生热衷观察人的气色，警察总在怀疑人的诚信，而银行家则老是琢磨大企业是否“虚胖”，这可能就是职业病。

是不是职业病，这只是一句玩笑话，关键在于多元化的风险。

一般而言，行业内多元化的风险比跨行业多元化要小；行业内相关多元化的风险比行业内非相关多元化要小，具体实施起来，也是后者要难于前者。反之，跨行业的多元化风险总大于行业内的多元化，但事情常常有出人意料之处，非常成功的多元化常常又在跨行业中出现。

所以，从更宏观的“形而上”层面来说，选择多元化的大企业，关注的重点在于两个：是否为有效的优质多元化；是否对其主业构成有效的支撑，促进其成本的降低和利润的提升。有一类大企业尤其值得谨慎对待，即主业不突出，或者主业竞争力较弱，而以对外股权投资为主的投资类公司，必须列入限制范畴。

这说起来似乎有些玄虚，但是我们不妨想想“德隆集团”的案例。

把客户融入战略体系

能够识别“虚胖的大象”并不是目的，目的在于与“大象”共舞。与“大象”共舞是一种战略选择，战略性的选择才能促成战略性的合作。

战略性的合作如何促成？杭州广发与开元旅业集团（下称开元旅业）的合作也许是一个成例。

开元旅业是以酒店为主导产业的民营旅游集团。杭州广发与其合作时，国内酒店业尚未迎来黄金发展期。选择开元旅业作为信贷客户，除了对其所处行业和企业的经营管理状况有满意的考察结论外，杭州广发更看重的是开元旅业的董事长陈妙林的个人素质。金海腾的考察结论如是：“作为企业的领导人，陈妙林非常注重自身的文化修养，在酒店行业摸爬滚打多年，对宏观经济和旅游行业的发展都有独到的见解，行事稳健又不失进取，是一位善于发现并把握机会的企业家。”

开元旅业的经营思路有两个特点：一是主导产业酒店的连锁化经营；二是以酒店为龙头，提炼出一套复合房地产开发经营模式，很具同业竞争力。在此基础上，开元旅业凭借“星级服务、星级房产”的开发理念，使酒店、房地产互动推进，既使房地产对主业构成有效的支撑，又以主业的服务品牌拉动了房地产的市场美誉度。这是杭州广发十分赞许的做法，也是双方“共舞”的基点。因此在2006年，当开元旅业在发展中需要紧急调度资金，而其他银行一时难以发放新的贷款时，杭州广发第一时间发放了一笔3 000万元的无担保无抵押的信用贷款，对开元旅业来说无疑是雪中送炭。这是杭州广发迄今唯一的一笔无担保无抵押信用贷款，体现了杭州广发对自己客户的把握能力和对风险的控制能力。

今天，开元旅业已经成为浙江省最大的旅游集团，全国十大旅游企业之一。在旅游酒店的经营上，它是唯一以民企的身份跻身中国内资饭店集团前八强的企业，并与上海锦江集团一起分享了“中国旅游知名品牌”的荣誉；

在房地产方面，开元旅业下属的房地产集团也跻身“中国房地产专业领先品牌十佳”，获得“中国房地产百强企业”称号。

开元旅业是杭州广发最成功的战略合作者之一，它符合我们在第一章提到的杭州广发优质客户的三条标准，也是银行与大客户“共舞”的典型。

杭州广发有一个基本理念，认为银行在信贷客户选择上，构建自己的战略体系比个案评判更为重要。战略性客户并非都是大客户。关于这一点，杭州广发确定“以中小企业为基础，争取优质大型企业”的定位，已经反映了它的独特思考。而另一方面，选择大客户绝不是为了快速扩大规模的短期行为，而是将其有机融合到银行客户资源战略体系。即不是让客户“独舞”银行“打秋风”，而是双方和谐地“共舞”。

共舞的关键在于舞者与舞者之间要有对等的品格与技巧，看过《金融道》第一部的读者一定知道，这就是杭州广发之所以十余年坚持自身文化建设的原因。

第二篇
驱动市场的银行

商业银行面对的是市场，因此它不能被动地应付市场，只有驱动市场才能成为市场的主导者，银行经营的难点恰恰就在此处。

——题记

第五章
中医式信贷经营

西医是治人的病，中医是治有病的人，在中国经营信贷特别要关注其社会性，要有整体的观念和辩证的方法。

——题记

地域辩证法的启示

金海腾曾经给杭州广发的信贷员客户经理们讲过一个故事：名医孔伯华的嫡孙、养生专家孔令谦曾经说到他的祖父有一次给一位中央领导看病，然后开了一剂药方，其中有“琥珀2克”，按照常规的开法应该是“5克”，于是他就问原因。孔伯华回答说：“因为中央领导去配药，人家会特别重视，配到的琥珀纯度可能要比一般人的高，所以量要酌减。”

“看病开方是如此，银行的信贷经营何尝不是如此。”金海腾讲完故事后说。

让金海腾至今不能忘记的一件事是，2007年年底，广东省委书记汪洋提出，要大胆解放思想。为响应省委书记的号召，金海腾对广东金融作了一番研究。2008年3月，他给汪洋写了一封信，汇报了研究结果，汪书记批转了该信。在信中，金海腾对广东省和浙江省的金融状况作了比较：

2006年，广东省金融机构本外币各项贷款余额25 935亿元，浙江省20 768亿元，广东省比浙江省多出5 167亿元。但是，浙江省的存贷比是83.0%，而广东省只有59.9%。根据央行规定的75%的存贷比，浙江省净流入2 000亿元，广东省净流出6 511亿元，轧差比浙江省少了8 511亿元。同时，银行承兑汇票，浙江省余额4 045亿元，广东省只有区区的1 991亿元，两者轧差又差了2 054亿元。

两项相加为10 565亿元，也就是说，2006年广东省比浙江省少投放了1万余亿元。

在粤、鲁、苏、浙、沪五省市中，存贷比排序为：浙江83.0%，山东81.1%，江苏72.5%，上海70.3%，广东59.9%，广东跟前一位的上海相差十余个百分点。再分析各家银行的情况，除工（中国工商银行）、农（中国农业银行）、中（中国银行）、建（中国建设银行）四大国有商业银行外，最早成立的十家股份制银行中，广东占据三家(招商银行、深圳发展银行、广发银行)，上海两家(交通银行、浦发银行)，浙、鲁、苏一家没有。按理说，总行所在的省，资金应该是积聚的，但是广东省在这五省中本外币存款余额是最高的，达到43 262亿元，远比第二、三位的江苏、上海多16 539亿元、16 807亿元，比最少的山东高23 255亿元，一倍还要多！

上面的那一段纯数字描述，恐怕得麻烦你细细地看一下。看不懂也没有关系，关键是下面这句话：金海腾在分析上面的数据后，得出如下的结论："信用缺失是制约广东进一步发展的潜在原因。"

想不到书记这一批转，倒引起了一场小小的争论。来自广东方面的一种观点认为，广东与浙江有不可比因素，主要是广东省较大的不良贷款被剥离处置，导致存贷比存在一定的低估。金海腾为此又对广东和浙江省的不良资产剥离情况进行了还原，还原后，广东和浙江的存贷比分别是67.7%和84.9%，即便把低估因素考虑在内，两省的存贷比差距也还有17.2个百分点，形势不容忽视。

金海腾的结论是，这是社会经济环境对银行信贷经营造成的直接影响。

曾经从杭州广发调任中山广发行长的钱平，根据自身的实践经验也有一番独到的见解。他认为，向银行贷款的广东企业，负债率大体在30%~50%，远不及浙江省企业普遍在65%以上。钱平曾分别在浙江和广东从事过多年的银行信贷工作，对浙商和粤商的差别有比较深入的研究："浙商比较喜欢抱团，而粤商比较喜欢单打独斗，特别是1997年亚洲金融危机给粤商造成的心理阴影余波未了，其对社会信用仍持怀疑态度。所以，在浙江地区银行可以用企业之间的互保、联保来进行贷款发放，而在广东地区则大多只能用抵质押的形式。"

互保、联保在信用放大上是"倍数效应"，而抵质押则是"折数效应"，如此一比较，差异显而易见，从这个角度也就不难理解为什么广东省会比浙江省少投放1万多亿元。

正如互保、联保在广东地区很难找到市场空间，事实告诉人们，在一个地区可以运用得得心应手的方式方法，在另一地区却不一定行得通；同样，在某一行业、某一企业适用的信贷经营手段也不是能够通用的。

金海腾说："这好比是中医的一个药方，世界上没有万能的药方，能够同时适用于不同的人和同一病人的不同阶段。信贷经营就像是处方经营，需要因地、因时、因人（企业）制宜，这是金融的社会性，因社会环境而异，所以差异化经营是信贷经营的必由之路。"

为此，在一段时间里，金海腾居然要求大家琢磨一下中医的原理。这一琢磨，倒也琢磨出一点门道来。

他们琢磨出了两个概念，一个叫"整体观念"，一个叫"辩证论治"。

中医诊断，是通过对现象的分析，探求内在的机理。"整体观念"和"辨证论治"就是这一独特理论体系的两个基本特点。

中医的整体观念包括两层意思：其一，整体是指人体的统一性和完整性，认为人体是一个有机整体，各个组织、器官都有着各自不同的功能；其二，是人与自然的统一性，自然界存在着人类赖以生存的必要条件，自然界的变化可以直接或间接地影响人体，对于自然的每一个变化，机体都会相应地作出反应。

正因为人体的整体性，人的体质或病症都会通过人体的体征发出信息，医生可以通过望、闻、问、切所收集的资料，分析综合后辨清疾病的原因、性质、部位以及邪正之间的关系以对症下药。由于致病的因素和机体的反应不同，中医针对每个病人的具体病症分清阴阳、寒热、干湿等类型和不同的程度，结合体质、环境、季节、年龄等个人条件开出处方。处方因病因人而异。简言之，中医的基本思想就是整体地、动态地发现疾病的发展过程和本质，并针对性地进行治疗。

金海腾说过："西医是治人的病，而中医则是治有病的人。"

他说这句话的时候，正在为某一企业客户的信贷作论证。他只是借中医的医患关系，比喻银行与企业的关系。他认为，一家企业正如一个人，也是经济与金融环境的一分子，也会受经济金融形势的影响而变化；一家企业的经营表现也正如一个人，人以各种器官、各种功能共同作用而最终表现出他的生存状态，而企业也是以其生产、经营、管理、营销等各个环节共同作用，表现企业生存的状况。

由此，他提出了一个"中医式信贷经营"的概念。他的理论就是，一家企业之所以需要贷款，肯定是因为资金流出了问题，要借贷款的这味"药"，去医治自身资金缺乏这个"病"。而银行在这个时候就是"医生"，医生不能因为病人想吃药就胡乱开具药方，他首先得为患者诊断，如果这家银行是一位中医，他就会从医治"有病的人"这个主旨出发，开具能使患者康复的药方。金海腾总结说："如果说西方信贷的经营方式是西医手法，所看重的是财务分析、指标分析等技术性手段，其目的则是就病论病，治人的病；我们提倡的是中医式信贷经营，是看重整体诊断，既辩'症'更是辩'证'，我们是治有病的人。"

在具体介绍杭州广发的这一独特的理念之前，我们先简单为这一理念下一个定义：杭州广发倡导的"中医式信贷经营"，就是指将一家企业放在一个整体的经济金融环境中去分析，在财务分析等技术手段的基础上，结合企业的财务因素和非财务因素，整体地、动态地评判企业的经营管理状况，然后对症下药，以个性化的方式为企业提供信贷服务。

处方式经营

记得在《金融道》第一部中，杭州广发的业务专员戴恩成有句令人印象极深的话："我们的方案就是没有方案的方案。"现在我们就可以明白这句看似毫无道理的废话了，其实他的意思并非没有方案，而是没有一成不变的方案。针对具体的客户，信贷方案如何出？他们叫做"一户一策"，就像中医的"一患一方"，而不是"一方包治百病"。

用营销的术语讲，这就是"定制营销"，体现的是差异化经营的思想。杭州广发将其命名为"处方式经营"，这也从此成了杭州广发信贷经营的核心思想之一。

具体地说，"处方式经营"是指在业务开发过程中，银行根据客户的生产经营特点、资金流动规律和金融服务需求，在充分了解客户相关信息和外部经济环境的基础上，采用一对一（即一户一策）的经营方法，为客户"度身定制"业务合作方案，用个性化的服务打动客户。

这里的个性化定制，包括沟通方法的个性化定制和服务方案的个性化定制。

沟通方法也需要个性化定制？是的，杭州广发文三支行的行长吴郡说过："每个客户，每个参与沟通者，都有各自不同的个性特点，我们要根据被沟通者的不同年龄、从事行业、职位、学识、兴趣、爱好等因素选择不同的沟通方法，这又包括沟通的态度、场所、环境、形式、方式和语言等，以与之进行有效沟通进而营销开发相关业务。"

这不是要求客户经理成为心理学家兼外交家了，这还是银行吗？吴郡笑嘻嘻地说："对，我们正朝这个方向努力。"

至于服务方式的个性化定制，比较好理解。每个客户都有其不同的经济属性和定向需求，所以也需要不同的服务方案，需要银行根据客户行业、市场、经营、财务等的不同特点，以及与此相对应的金融服务需求和风险可控的特点，为其个性定制适合的服务方案。

理解是容易理解，做起来就不一定容易了。

任清尧这位"元老"说了一句很实在的话："在杭州广发，只要是想明白了的事，不可能没有办法做成。"

也是一句老话：事在人为。

中国的事情往往就是"老大难，老大到了就不难"。

不是要提倡“处方式经营”吗？那就让领导们先示范一下。这不是“将”领导的“军”，杭州广发在推行“处方式经营”时的第一个决策，就是充分利用“行长”们的行政资源——分行和支行的行长、副行长、行长助理等所谓的“行长室”的行政资源。

——建立“重点客户行长联系制度”，每年分时段安排行长室成员走访重点客户，既是专业服务上的沟通，也是情感上的联络。

——结合“首笔谈话”，每个授信项目由支行行长参与沟通，与授信审批部门和一线信贷人员联合调查。

——行长室参与各种不同形式、不同层级的沟通与方案商榷。

——行长示范下的全体信贷员有组织的“处方式经营”的展开。

杭州广发全方位地“望、闻、问、切”，力求更加有效地把握客户的真实需求。

越是“处方式经营”，越是“一企一策”的推行，就越是需要对方案进行缜密论证。如何才算缜密？杭州广发强调了一个新的概念，叫“不可行性论证”。

这个概念是从一个使用率甚高的词“可行性论证”中反意以求的。当代中国的一个怪现象就是，所谓的“可行性论证”往往就是证明“领导高明”的代名词。

有一幅漫画是这样画的：一个领导干部模样的人手握一张弓，往一棵大树上射箭。射出去的箭，有的射在树干上，有的射在树枝上。另有一个秘书模样的人拿着一罐颜料，握着一支笔，专门在每一个落箭点的周边画上一圈圈的同心圆，领导射一箭，他画一个同心圆的靶子，先射后画，看上去每一箭都射在圆心里。题目叫做《箭箭中的》。

这大概就像是许多地方的“可行性论证”。这是中国式下属们的集体无意识，领导说一个主意，让大家讨论讨论，讨论的结果往往就是“这个主意太高明了，我们还得进一步学习、消化、理解”，结果皆大欢喜。

对行长们给的“处方”，如何防止“一片赞歌”？

杭州广发想出了一个奇招，叫“不可行性论证”。就像是对抗辩论，出处方的人做“正方”，再组织一个班子专门做“反方”，专找方案中的漏洞，挖壁打洞似的提出一些小概率事件、微小概率事件、特殊情况、特别特殊情况，看“正方”有没有对策。“反方”就是反方，不必不好意思，也不必照顾面子，把反方做好就是你的责任。

杭州有一家贸易公司向杭州广发提出2 000万元综合授信额度，期限一年。申请的授信品种为短期流动资金贷款，或者是商业承兑汇票贴现额度。贷款用于煤炭采购。客户经理初步谈妥的贷款利率意向为基准上浮20%，商票贴现利率根据市场情况定价。这家贸易公司又通过非关联的一家汽配城和一家房地产开发公司共同担保。也许这样介绍说得有些专业。通俗地解释一下就是，有一家公司要贷2 000万元钱，用于买煤炭，愿意接受比基准利率高出20%的浮动利率，而且有两家公司为它担保。这笔生意做不做？

“反方”在第一次审议中，否决了这个方案。否定理由有七条，分别是：非经营性资产占用过多，贷款资金用途难以控制；资产流动性较差，偿债能力较弱；公司的银行借款增长较快，有挪用资金投资固定资产之嫌；货币资金不足，支付能力较低；经营活动现金流量过少，会导致还款现金流量不足；资金周转速度较慢，货币资金存量较少；担保单位现金流量过少，现金流担保能力不足。

“反方”胜利了，看来他们的确很缜密，也核实了许多资料，七条理由合情合理。在肯定项目中找到否定因素，进行不可行性论证，这不是推翻或否定，而是为了使能完成的项目效果更佳。

另一种情况可能也会引起我们的兴趣。

还是上一个案例。虽然在“对抗辩论中”反方否定了主办客户经理的授信方案，但是主办客户经理却另有看法，只是感觉到自己在“对抗辩论”中理由不充足。于是他再次深入到企业调查，发现了新的材料可以证明自己的“正方”观点，于是就提出了复议的申请。分行看了他陈述的理由认为可以复议，于是举行了第二次审议会。

“正方”补充的理由主要有三条：首先，该公司资产结构良好，资金用途可把握。目前总资产1.03亿元，总负债7 100万元。除子公司固定资产外，用于投资一家山庄3 000万元，不需再追加投资；出借关联公司的房产公司2 800万元，用于买进煤炭3 000万元左右，即可上市交易。其次，该公司与某著名煤矿关系较好，进货价格优势明显，下游均由一家热电厂统一购进，利用这一销售平台，该公司上年实现煤炭销售1.6亿元，利润500万元，当年计划销售2.5亿元，按照实际的企业销售周期，全年可实现资金周转4次，以此计算，目前资金缺口为2 000万~3 000万元。再次，借款的房产公司正在开发的项目有两个，一个项目已处于销售阶段，已陆续收到预收款1 657万元，销售情况良好；另一项目有土地储备89亩，目前其他银行已为其配套了3 500万元项目贷款。客户承诺不将贷款用于房地产开发、股权投资和其他固定资产投资。

更重要的是，根据上述调查，主办客户经理重新设计了一个新的授信方案。这是一个有条件限制的方案，其要点有四个：一是按煤炭业务流程所需的金额及资金占用时间发放或归还贷款；二是签订“银 · 企 · 矿”三方协议，明确贷款资金专项划给购煤的煤矿，并以“应收账款质押”的形式，作为贸易公司授信的条件；三是引入贸易公司下游热电厂对贸易公司提供担保；四是贷款时间控制在4个月，因为整个贸易流程需要3个多月时间，须从时间上避免移作他用。

该授信方案提交第二次贷审会复议，获全票通过。

这也就是说，在否定项目中找到肯定因素，不是为了勉强做成一个项目，而是为了发现市场并且不断审视自身机制的合理性，目的是为了使不能做的项目也能做成。

这批专门做“反方”的人，在杭州广发被称为信贷审查委员会，委员会的成员由各个专业部门的负责人或者某一领域的专家组成的，既有贷款审查审批、法律事务、风险管理等管理部门，也有来自一线的客户经理。有意思的是，他们每个人都以个人的名义参加贷审会，而不是代表部门利益的需要，以避免负有形式上的责任。如果遇到自身所在支行、部门的项目，相关的委员就需要回避。从另一个角度看，这也使得委员们无须背负为自身争取利益的包袱。因此，杭州广发的信贷审查委员会往往是信贷经营思想交锋最激烈的地方，有辩论，但更多的是辨证。

金海腾说：“在信贷经营中，并不是每个客户都是十全十美的，也并不是每个都能在信贷评级系统里得到高分，所以我们不能用固定的模式去套企业，套中一个是一个，套不中则放弃。我们要透过现象去发现客户的内在本质，发现其实质的竞争力和项目的核心风险点。特别是在小企业信贷业务中，大部分小企业的财务制度并不规范，但他们却是具有开发价值的潜在客户，我们对其调查时就要根据企业的实际经营规律和运营特点，抓住主要矛盾和矛盾的主要方面，力求找到合作的切入点。”他还特别强调：“由于国内的经济法律环境、征信体系尚不够健全，单纯从外部的公共信息很难公允地判断一家企业的实际情况，所以在实际分析时，既要注重对企业财务因素的评判，又要判断企业的非财务因素，诸如经营者状况、社会资源利用能力、潜在市场拓展能力等。”

“处方式经营”与“不可行性论证”相结合，相当于“处方”与“会诊”的结合。如果上升到哲学的层面，“处方”是“具体情况具体对待”，“会诊”是“否定之否定”。它们既表明了事物是运动变化的，又说明事物的运动是有周期的螺旋式上升或波浪式前进。

杭州广发在信贷经营中将“否定之否定”运用得淋漓尽致，对此，他们用两句话作了概括：一是在肯定项目中找到否定因素，使能做的项目做得更完善；二是在否定项目中找到肯定因素，使不能做的项目做成功。

第六章
驱动市场

驱动市场的银行不仅需要在点上（某一客户）获得主导权，更重要的是在面上（某一客户群）获得主动权，以此获得更大的竞争优势和深度经营的机会。

——题记

开发市场的客户经理

近30年在中国使用频率最高的词中，“开发”当算得上一个。

什么是开发？新编的《现代汉语词典》说：“开发：①以荒地、矿山、森林、水力等自然资源为对象进行劳动，以达到利用的目的；开拓。②发现或发掘人才、技术等供利用。”

怎么想好像都有些不对，或者说不全面。这也不奇怪，因为语言现象总是在发展。“开发”二字，好像还应当包含更多的意义，比如开辟新的领域、发挥更大的效能、填补新的空白、创造过去没有的制度、利用未曾利用的潜能等。总之，它可以被广泛应用，可以描述改革开放的各种积极行为，正如其表面会给人一种“开动”、“发展”的印象，但是比开动和发展更积极、更热情、更主动。

于是，一段时间内所有部门、所有单位都打起了开发的旗帜，银行也不例外。但是银行开发什么？

杭州广发说：“商业银行要开发的，正是传统国有银行未曾开发的领域和内容。”但是这些未曾开发的领域和内容，又如何开发呢？

2000年，杭州广发庆春支行成立之初，考察了一家名为康桥汽车的中小企业。这是一家集体企业，有多年经营历史，已经成长为主业突出、机制灵活、有一定市场地位的汽车经销企业。当时中国汽车产业前景看好，正进入“大爆发”的前期，行业增长预期良好。康桥汽车掌握着汽车产业链中十分关键的经销渠道，将受益于大产业的发展而获得长足的增长空间。而且这家企业在自身的发展中磨炼出了一个会经营、会管理的运作团队，他们认同自己的企业文化，有共同的价值观，相互间配合协调良好，可以定位为支行的核心客户。

但是这家企业与所有的汽车经销企业一样，有一个经营上的薄弱点，那就是在商品的采购环节和库存环节，一定会发生大额的资金占用，特别是当时一些紧俏车型在某个时点会打开“窗口”，此时经销商如果有充足的资金，就可以进行针对性备货以获得良好回报。总之这是一个好行业，但需要充裕的资金供应。

然而贸易型企业，尤其是中小型中间商，一般不可能有很多资产供质押，这些“一手货、一手钱”的企业，中间“钱货对换”的备货环节，正是其最头痛的问题。对传统的国有银行来说，这样的企业不可能获得授信，因为所谓的“传统”银行，它的业务目标与流程的设定，都是根据计划经济时代的“制造业”模式而设，在当时还没有出现“民营的中间商”这样的概念。

这是一个传统型金融服务的盲点，也是新兴的商业银行的开发空间。

庆春支行与康桥汽车进行了一番对话：

银行说：“你知道，我们银行信贷的原则是以物质价值为基础的信用，现实地说，你有没有什么可供抵押以证明你信用的东西？”

康桥说：“我有，我最值钱的东西，就是这些汽车。”

银行说：“是的，你是卖汽车的，如果把汽车作为抵押品，那你还能卖什么，你不是不能经营了吗？”

康桥说：“问题就在这里。我的汽车肯定能卖出去，我也肯定能赚钱，我缺少的就是启动这桩买卖的资金。你先贷给我这笔资金，接下去的事情就不言自明，我们一定是双赢的。你们完全可以相信我。”

银行说："我们的制度规定了什么叫'可以相信'，我们必须遵照制度找出一个能够代表汽车价值的等价物来，有了这东西，我们就可以完全'相信'你了。这样我们的贷款就安全了。"

康桥说："我们有一个东西，它是一张纸，但是如果没有这张纸，汽车就成了废物，它就不能上路。这东西算不算'等价物'？"

银行说："什么东西？"

康桥说："汽车合格证。"

汽车合格证可以说是汽车在商业过程中的灵魂。它会在汽车能够上路之前的一系列例行手续中，一次次地证明这辆车是合格的、正路的、安全的、可以上路的。凭着它，汽车才可以上牌，获得行驶和维修的资格，不然，它就是一辆违法的"黑车"。

康桥说："汽车合格证能不能质押？"

"你让我想一想，"银行说，"照你这么说，这张合格证，就代表了汽车的价值。我们是不是可以这样，实际上你是拿汽车来质押的，但是我们把汽车的灵魂'合格证'保管起来，汽车还是摆在展厅里让客户看样。这样，你还能继续卖车吗？"

"能。"康桥说，"从客户看车、决定买车直到领车，有一个过程，在这个过程中，汽车已经到了我手中，进了我仓库，也就是说，只要这批车的合格证控制在你的手中，孙悟空就逃不出如来佛的手掌心。我打的就是这个擦边球。"

这正是商人的思路。

"慢着，"银行说，"你给我的是一张纸，理论上说它不能代表全部价值。我们要派监管专员到你们展厅或者仓库现场监管，并且汽车全套钥匙要由监管专员保管。现在我要求以你们董事长的个人资产做无限责任担保，你干不干？"

"干。"

当然，上文的描述中我们将真实的过程简化了，表达方式也将主体拟人化了，这只是为了便于大家理解。然而在本质上，它就是这么一回事。

于是，这就有了"汽车质押，合格证保管"的信贷品种创新。

根据这一原理，杭州广发又在当时的金融业中，首次开发出了汽车产购与销售产业链的系列融资产品，包括“预付款三方合同融资”、“预付款提车单质押融资”、“合格证监管融资“等。

对于杭州广发这样的商业银行来说，一线业务的开拓，就是开发。

信贷客户经理是商业银行一线业务开拓人员，在信贷经营中，他们的营销方法有效与否，以及业务进取能力的强弱，将直接决定一家商业银行的核心竞争能力的高低。

面对激烈的银行同业竞争，客户经理们必须讲究科学的营销方法，增强业务进取能力，提高业务开拓效果，力求将自己所在的银行打造成能驱动市场的银行。

一句话，银行做那些“未曾开发的领域和内容”的事，关键就在于主动地驱动市场。

主动驱动市场，就是银行主动赢得客户市场和业务市场，否则就只能成为市场驱动的银行，被动地分割客户市场和业务市场，就不可能取得差异竞争、特色竞争的竞争优势，无法领先于对手、领先于市场，无法取得同业竞争的主动权、支配权和控制权。

为此，杭州广发在2000年就专门设立和强调了一个头衔——客户经理，杭州广发也是国内最早实行客户经理制度的银行。

从某种意义上说，客户经理不是一个岗位，而是一个头衔。传统的经理是一个领导岗位，由一个组织结构作为他的支撑，这个岗位领导着一批人，这批人可能会分成若干个组，又有若干个组长，他就领导着这些组长们。如果这个组织再大一些，每个组又分为若干小组，又设有若干个小组长。这样，经理领导着组长们，组长领导着小组长们，小组长领导着业务员们，这就叫“层级结构”。层级的好处是看上去层次分明、监督责任明确，而选拔为各级大小领导的人基本上都是业务上的“一把刷子”。结果是这些“刷子”的才能都被浪费在了领导的岗位上。而对各级领导的激励主要是晋升，越晋升，浪费在领导岗位上的“刷子”越多，于是真正开拓的力量越来越弱。

于是改革提出了新的方案——结构扁平化。

杭州广发的客户经理，就是结构扁平化的结果。客户经理主要对一件事负责，而不是对一群人负责。这就像是影视界的“制片人”，只对某一部影视剧负责，因为经营这一部影视剧才具有这一责任，影视剧发行完毕，头衔也就结束了，就什么都不是了。只有当新的影视剧开始，而且他又被聘为制片人，才会开始新的工作。

客户经理的设立，就是银行为了驱动客户，而驱动客户的目的，就在于驱动市场。

驱动市场的银行和市场驱动的银行存在本质的区别。市场驱动的银行，是被动地适应客户需求，被动地分割市场；驱动市场的银行，则是主动地创造客户需求，主动地创造市场。

我们不想在理论上兜圈子。把话说白了，客户经理的设立，就是不能再坐门等客了。

不坐门等客，就得走出去。走出去干什么？开发，营销。

然而，开发、营销谈何容易。

坐在银行的柜台里，你还能看到顾客，那些进得银行来的，都是无事不登三宝殿。等着，总还能等到几个人进来，可是一出银行，准蒙。你往十字路口一站：市场在哪里？

所有的市场都已经瓜分完毕。

新兴的银行如雨后春笋，寻找市场的人比市场还多。

杭州广发当初就是面临这样一种处境。然而聪明人之所以聪明，就在于他会琢磨。金海腾琢磨的结果是：旧的市场虽然已经瓜分完毕，但在市场经济充满变化的环境中，肯定会有雨后春笋般的新的市场形态出现，只是春笋不是大竹，它们并不起眼，却是未来的大竹。这就使杭州广发以开发中小企业重点的主题，有了“种芝麻、抱西瓜”的决策。这些都已经是老话题了。

那么新的话题又是什么？

新的话题就是，要成为驱动市场的银行。

杭州广发把“开发”的方向归纳为四个：

——客户数量增加的开发。增加客户数量对初期从事客户经理岗位工作的人来说尤为重要，只有努力增加客户数量，才能有量的基础，才会产生规模效应。

——客户质量提高的开发。在形成一定客户规模的基础上，培育潜在的优质客户，使客户开发由量的增长转变为质的提高。主要表现为：客户忠诚度提高、客户风险度降低、客户贡献度提高。

——业务区域空间的开发。针对某一特定地区（行政）空间进行更多客户和业务的深度开发，寻求客户在一个地区的数量最大化和质量更优化，并采用银政合作、区域客户经理工作小组等形式推动开发。

——业务行业空间的开发。采用客户经理团队或经营机构的专业化经营，针对某一特定行业内的相关客户、相关业务进行的深度开发，包括行业内众多客户业务的关联开发。

总之，作为驱动市场的银行，不仅需要在点上（客户）获得主导权，更重要的是在面上（客户群）获得主动权，以此获得更大的竞争优势和深度经营的机会。

成片开发

金海腾曾经向杭州广发的客户经理们讲过一个营销学中经典的故事，这个故事至今还在杭州广发被作为一个经营理念传播复述。那个故事的名字是《把梳子卖给和尚》。

故事说，有甲、乙、丙三位先生去某公司应聘推销员，得到的考题是“把梳子卖给和尚”。经过他们不断地努力，终于分别卖出了1把、10把和1 000把梳子。甲先生的方法是，他认识一个和尚朋友，于是就让他帮忙买了一把。乙先生的方法是，先将梳子包装成具有保健功能的保健梳，宣称能够促进头部血液循环，具有延年益寿的功效，最后成功地打动了10个和尚。丙先生的方法，则是尽力说服寺院的住持，他说：“凡来进香者，多有一颗虔诚之心，宝刹应当有所回赠，保佑其平安吉祥，鼓励其多行善事。我有一批梳子，您的书法超群，可刻上‘积善梳’三字，将其作为赠品。”最后丙先生与寺院结成战略同盟，短短十数日就将1 000把梳子卖给了来寺院进香的香客。

金海腾说：“我们细细比较甲、乙、丙三人的方法，或许会有所感悟。”他解释说，甲运用的是“关系营销”，实现了对已有客户资源的销售；乙运用的是“包装营销”，发掘了新的需求，实现了对新客户资源的销售；而丙则是通过“策划营销”，寻找到一个全新的“客户资源平台”，并将这个平台资源转化为自身的客户资源，达到了销售的最大化。

这个故事首先在客户经理的层面上引发了一场热烈的讨论。很显然，在信贷经营的业务开发中，甲属于资源型客户经理，但总有一天资源可能会用尽；乙是属于创造需求型的客户经理，有创新的效果，但效率并不特别高；而丙则是找到了有效的平台，凭借平台迅速达到了提高开发效能的目的。

杭州广发所要提倡的，就是“丙”型的方法，这就是金海腾推出的“成片开发”的信贷思路。

杭州广发有一个很有意思的工作传统，那就是他们在不断的创新中，对所有创造性的概念，总会首先给予一个崭新的定义。这样做，有两方面的好处，其一是方便统一大家对一般性概念的内涵认识，其二是定义确定后有利于属性或者重点关键词的凸显。

用一般的口号去动员群众是中国政治的一般方法，由于一般号召的形式过于简单，常常会导致仁智各见，使口号平庸化甚至庸俗化。杭州广发的用意，就在于用一种高度学理化的定义，去克服可能的平庸化。

比如，他们对新提出的“成片开发”作出了如下的定义：“所谓成片开发，是指对经营方式或类型相同、与某个机构有共同经济联系，或同一区域，或同一行业的相关业务，采取以点带面的方式使其具有成片效应的信贷经营。其基本方法是搭建相应的业务中介平台或融合平台，通过该平台达到扩散辐射的开发效果。”

很拗口。

但有时候，拗口才可能让人去细细分析，细细理解。在高知识人群集中的地方，这种看上去很严谨的表述，往往是他们熟悉和习惯的语境。银行就是这种地方。

这一拗口的定义，经过分析我们可以发现它包含了三层含义：

其一，这是针对“经营方式或类型相同”、“与某个机构有共同经济联系”、“同一区域”、“同一行业”这样四种情况下的“相关业务”，这是可成片开发的客观条件。也就是说，可成片开发的社会资源应当具有共同元素基础上的关联性。

其二，用“以点带面”的工作方法，去达到“成片效应”。这就要求工作的重点先在于打开一个有效的缺口，然后逐步扩散影响，使之渐入胜境。

其三，如何使分散的资源凝聚起来，那就是要“搭建中介平台”或者“融合平台”，用中介或融合的途径去“扩散辐射”，形成放射状的客户分布结构。

这三点，就是杭州广发要求属下客户经理悉心领会的要点与精髓。

我们不妨借助两个案例来理解一下杭州广发的“成片开发”。

第一个案例是基于中介平台的成片开发。

汽车按揭贷款业务就是一种“经营类型相同”的业务，这也可算是杭州广发“成片开发”的信贷业务。根据成片开发的定义，他们不是像许多银行那样采取与汽车按揭客户一对一的方式服务，而是通过专业汽车按揭担保公司。具体地说，就是采取给汽车按揭担保公司授信，确定其担保总额，由其为每一笔通过它们来操作的汽车按揭贷款提供担保。这就是一个典型的“中介平台”。为了让这个平台充分地发挥作用，杭州广发主动让担保公司深度介入汽车按揭贷款的贷前、贷中、贷后等整个信贷的全流程，让它们运用专业的渠道去挖掘、管理汽车按揭贷款客户。这些专业汽车按揭贷款担保公司，往往背靠资金实力相对雄厚的汽车经销公司，不仅有较好的抗风险能力，而且汽车经销商资源和汽车购买客户资源都相对丰富，能够深入到汽车的经销网络，通过它们来寻找汽车按揭贷款客户，可以收到借力使力、成片开发客户的效果。当然，它们参与贷前调查、贷后催收等工作，也能帮助银行节省大量的人力物力。在具体的工作开展中，这些公司又会根据它们的专业优势，来创新和丰富资金安全的保障手段。与杭州广发合作的一家叫康达汽车的担保公司，引进台湾专业汽车金融公司的风险控制体系，对汽车按揭贷款客户实现资信评级、实时监控、定时催收等专业化操作，其风险控制系统和流程甚至比目前国内大多数银行都要科学专业。杭州广发也正好借此不断完善自身业务流程和管理能力。至今，在杭州广发的汽车按揭业务中，家用车按揭贷款三期以上逾期率仅为2%左右，实际风险损失为零；而商用车按揭贷款不良率也为零。

上述仅仅列举了汽车按揭贷款成片开发对中介机构的利用，其实银行与中介机构合作，通过中介机构成片开发被中介服务的客户中的相关业务的方式，杭州广发也同样用于房产地中介和各类担保公司，并收到了理想的效果。

第二个案例是基于融合平台的成片开发。

在信贷业务营销开拓中，杭州广发很快发现，物流既是一种新兴的都市服务业，也是一种能够广泛融合社会资源的平台。银行正可以用自身的优势与大型物流企业或物流园区结合，形成“物流银行”业务。所谓物流银行，是指银行以大宗物流产品浮动抵押作为授信条件，运用实力较强的物流公司的物流信息管理系统，将银行资金流和企业物流有机结合后向物流客户提供融资、估算等银行综合服务，借此实现对资金流、信息流和货物流的整合。当然，上述的大宗物流产品要市场相对畅销、价格波动幅度相对较小、处于正常贸易流转状态而且符合要求。实际上，杭州广发看中的正是大型物流公司的两大优势：一是广泛的客源资源，二是其自身的管理体系。前者大多需要资金，而又有物流产品可以作为流动抵押；后者的组织有效性正可借以进行贷款管理，并作为第三方担保人管理质押物，根据银行提供的贷款企业还款情况对企业放货，当然同时保证贷款企业和银行之间的利益分配。

这是将银行业务资源整合到相应的具有较多客户资源的机构平台，并彼此相互融合，增加该机构的银行服务功能，以达到银行服务的成片开发。简单地说，这是在平台特性中植入与其客户相适应的银行服务。这类平台以后又被引申到工业园区、物流园区等实体，收到了成片开发的效能。

上述的两个案例，都是利用某一个平台进行成片开发，其实杭州广发在实践中又发现，利用同类的平台与平台之间的融合，可以整合出新的“成片开发”。具体的操作是，通过某个机构、市场、公司等相关组织，与同类客户进行由小到大、由少到多的成片开发。这类“平台组织”的成员，大多是以某一组带或者同类特质而集结在一起，比如商会组织往往是一批在异地经营的企业家的集合，相同的地缘关系使得同乡间的联系更为紧密，相互间的信任与介绍产生的辐射作用也十分强大。以其中一家企业作为“切入口”，与其取得优良的合作关系，更能打动商会中其他组织成员的心。这类平台，也包括专业产业集群、行业组织、地方商会组织等。杭州广发西湖支行行长斯卫新在这类平台的开发上颇有心得，他说：“对于商会组织平台的开发，要以情动人，重点在于寻找突破口，一般来说，如果先获得与会长企业、副会长企业的合作机会，由于其威望高、影响力大，那么对成员企业营销成功的概率就会增加很多。”

“成片开发”的思路，要点在于寻找“类似客户”的“集群”。对于平台组织的寻找并不必拘泥于已有的平台，只要是有产生优质客户集群可能的公司、园区、机构、市场，都可以搭建成平台。其他类似的平台还包括相关市场合作营销平台、金融同业合作营销平台、相关机构合作营销平台、媒体网络合作营销平台。

总之，借助或者新建一个组织的外壳，注入银行经营的灵魂，这个新的“共同体”就成为了成片开发的有效工具。

城市经济单元

一座具体的城市或者一个特定的区域，往往是一个银行机构的立足之地，银行借此而开展业务，因此，银行的发展也与这座城市、这个区域的特点紧密相关。从现代经济学的观点看，一座城市、一个区域就是一个经济单元，其单元性也会影响银行的经营单元性。

一座城市的经济发展所采取的经济行为、形成的经济特色，到最后都会有一些具体的实体或者工程来承载，这些实体或工程，又形成了这座城市富有特色的经济单元。这往往是一座城市的重头戏所在。如果银行能服务和参与这些重头戏，就有可能获得与城市同步成长的机会。

杭州广发为此提出了围绕“城市经济单元”进行信贷业务开发的策略。

杭州广发副行长吴晓庭说：“所谓‘城市经济单元’，就是以城市为载体的、与属地生产、生活紧密相关的产业、行业、企业等经济实体与经济活动的总和及其关键性的事件。‘城市经济单元’强调的是经济的地理个性、地理同质性与属地化的特点，也强调城市经济发展中重要的‘单元事件’的巨大影响。而我们之所以要研究‘城市经济单元’这个话题，就是想把‘成片开发’的概念，升华为城市经济的概念，成为一种城市经济行为。”

很显然，这是一个“野心勃勃”的企图。

从琢磨和把握“中小企业”，到琢磨和把握“城市经济”，并用“经济单元”来认识和把握城市经济中的“巨大事件”和“综合项目”，我们从中看到了杭州广发起点的升华，也看到了他们创业气度与视野的改变。

然而商业银行毕竟只是商业银行，金海腾说过：“我们琢磨城市经济单元，其实只是在琢磨一座城市的性格，以及由这种性格驱使的下一步可能或必然发生的大型经济行为。因为任何一种城市的大型经济行为，对属地银行来说，都可能是一次巨大的商机。”

这句话非常重要，简言之，商机往往寄寓在发展趋势和行为特征的必然性之中。

杭州广发显然旨在预测一座城市经济的下一步动作，以未雨绸缪。

2008年杭州市启动了地铁建设。2006年，杭州广发已经明确地预测到这一巨大的城市工程的必然发生。于是，在一个精明强干的客户经理的带领下，一个小分队已经事先把认知的触角伸入了地铁领域。这是一项持续时间长、工程量庞大的基建工程，不管哪一家公司中标，都需要金融的服务与配套。就这样，当杭州市的地铁工程正式上马的时候，杭州广发已经对地铁的资金运行十分了解，并准备了详尽的金融合作方案，最后成功地与为地铁工程配套的优质供应商进行合作，也与为地铁工程承包商“中铁集团”提供某一标段的钢模的企业进行了合作，与工程供应合同和订单同步打包授信。

这就是城市的某个巨大的“经济单元”事件，它是城市经济层面上的“单元”，是与城市基础建设相关的城市“经济单元”。一座城市的基础设施建设，必然与这座城市的发展规划高度相关，服务于这一“单元事件”，可以获得与城市共同成长的机会。

“城市经济单元”的另一种理解，就是与城市的主体经济相关的富有特色的“单元经济”。每个城市都有自己主体的特色经济，尤其在“小狗经济”特点明显的浙江，温州的电器、服装，台州的缝纫设备，绍兴的纺织、化纤，等等，都构成了每一座城市特色鲜明的“单元经济体”，有人形象地称之为城市的“名片经济”。“名片经济”往往既能获得财政、税收政策上更多的倾斜和支持，又能得到及时的风险化解。对于信贷的安全性来说，银行可以获得一份特殊的行政资源。当不良贷款发生时，在贷款重组的过程中，政府往往会对“名片经济”采取更加积极主动的措施来补台和善后，往往也同时施惠于金融。相对于一般行业，银行的授信风险就相对低一些。这一点，杭州广发在实践中深有体会。杭州广发有专业做富阳造纸行业的支行，而造纸行业是杭州富阳地区的支柱行业，2005年“富阳雪达”事件发生，造成了行业性资金风险，富阳政府积极主动地介入，为最后风险的化解发挥了有效的作用，也大大降低了杭州广发纸业专业支行的信贷风险。

有一种城市的“硬需求”也往往会构成城市突出的“经济单元”。这类“硬需求”包括与城市生活息息相关的民生性经济项目。这种“硬需求”往往会形成一种“弱周期”的行业，不会随经济周期的波动而剧烈变化，其中有城市的垄断性行业，比如电信、供水、供电；也有可能是完全竞争行业，比如超市、餐饮、服务业等民生行业。杭州广发将自己的金融服务主动与城市“硬需求”捆绑在一起，也是一种与城市共同成长的机会。对于那些垄断性民生行业，他们更倾向选择围绕垄断企业的配套企业来开发衍生业务，因为这类企业的应收账款质量相对较好，可以运用应收账款质押业务；对于竞争性民生行业，他们则挑选其中的优质企业，努力挖掘具有较高成长性的企业。正是参与了这种重大的城市经济单元，杭州广发才真正从一家“广东来的银行”成为了杭州的银行，从而奠定了本土化经营的基础。

只有消亡的街区，没有消亡的城市。瞄准城市重大的经济单元，也就瞄准了城市巨大的商机。围绕“城市经济单元”开展业务，重要的是抓准城市的发展脉络，寻找城市的“硬需要”和主流，使本地化经营更加深入有效。

专业化经营

经过十年的中小企业信贷业务经营，杭州广发的中小企业市场的定位也在不断地调整和优化，在摸索中形成了一套中小企业信贷业务开发的战略和战术，有上万户中小企业变成了他们的忠实客户。

2009年，杭州广发反思十年历程，对中小企业客户市场提出了“发展战略再定位、发展策略再强化、发展战术再创新、发展管理再提升”的深化发展要求。总之，将存量客户的发展重点，放在“高忠诚度”、“高贡献度”、“低风险度”的优质成长性中小企业上。“两高一低”是深化的目标，而“四再”则是提高的工作重点。

如果不是亲身经历，我们很难感受到这一目标和工作重点对杭州广发来说，到底具有何种意义。

行内的干部员工都知道，实际上，这是杭州广发发展过程中的一个重要的发展节点，统而言之，可以泛称为信贷的“专业化经营”。或者略为展开一些说，这是信贷经营开始有计划、有步骤地向专业化、集约化、优质化的“分类经营”转变。

我们简单地回顾一下杭州广发开发城市市场的历程。从客户经理的专题开发，到建立平台的成片开发，再到抓住城市的经济单元开发，杭州广发在客户集群、行业集群、区域集群的经营开拓上作了很多探索，但总体上还是在“量的拓展”上做文章。那么，现在到了“质的提高”阶段。

“质”如何提高？理性地思考一下，“质”的表现，基本上有外在与内涵两个方面。客户集群、行业集群、区域集群的经营开拓，同时涉及了外在客户的“质”的开发与提高；而对于杭州广发内部而言，虽然也在上述工作中锻炼了队伍，培养了人才，但是内涵的经营与管理质量的提高还没有成为一种具有战略意义的自觉的建设。这不但是“工欲善其事，必先利其器”，而且是“没有金刚钻，莫揽瓷器活”。因此，这一“质的提高”必以内、外的同时提高为目的。

对外，将增量客户的目标放在“成长性的中小企业”、“原生态中小企业”和“关联性优质中小企业”上，从客户准入、快速信贷调查、快速审批通道、贷后管理等方面，全面提升专业化经营的水平。为此，杭州广发专门成立了中小企业信贷业务的专业经营机构——中小企业金融部。

为了“专业化”地优化定位与重点，杭州广发的每一个辖属机构基本上都会对应地有一个重点经营区域，比如萧东支行对应绍兴地区，西湖支行对应富阳地区，文三支行对应义乌地区，等等，以加强区域集群的专业化经营。因为同一区域内企业往往会形成大致相同的属地特性，加强区域客户集群的专业化经营，有利于进行客户比较、风险控制和降低开发成本。

同时“专业化”地经营行业集群。2007年9月起，杭州广发在原先钢铁行业、造纸行业、纺织行业、房地产行业等专业经营支行的基础上，试行“行业事业部”机制。对于同一行业的客户集群进行统一开发和专业经营，有利于更加深入地了解行业规则、筛选客户、控制风险，国际上比较流行的做法，就是实行“事业部制”对某一行业进行深度开发。

“事业部制”首先在钢铁行业进行试点。经过两年多的实际经营，钢铁事业部运行初步成功，到2009年年底，这个事业部吸纳的存量客户中有110多家钢材贸易授信客户，授信敞口达30多亿元，存款总额接近40亿元，其管理的客户年销售总额总计达600多亿元，占浙江全省钢材贸易额的50%左右，而且实际风险为0。

“事业部制”的最大特点在于能够在某一事业领域专注经营，在管理成本、风险识别能力、专业性、人力成本方面，都占有较大的优势。

杭州广发为此专门作了比较。他们认为，传统的部门管理成本高，客户分布于不同行业，信息收集处理面广但是深度不足；而在事业部制的部门，管理成本低，客户行业集中度高，信息收集处理深度强，信息不对称情况少。传统的部门风险识别能力中等，虽然能够通过多行业把握整体经济走势，但由于对单一行业认知度低，存在风险识别的盲目性，合理性偏低，处理风险能力较弱；而事业部制的部门，风险识别能力高，能够通过对单一行业的深入调研，判断大部分客户的风险，且明确提出有效的处理方案。传统的部门专业程度低，客户接触面大，对于单一行业认识深度不足，服务能力有限；而事业部制的部门，专业程度高，对单一行业认知度高，服务能力强，能够通过自身判断为客户提供增值服务。同样，传统的部门，人力成本高，不具备集中管理能力，边际管理能力递减速度快；而事业部制的部门，人力成本低，集中管理能力强，单个客户经理的管户数量可放大，边际管理能力递减速度慢。

事业部制经营最显著的特点，就是能够形成类似于投资银行相关部门的决策分析能力。从实际的经营效果来看，杭州广发的钢铁事业部比传统的信贷业务部门能够更加深入市场，把握行业的脉动。杭州广发钢铁事业部所出具的行业分析报告，不仅对其授信客户产生影响，并且对整个浙江钢材贸易行业都有很强的指导意义。同时，钢铁事业部通过实施“黏性战略”，加大了与有抗风险能力的核心客户的合作，为其提供深度的经营决策建议，并配套相适应的创新业务品种。这些深度服务，使核心客户对事业部的“黏性”更强，也逐步显示出集约经营的效能。

有一个常常被忽略的问题是，一般的理论对于专业人才的培养关注于“个体专才”的形成，其实从实践来看，“专才”往往不可能在一种不适合其成长的环境中脱颖而出，因为现代管理越来越表现为团队结构的作用，而不是个体英雄的业绩。因此，事业部制实际上就是“专业团队制”，其运行的结果则是能很好地产生专业性经营人才，或者说能快速地培养某一领域的信贷专家。这就是通过机制的改革，来达到具有战略意义的自觉的建设。

杭州广发钢铁事业部的总经理朱慧娣对此深有体会，她说：“从部门成立之初，我就让每一名员工都明白，钢铁事业部的成立，并不是一个简单的业务部门，而是要强调一种最优化的集约经营方式。每一名员工都要懂得，首先要培养自己判断市场、分析市场的能力，从市场的变化中寻找发展的契机。要能够与客户进行深度交流，提供深度服务，成为这个行业的专家。换一个角度思考，如果让你去当其中一家企业的老总，你也要能够胜任。”

朱慧娣的要求，实际上就是造就某一行业中资深型的专业人才。

在“事业部制”推行的同时，杭州广发又注重于一种“移植开发”。这个概念有些像俗话所说的“它山之石，可以攻玉”。他们的灵感来源于国际上某些大银行的做法，这些银行在开展一项重要计划时，有时会聘请非银行领域的专家担任小组成员，这既是为了打破自身旧有思维框架的限制，也是为了移植其他行业的经验。杭州广发将其称为“移植开发”。简单地说，移植开发是将已开发成功的某类业务或操作方法，移植到相近或相似的其他客户和业务。这一做法，对于上述的不管是“区域集群”还是“行业集群”的专业化经营，都是深化经营的手段。为此，杭州广发提出了三个方向的“移植开发”：

一是国外业务的移植开发，也就是将国外银行的某些业务或操作，“移植”到自身客户和业务领域。但是杭州广发强调说，这种移植必须考虑到业务开发与需要配套的环境相适应，包括监管环境、法律环境、市场环境等。比如，在美国普遍开展的小企业小额便捷授信，在目前国内的金融环境下就很难实现，因为那是基于美国较为完善的征信系统和法律环境，而目前国内则尚难达到这样的条件。

二是他行业务的移植开发，也就是将国内其他银行某些业务或操作方法结合自身客户和业务工作情况所进行的移植开发。但是这绝非简单的模仿，而是根据本行自身的经营管理能力进行优化的再创造。

三是自身业务的移植开发，也就是将本行已经开发的某类业务或操作的方法，“移植”到其他客户或其业务中去。这样的移植创新相对容易。杭州广发在其探索实践中，常常将某一行业的业务解决方案，在进行再创新后形成另一行业的业务解决方案，比如将汽车按揭业务开发移植到工程机械、电梯、大型设备、船舶和土地等按揭业务中。但是杭州广发提醒自己的员工说：“请尤其注意打破自身固有的思维桎梏。”

第七章
一变多的滚动

开发一个客户，并非只是开发一项业务，而是要寻找他的衍生业务；也并非只是开发一个客户，而是以他为支点寻找一整条客户链。

——题记

客户深度开发的三性原则

深度开发，这是杭州广发在1999年提出来的概念。这个概念直接引申自“客户”这一概念。他们认为，所谓客户，不但是“客”户，而且是客“户”。前者表达了银行的一种职业伦理，而后者，则是一种对客户的整体观。

如果作为客“户”，客户就是一个经济活体，而不是某一笔授信的具体对象，就像当我们深度认识一个人的时候，可能同时会结识他的全部家庭成员和全部社会关系。也就是说，由一个人，我们可能获得“一家子”的信息，甚至“一辈子”的关系。

杭州广发认为，客户有三个可以优化的维度：风险度、贡献度、忠诚度。在信贷经营中，客户的各方面资源都可列入整合的范围，于是，一种“深度整合式信贷经营”的概念就产生了。所谓“深度整合式信贷经营”，就是力求从上述客户的三个维度去不断地优化。

请允许我们先从理论的层面略略对杭州广发的这一思想加以生发，如果你对此感到有些厌烦，建议你跳过这一节的阅读。

杭州广发认为，对客户的深度开发，需要从业务种类和业务效益两方面加以整合。我们在这里抄录杭州广发的某个研究报告中的两段话：

——业务种类的开发，就是要对客户进行不同业务种类的“多样化营销”，充分挖掘客户的“业务合作潜力”，使之形成不同种类业务间的相互促动效应。这一理念，适用于对公业务、对私业务、同业业务等的“内在关联性”全面开发，包括善于从资产业务、负债业务、中间业务的内在关联性中，全面开发业务各类。

——业务效益的深度开发，主要是在业务开发的过程中，提高单个客户业务开发的效益和单位资源投入开发的效益，这是业务开发的效益目标。这种目标最终表现在赢利水平的高低上。为此，一是要提高存款比例，对于中小商业银行而言，存款效益是需要达成的最基础也是最根本的业务效益，要能够善于利用授信杠杆功能、利率杠杆功能、信用创造杠杆功能，来促进存款比例的提高。二是要提高收益水平，收益水平的高低直接影响到利润的多少，提高收益水平包括提高单位收益比例水平和总体收益规模水平。不仅要提高利息收益水平，更要提高非利息收益水平。三是提高联动效益，这主要是利用客户的关系，寻求客户以外相关客户及其效益的联动开发，扩大业务效益的涉及面，包括关联客户和非关联客户的业务联动效益开发。

这两段话，读起来非常拗口，非银行专业的读者也许读完了会一头雾水。但是我们或许还会有这样的印象：这不是一篇官样文章，它字里行间表达出来的逻辑架构、层次递进、概念的严谨、词汇的专业表达，都让人感受到其中的力量。就像我们观赏一部原版的外国电影，尽管并不懂这个国家的语言，但依旧能够从剧中人抑扬顿挫的陈词中，体会到一种真实的情感。

但是，其中有一小段，也许明眼人已经看出了门道：“提高联动效益，这主要是利用客户的关系，寻求客户以外相关客户及其效益的联动开发，扩大业务效益的涉及面，包括关联客户和非关联客户的业务联动效益开发。”这一段理论表达的内涵，在杭州广发的金融实践中大放异彩。这一点，我们将在下面重点讲到。

在上面所表述的“深度开发”中，杭州广发有一个独到的见解。他们说，在深度开发中，银行经营尤其需要注意信贷的安全性、流动性、赢利性。这“三性”的要求，既是银行经营的目标，也是日常经营管理的三个原则。由此引申出保证一个信贷项目开发成功所必须具备的三个条件，即：风险的可控性、效益的保证性、同业的竞争性。

第一，风险具有可控性。风险因素是开发业务时首先要考虑的，否则，听上去再好的业务，结果也将是无效业务。杭州广发对风险把握的原则，是“风险可控”。具体地说，即要变风险最小原则为风险可控原则，变静态控制风险为动态控制风险，变被动化解风险为主动控制风险。风险可控的内容包括：宏观风险可控、微观风险可控、担保风险可控、政策风险可控。有关风险的具体把握原则和方法我们将在后面的章节作进一步的阐述，只在这里提一下。

第二，效益具有保证性。银行也是企业，追逐利润是银行的重要目的，这就决定了信贷经营要符合银行的赢利要求。这一要求，将具体地落实到“四个统一”：银行与客户效益的统一、单一业务效益与综合业务效益的统一、当前业务效益与远期业务效益的统一、客户业务效益与协助业务效益的统一。

银行自身效益与客户经营效益的统一，正是建立在双方的业务合作关系之上，杭州广发常常强调的一个说法是“不仅考虑银行自身利益，而且必须同时考虑客户利益”。这就需要用“双赢”的原则去追求、维系、巩固和扩大银企的合作关系。合作的深入，体现为银企双方效益回报水平的不间断、螺旋式的上升，如果是不对等的回报，导致的结果将是不稳定的合作关系。这其中，银行对客户利益的回报，不仅仅表现在融资规模的大小、融资成本的高低上，更应表现在注重帮助支持客户扩大市场份额、增加销售收入、提高赢利能力的基础效益上。

单一业务效益与综合业务效益的统一结合，首先应要求主要业务效益的最大化，其次在主要业务效益难以最大化时，应尽可能提高其他业务的效益，以取得业务综合效益的最大化。

当前业务效益与远期业务效益的统一结合，重点在于用“培育”、“扶植”

的理念以及适应、变化的动态观，支持客户做精、做强和做大，形成业务效益扩大的良好基础，不贪一时之快竭泽而渔。这就是我们在上面说到的，银行作为企业，利润最大化只是一个重要目标而不是终极目标的道理。银行需要可持续发展，而且尤其像银行这样的服务型企业，拥有长久的服务对象，比一时的赢利更为重要。

客户业务效益与协助业务效益的统一，目的是“投入产出比”实现最大化，得到更多的衍生业务，但是，追求客户业务效益是第一位的，追求协助业务效益居第二位。在某些情况下，可用较高的协助业务效益回报去弥补较低的客户本身业务效益回报的不足，实现“搭桥式”收益。

第三，同业竞争性。杭州广发历来主张，我们所重视的竞争力，并不是发生冲突时的决胜能力，而是尽力避开正面竞争、同质竞争，采用差异竞争、特色竞争的策略与方法，赢得比较竞争的优势。此话如何理解？杭州广发有“五胜五优势”之说：以情取胜，用诚恳、诚实、诚信去赢得情感优势；以新取胜，利用业务创新、特色合作，赢得创新优势；以快取胜，运用高效快速服务，赢得速度优势；以价取胜，运用利率、汇率、费率手段，赢得价格优势；以效取胜，为客户创造价值，赢得效益优势。

单个客户的滚动开发

杭州广发运用得比较成熟的“深度开发”的方法就是滚动开发。所谓滚动，就是对客户多个经营环节或有某种经营联系的多个客户，顺着业务的逻辑链步步渗入，与银行最合适的相关业务链接开发。滚动开发最大的特点，就是以较小的授信量进入新的授信业务领域，逐步开发成较大业务量，杭州广发将其称为“杠杆效应”。

杭州广发的西湖支行通过介绍认识了杭州东风造船厂的李厂长。江浙地区水网纵横，造船业一直是其传统的支柱产业，然而近30年来，由于汽车所带来的陆上运输的快速发展，造船业也随着传统水运方式的衰落而衰落，许多造船厂不是倒闭就是转行。所以当他们认识这位李厂长时竟然有些惊讶，听到解释顿时感到孤陋寡闻——东风造船厂现在改为给日本人造船，主要制造中小型运输船舶。日本的水运方式主要是海运，这是汽车无法替代的，两者一拍即合。东风造船厂当时正好有两个散货驳船的订单，需要申请打包放款，支行迅速完成一系列调查审批程序并批准了这一打包放款业务。

放款后不久，西湖支行前往企业例行拜访，正巧李厂长和他的钢板供应商在洽谈向宝钢购进造船钢板的事情。造船业的特点是周期性的压资，船舶制造的过程，就是不断把现金变成局部成品的过程，所以整个过程现金都比较紧张。李厂长的手头一时也没有现金全部支付给供应商，但是眼看钢材价格看涨，钢厂一定要现金提货。谈判正到了双方尴尬的时候，西湖支行到了。

银行来人一乐，这正是银行可以给力的时候了。银行来人细听了双方的陈述，对一些交易的细节作了详细的了解后，说："我们来设计一个方案，你们看行不行？"然后提出了一个方案，简单地说，即让船厂先出30%保证金的银票给供应商，由供应商贴现后再付给宝钢，这样既不耽误进船钢板，现金也有了来源。双方一听，都说："这个主意好，我们以前怎么没有想到？"西湖支行就顺手做成了船厂的第二单业务。

很多金融工具银行很了解，但企业并不知道。

而且更为重要的是，船厂仿佛突然发现了原来银行还有如此多的神通，一下抓住不放，言称要深度合作。接下来，深度的业务合作非常顺利，几个月后，东风船厂要去接新的订单，西湖支行主动提出为船厂提供投标和履约保函服务的想法，李厂长当即赞同。不到半年时间，支行通过提供最合适的服务和贷后跟进，又设计和补充了三种不同的产品，使东风造船厂一些棘手的问题都迎刃而解，而西湖支行的外汇和人民币业务也得到了更好的发展。

西湖支行在事后总结时说过这么一句话："金融的需求不是凭空想出来的，只能在一线工作中发现。"

哲人说过："真理是简单的。"西湖支行的反思只是道出了一个事情的本质：金融业常常在思考，真正的客户到底在哪里？这就是回答。俗话说：砻糠搓绳起头难，但一笔业务，哪怕再小，也往往会打开一扇门，也许你从此就进入了这家企业、这个行业。进门后的精彩世界乍一看或如迷宫，你得用心发现寻找前探的路到底在哪里。还是一句老话："路在嘴边，路在脚下。"

什么是金融服务进入的"路"？那就是你自己的服务到位的程度。金海腾说过一句很发人深省的话："其实银行真正的优势并不在于钱，而在于自身的服务能力与服务水平。"是的，银行的钱是储户的，对存贷双方的服务能力才真正属于自己，银行之间的竞争，说到底，只有服务的竞争。

上、中、下游的滚动开发

有时候，真正的业务创新并不是银行单方面完成的。我们这就要讲一个鸿运物资的案例。这个案例本身，就足以阐述我们想表达的"滚动理念"，而且它的内涵远比我们要说的大。

鸿运物资的主人叫黄勇，1997年他以100万元起家，选择了当时竞争缓和的电力角钢型材业务进入了钢材贸易业。与一般的中小企业主不同的是，这位当时看来还像"草莽英雄"的企业家，却是一个颇有心机和智慧的人。

他的公司成立后的第二年也就是1998年，杭州广发清泰支行成立了。清泰地区是杭州新兴的钢材贸易中心市场的所在地，一大批如黄勇这样的民营钢材商构架起一个当地著名的"和平钢材市场"。也和黄勇一样，那些刚刚"揭竿而起"的原生态钢材商，一无信用，二无担保，但当时的钢材销售形势对他们的发展十分有利，得不到贷款的支持让他们急得直跳脚。急归急，黄勇仿佛是诸葛亮再生，他琢磨来琢磨去，竟想出了一条"全世界无产阶级联合起来"的妙计：组织十个业绩做得不错的钢材商，来一个"十家联保"。他的思维逻辑就是："一条命不值钱，十条命捆绑起来，能不能抵上一条值钱的命。"他拿着这"十条小命"的"歃血誓盟"来到清泰支行，就像武侠小说里一条好汉把十颗带血的头颅放到当铺的柜台上，说："我当500万！"——黄勇的"十家联保"，要贷500万元的现金。

当时是1998年，如果换一家银行，也许会把他的这一举动视为笑话：你这不是"没有+没有+没有+……+没有 = 大大的有"吗？

但是他们找的却是杭州广发。这一提议对于清泰支行来说，却如电光石火，不由眼前一亮：十个暂时没有信用的人合在一起互保，仔细想想，这不相当于每一个人都有九个担保人？这种联合保证的"信用"虽然在当时银行的词典里不存在，但是在现实的生活中，在民间的信贷中是存在的，是成立的，是合理的，也是完全可以视为信用的。中国几千年的历史上，这种“民间信用共同体”以地方互保的形式顽强地存在着，老百姓都认它的账。这是用人格、伦理、道德、义气叠加起来的信用，它的价值超过了纯经济意义的信用，这是中国式的信用。

清泰支行欣然接受了这一“联保”，向他们发放了500万元的贷款。

也由此，清泰支行实质性地插入了这一杭州地区最大的钢材贸易群体，获得了支行的第一批客户。须知原材料市场正是经济趋势最集中的表现区域，清泰支行破了一个大例，却开拓出一片新的天地。他们的做法确实是“犯规”了，然而从某种意义上说，创新就是合理犯规。

当年这批联保的“芝麻”客户，今天全部变成了“亿万富翁”，同时也是清泰支行、以后又成为分行钢铁事业部的信用优质的核心客户。

这一案例，让杭州广发看到了“人民群众伟大的创造力”，也看到了信用“横向滚动”的效果。这一启示的价值远远大于500万。

1999年年初，钢铁生产企业一度遭遇销售瓶颈，钢材贸易业也积压了较多的存货。这时候，黄勇又向支行出了一个主意：能不能以存货作为质押来融资？这使得全国范围内的第一单“保全仓库”质押模式试点成功。黄勇的“草莽”思路，又一次打开了银行业务发展的新空间，这一次，他为银行创造了价值的形态转换式滚动。

2000年年初，清泰支行给黄勇出了一个主意：能否与他的上游产业通化钢厂签订三方协议进行合作，由此第一单钢铁领域的三方协议形成了，项下融资3 000万元。从此，这一模式开始形成燎原之势。

事实上，这些不同形式的“滚动”，银行内部并非意见一致。多年后，当时的清泰支行行长乔立江曾经回忆了对于诸如上述创新的意见分歧与争论：

当时的贷审会成员，都是来自四大国有银行中所谓的资深的信贷专家，因此，他们采用传统的对财产抵押业务的思维来对我们的创新进行审查。传统的业务如房地产、机器设备等要求抵押物必须到相关机构办理登记，办理登记时要提供抵押物的证件或编号，抵押物在贷款到期前不得随意变换等。而我们当时提出的创新概念，是用抵押物价值替代抵押形态，用这一原理来实现贷款风险覆盖的目的。也就是说，只要在贷款期限内有足够额度的抵押物的价值存在来保证我们的贷款安全即可，而不必拘泥于是这一件抵押物还是那一件抵押物。

我记得很清楚，当时那些专家们对于我们这些没有做过信贷业务的人提出的这种大胆的创新想法，感到既天真又没可操作性，至少同行中还没有先例，因此，项目很快就被枪毙了。没办法，我立刻向金海腾行长作了汇报。我记得很清楚，金行长从来不干涉贷审会的具体工作，但是他还是对他们说了一句话："你们不要轻易否决乔立江他们的那个项目。"

我觉得这句话的意义非常重大，他不但挽救了处于襁褓中的动产质押业务，使之后来成为我行业务发展的火车头，更可贵的是，这句话指导和践行了后来很多年全行管理部门实事求是、二线为一线服务、一线为客户服务的工作作风。

回过头我们还是再说那位钢材老板黄勇。通过杭州广发在钢铁行业的一系列金融创新，他极好地把握了2003年和2004年的几拨大行情，年利润达到了1亿元。黄勇于2005年组建了集团公司，开始了快速增长后的供应网络建设及资源整合，并投资成立了特钢厂及开平厂，形成了产业链的延伸。目前其公司经营品种实现多元化，主要有板材（中厚板、薄板）、型材、钢坯，品种为杭州市场最全，板材占50%，其余占50%；用户除省内的，还分布于安徽、上海、河北等地，产品70%销往省内，主要用户的行业分布有建筑业、电业和家电、汽车、五金、造船、机械等工业制造业，共3 000多户。而值得注意的是，他的许多下游企业，又被杭州广发"滚动"为新客户。

2005年，黄勇的企业又成为杭州广发第一家流通领域的财务顾问方面的客户，他诚心诚意地聘请广发，并且为此已支付了财务顾问费340万元。凡是杭州广发对管理和经营所提出的建议，他都乐意接受。从某种意义上说，与杭州广发的合作不仅仅出于利益，更是出于一种理念的信仰。在与杭州广发的接触与合作中，他深受银行文化的影响，开始亦步亦趋地把杭州广发的文化引入到自己的企业。2005年4月14日，鸿运物资召开第一次员工大会，黄勇接过了杭州广发曾经的口号——“打造自己的金饭碗”，考核上也采用了杭州广发的季度评奖制度，甚至他私人住宅的购置也会征求杭州广发的意见。

我们只是用黄勇的案例来说明上下游之间的滚动，但这一案例本身却远远超出了这一需要说明的概念。正是这一点，说明杭州广发的实践意义永远大于理论探讨的概念，实践才是无限丰富多彩的。

沿着物流、资金流多家滚动开发

企业是一个通过人的智力和体力，不断地将财与物相互结合和转化的平台。就一般的企业行为而言，它们不是把钱变成更值钱的物，就是把物的原值变成更多的钱。因此，梳理企业的行为逻辑，不是沿着物流就是沿着资金流，两者都可能得到其行为的基本轨迹。

这就为银行客户的“滚动”型发展，找到了一条基本的线索。

这是一条寻找客户产业关系的基本路径，有两个基本操作点：一是银行的开发不必东一榔头西一棒子，而是可以顺藤摸瓜；二是客户是企业，而企业不一定是客户。你认识一家企业，它不一定能够成为你的客户，因为对于银行来说，进入客户之家的门，不是企业家的客厅之门，而是资金流入之门。一句话：顺着资金流向，寻找新的进入切口。

这是杭州广发悟到的“滚动”之道。

我们就拿杭州广发的实际案例来说明问题。专门生产水泥的长河集团，是一家大型企业。它整合了水泥行业的多家优质企业，而杭州广发伴随它一路走来。

由于经营质地好，加上这些年基本建设的拉动，企业发展的态势也十分强健，长河集团成为了杭州广发的战略型客户，获得杭州广发综合统一授信。这就是杭州广发进入这一产业链的第一道门槛。

这样的大户能拿下来当然值得庆幸，因为其往往是多家银行青睐的对象。“这是好事，”金海腾说，“因为它们同时也为我们提供了价值。但是，它们的价值是否被发掘完了？”

每当一些值得庆祝的事情发生时，行长就会不动声色地开始进一步引导。

行长提出了“价值”的发掘。价值的发掘自有其规律，那就是，价值的产生和实现，都不会是孤立的现象，有一条无形的“价值链”在牵动着价值的产生与实现。

这是一条什么样的价值链呢？行长说：“你们想一想，客户的产业关系，基本上就是价值链存在的形态，你们就沿着它财和物的流线直走。”

许多事情，一点明就会显出十分简单的本质。

沿着长河集团的基本的资金流的线索梳理，很显然，它的上游是主要的原材料煤，而下游是主要的销售对象建筑企业和基本建设项目。上游是把钱变成物，下游是把物变成钱，上下游都跟钱有关。而只要是跟钱有关的事情，也往往是银行可以进入的空间。

开发的方向就这样确定了。经过一番调查研究之后，杭州广发的“滚动”方案形成了。

长河集团的上游有好几家燃煤供应企业，杭州广发选择了其中三家本地的中小型民营燃煤供应企业，设计了第一套滚动开发的方案。之所以选择这三家企业，是因为：其一，这三家中小燃煤供应商资金占有量大，而中小企业资金来源紧张，银行正是它们梦寐以求的依靠对象；其二，中小燃煤供应商其实都是中间商，都是“二传手”，一边要出钱买进，一边又担心卖出去一时收不回钱，在捏捏放放之间首鼠两端，银行以“第三方”身份介入，无形中可以为其提供一个额外的服务。具体的方案银行与企业一拍即合。这时候，这三家燃煤供应企业已经成了授信的申请人，银行的做法是，根据申请人的物流供应量和周转期，设计了“商票贴现”的额度和期限，由于付款方为国有大型企业，现金流充足，付款能力强，而且货款全额回款到作为“第三方”的杭州广发，实行全封闭操作，就这样顺利实现了“一银数企”之间的多赢。上游的问题就这样搞定了。

杭州广发又利用长河集团的产业与人脉关系，选择了它的下游以及下游的下游等几家相关的当地企业，进行了系列的滚动开发：

首先是从长河集团“滚动”到它的下游的某建筑企业。杭州广发认真考察了这家建筑企业的全部经营情况与社会影响，认定其企业理念和发展模式与杭州广发的客户发展标准比较一致，针对其与当地某房地产项目给予他们适度授信，主要用于购买长河集团的水泥及其他公司的建材。

接着又从这家建筑企业“滚动”到它的下游某房地产企业。杭州广发通过这家建筑企业，了解了这家下游房地产项目的情况，认定其经营业绩与发展理念合乎杭州广发的客户发展要求，就给予其房地产开发贷款授信2亿元，期限3年，封闭操作。锁定贷款用途为根据工程进度支付给该建筑企业的工程款，贷款资金直接划付给上游的这家建筑企业在杭州广发的账户上，而这家建筑企业在收到款项后，优先归还其在杭州广发的授信。

紧接着，又从这家房地产企业“滚动”到它的售楼客户的按揭。杭州广发给予该房地产开发项目授信2亿元的按揭额度，对符合杭州广发按揭贷款政策的个人发放按揭贷款。根据合同约定，该项目房屋销售款全额回笼到这家房地产企业在杭州广发的项目监管账户上，优先用于归还杭州广发的项目贷款。

沿着上下游产业的“价值链”，以物资流、资金流为导向，杭州广发不但摸索到一条清晰的资金流动线，而且通过对授信的设计，既强化了上下游产业链的有机性关联，又整体控制了资金的安全。这实际上是让所有的关联企业和关联项目在“一个银行”的范围内完成它们的关联资金的交易，也无形中强化了杭州广发的业内竞争能力。因为在这个“价值链”串联起来的企业和项目的“产业扇”中，仿佛“世界上只有一家银行”。

第八章
“禁区”非不能入

“禁区”并非不得进入之地，而是我们还没发现或者还没有能力进入的地方，一旦我们找到了开门的钥匙，射门得分就会更加容易。

——题记

再看“禁区”

一家银行要想在市场上超越竞争对手的发展速度，就必须拥有自己的独特竞争力，锤炼自己的“独门法术”。

独门法术主要不是用于常规的格斗，而是用于对付特殊的对手。

杭州有一家顺舟电力高科技有限公司（下称顺舟），这是一家中小企业，然而它生产的却是很有发展潜力的产品——智能电表，供应给全国各地的电力公司。智能电表是电力计量上的替代型产品，因此顺舟有可能发展成为富有竞争力的后发企业。可是后发企业在发展中遇到了资金问题。2007年他们新买了土地准备扩大厂房，可是买了地就没有钱造房子，于是向当地的建行贷款，以一家担保公司做担保，而他们新购的土地则作为反抵押担保，这条信贷的路算是绕了个弯子走通了。可是很显然，工业用地的价格不高，因此不但支付给担保公司的财务费用高，能贷到的额度也不大，对于企业来说，不能解渴。

谁都知道，顺舟的真正价值是它的未来，而“未来”却不能套现卖钱。

谁也都知道，这又是一个“先有鸡还是先有蛋”的“循环推论”。

杭州广发的德胜支行得知这一情况后，大胆地提出了一个让它的未来“套现”的方案。这完全是一个建立在假设前提上的方案，前提就是，目前顺舟手中拥有的所有中标合同，都视同全部兑现，这就是一笔不小的数字，只是在时态上还是“未来时”的。有了这个前提，接下去的事情就好办了。德胜支行以合同价值的60%向其发放贷款，款项专用于履约采购，并在德清支行建立借款人专用账户。约定顺舟在银行发贷后以应收账款作为质押，对方付款一律进入借款人专用账户，用于归还融资的款项。结果也可想而知，顺舟在发展生产的同时，很快建起了新厂房，又扩大了后续生产能力，企业开始了“滚雪球”。顺发也自然把德清支行作为自己的主授信银行。

在恪守规范的人眼中，德胜支行显然是耍了个滑头，信贷抵押的规矩是抵押品必须具有真实的价值，而不是未来可能实现的价值。因为“可能实现”也包含了“不可能”的成分。

但是在杭州广发看来，这个可能实现的“可能性”几乎就是绝对的，因为当时的智能电表供不应求，而且德胜支行以合同价值的60%发放贷款，也就是相当于把可能性的实现率视为60%，比概率论计算的50%略多一点。这仅仅是计算方法的问题，更为重要的是，德胜支行控制了具有真正的“真实价值”的发货收款单，以及收取账款的渠道。

回过头来看，德胜支行这一着可以称为“变通”，而且是一步很扎实而漂亮的变通。他们在实践中创造了合理的假设前提这一“独门法术”，用于顺舟“循环推论”这一特殊的对手。

这就让我们想到了哲学家王阳明的一个故事，可能会引起我们在评价德胜支行的行为时进行哲学层面的思考。

王阳明年轻时立志想当圣人，遵循先哲朱熹“格物致知”的教导，他与一位朋友商量好先从“格”竹子开始。于是两人四眼直勾勾地盯着竹子，想“格”出一个对竹子的本质认识来。三天后，他的朋友头昏脑涨“格”不下去放弃了，王阳明继续以顽强的毅力盯着竹子“格”。直到第七天，王阳明病了，对竹子的本质认识还是没有“格”到。之后他被贬到贵州的龙场驿，突然领悟到，对事物本质的认识，不必要死板地通过表面的格物。

于是王阳明跳出了理学“本体论”的窠臼，创造了他的“论识论”的心学。他认为，格物致知的关键，就在于变通。

德胜支行的创新，与王阳明的理论有异曲同工之妙。他们跳出了对“真实价值必须真实存在”的窠臼，从认识论上完成了对必然存在的“未来态”的论证，并控制了“未来态”实现的真实过程。

德胜支行的行为在当时有可能被视为违规，也有可能被褒为创新。从某种角度看，其实创新的本质就是违背旧规，就是科学的“违规”。

这是一个大胆地突进到否定“真实价值必须真实存在”的禁区的怪招，而且为以后杭州广发的一系列突进创造了科学的先例。

是的，在人们面前，常常有许多“禁区”。大致区分下来，所谓的禁区有两种，一种是政策禁区，一种是认识禁区，而后者又常常是因为对前者的机械的认识而起，是一种“机械唯物论”。

回到银行实践，我们会看到在众多的潜在客户中，有些客户可能是大多数银行认为的信贷认识上的“禁区”。这些“禁区”并非政策禁止不得入内，只是还没有找到好的方法，不知道该如何进入。就像是足球比赛中的“禁区”，由于这一地区的防守力度和厚度大大高于普通地带，进入的难度也随之增加。这同时也让人们看到了问题的另一个侧面，一旦进入了这些“禁区”，射门得分的机会就会大大增加。

突入“禁区”，需要创造力和更“绝”的方法。

一个有趣的现象是，由于长期以来这些认识上的“禁区”的存在，有许多中小企业一直生活在金融环境之外，由无所适从而终于不敢奢望，最后变成了一批另类企业：他们与“银行客户”这一头衔之间没有关联，成了金融视线下的“隐形人”，偶尔倒会成为民间信贷市场的主顾。于是，一方面银行们激烈地争夺着有限的客户资源，另一方面大量的“隐形人”隔岸观火，就像足球场外吃了红牌的球员，没他们什么事。

杭州广发所说的突入“禁区”，实际上就是要在“隐形人”的中间发现、创造甚至激活客户，那气度真有些“我不入地狱，谁入地狱”的味道。

他们说，客户是可以被发现的。杭州广发在十多年的发展历程中，作为市场的后来者，始终在寻找着可以获得竞争优势的客户群体。从1998年起，他们开始“种芝麻，抱西瓜”，寻求与中小企业合作的途径。而当时未被竞争对手们充分重视的客户群体，现在已经成了各家银行眼中的香饽饽。

他们说，客户是可以被创造的。2006年，当中小企业市场开始被大部分银行所认可时，他们再次提出了“原生态客户”的概念，将与中小企业的合作进一步推向深入。这些“原生态客户”有些起先并不想有更多的融资，有着自己的发展节奏，但是当杭州广发通过深入客户，根据其生产经营环节，推动其发现新商机时，银企的信贷合作机会就产生了。

他们又说，客户是可以被激活的。“海尔激活休克鱼”是对肌体良好的企业重新注入经营管理理念和资金，让其重获新生。对于很多经营实体良好但却缺乏资金的企业，银行同样可以将其激活，甚至对已经逾期的贷款客户，只要方法运用得当，不仅可以将贷款全额收回，而且可以产生新的合作机会。

有一个经典的案例，可以解释杭州广发激活客户的智慧。

有一家叫杭州512铜业公司的客户，是以利用废铜再生冶炼和加工制造的铜加工企业，经过数年发展，拥有了一定的市场和技术优势。杭州广发看重其成长性，对其发放了贷款。同时在杭州富阳地区有好多做电缆的企业，耳濡目染之下512铜业的老板何亦良开始“望着那山高”了。当时他的想法是对的，因为许多电缆厂都是他的下游企业，靠他提供的铜赚钱。他想下游的钱何不自己赚呢，但是，金海腾当时就一针见血地对他说：“老何，我看电缆马上要饱和了，这个厂你不能办下去，甚至把它关掉你都值得。”金海腾是按照市场需求理论来分析这件事的，但是何亦良并没有把他的话当做一回事，因为他投下去的是真金白银，要壮士断腕不是件容易的事。果然，到了2001年下半年，电缆市场高度疲软，何亦良不仅电缆厂办不下去了，而且这把火还蔓延到了他的铜冶炼加工产业，最终导致其资金链全面断裂，同时杭州广发的1 500万元贷款逾期。何亦良希望能获得杭州广发的谅解，宽限其一段时间还贷，两家担保单位也再次承诺他们对512铜业的贷款所担负的担保责任。为了表示诚意，何亦良甚至将自己的护照交给杭州广发保管。

这虽然是银行经常遇到的危机事件之一，但是512铜业的案子却让杭州广发的高层着实头痛了一番。他们看到的不只是一笔逾期贷款，更多的是几家企业的兴衰。512铜业自身的生产能力、技术水平和市场渠道还在，如果通过法律手段封存其资产清偿贷款，这家企业就完了。然而正像我们在前面已经说到的，中小企业之所以被称为“中小”，就是因为它们的固定资产不多，不足以完全充抵贷款，这势必需要启动追溯对担保单位的连带责任，而那两家担保单位也都是中小企业，一旦抽血，也会造成它们的资金链断裂。

这真是杭州广发最不愿看到的“一石三鸟”。

如果以杭州广发的“一石”击杀中小企业的“三鸟”，他们将失信于刚刚被激发起热情的广大中小企业合作者。

“必须设法激活512铜业。”金海腾说。

于是一个“缓释危机，逐渐激活”的方法慢慢浮出水面。大概是这样的：银行在帮助何亦良理清思路、制定出切实可行的经营办法后，重新注册一家铜业公司，杭州广发派出监管人员全程监管新公司的生产，产生的利润优先归还杭州广发的逾期贷款的利息，这能让企业大大地喘上一口气，如果还有多余再归还贷款本金。在合理计算后，确定这一方法实施的可行期限，如果过了这个期限企业仍然不能归还贷款，则由担保单位来归还。

这显然为512铜业和两家担保单位争取了时间，也为银行处理危机留出了空间。何亦良也很配合，他用剩余的资本重新注册了一家“富冶铜业”，做的还是他的老本行，这家企业的所有利润都用于归还杭州广发的贷款本息。就这样，经过一年多约定时间的努力，富冶铜业归还了部分贷款本息，但仍然没有全数归还。这时，两家担保单位也信守承诺，代他归还了余下的贷款本息。

如果事情仅仅进行到这里，只能说明杭州广发用比较人性化和理性的方法化解了逾期贷款危机。这时候，杭州广发独特的信贷理念发生了作用。杭州广发虽然追回了贷款的本息，但是对富冶铜业来说，一部分债务只是从银行转移到了为其担保的朋友身上。富冶铜业要发展，仍然缺少资金。

因此，金海腾一直耿耿于怀的是：“这件事不能就这样完了，我得帮助何亦良东山再起。”

这时，何亦良在国外留学的儿子何晓军得知父亲的企业陷入困境，立刻中断学业回国。何亦良决定让儿子接班，自己退出江湖，上山种红豆杉。但是，他交给儿子的除了一家还没有缓过气来的企业，就是263张法院传票。儿子马上感到了压力。金海腾与何亦良父子作了多次的深入交谈，他发现何晓军是一个有主见有能力的年轻人。“何不让何亦良的经验与何晓军的思路能力嫁接在一起？”金海腾眼前一亮。

于是，一个具体的方案让何亦良父子俩看到了企业再度崛起的希望。

杭州广发并没有“一朝被蛇咬，十年怕井绳”，而是以存货质押贷款的方式，向富冶铜业再一次发放了贷款，帮助其重新走上发展的快车道。其中原因十分简单，根据我们前面说过的杭州广发判断合作者的三个标准，富冶铜业依旧是可以培养成为优质客户的合作者，它的发展潜能得到了杭州广发实事求是的评价。

数年后，何晓军果然将父亲留下的债务全部偿清。当多年后何亦良父子再次见到金海腾时，他们感慨万千。何晓军说：“我回国时，面对的只是父亲交给我的200多张法院传票，富冶铜业能够东山再起，全靠了杭州广发的支持。”不久，富冶铜业慎重聘请杭州广发作为其咨询顾问，共同赴非洲某国考察开发项目，一起酝酿新一轮的发展。

做别人还没做的事

有些市场是存在的，只是还没有人发现，这就是所谓的“市场空白点”。发现市场空白点，并先于竞争对手进入，将可能获得先发优势。

1998年，杭州广发在国内首家创新推出了“可置换动产质押”业务，一举突破了中小企业固定资产少、可担保资源少的瓶颈。很快，经营的商品迅速涉及了26大类，108个品种，授信金额超过100亿元，质押物市值超过170亿元，授信客户达200多家。但是金融创新具有很强的可模仿性，短短三年后，这种“可置换动产质押模式”就成为其他银行的模仿目标，它们也纷纷推出相似的业务。杭州广发选择了再次创新，他们与大型物流公司合作，推出了全新的“物流银行”的模式，用更加便捷化、标准化和更具有法律效力的“仓单质押”将“可置换动产质押”再次往前推进。再接着，杭州广发又着眼于与地方政府合作，搭建物资监管平台，以创造更大的市场。

从单枪匹马攻占桥头堡，到大兵团的规模化作战，再到主动开创创新阵地，杭州广发的思路不断从发现市场延伸到主动创造市场。

主动创造市场，就是做别人还没有做的事情。

做别人还没做的事，并非盲目的冲动，而是慧眼识珠，寻找机会和切入点。

杭州广发的实践经验认为，这些机会往往都存在于拥有新模式、新技术、新产品的客户群中。

杭州广发有一家客户叫紫兰香料。这是一家成立于1999年12月的高科技单体香料生产企业。现在看这家企业，估计每家银行都会认为它是优质客户。很显然，从市场优势看，紫兰香料销售的客户群大多是奇华顿、芬美意这样在国际香精香料界排名前十位的大公司，国际市场行情灵通，市场渠道完备。从产品优势看，它拥有柏木油系列、松节油系列、黄樟油系列、氢化系列和紫兰酮系列等五大系列产品，其中柏木油系列产品它已经是世界最大的生产商，其自主研发的紫兰酮系列产品则是国际上最高档的单体香料，国际上能掌握此项技术的也仅有极少数几家大公司。从技术优势看，紫兰香料本身拥有一支高水平研发队伍，并有复旦大学化学系作为技术背景，公司的设备都处于世界先进水平，特别是能让香料产品的纯度高达90%的高空蒸汽共沸精馏法，更是国际顶尖水平。从经济运行质量看，即使用苛刻的财务指标去评判，紫兰香料的偿债能力、营运能力、赢利能力都理所当然地属于优质企业。

但就是这样的一家企业，在发展的初期却没有进入传统银行的可合作信贷客户之列。

处于创业期的紫兰香料，在最初的几年虽然创业团队有比较好的技术基础，但是设备投入较大，基本建设周期较长，产品主要外销，国际市场的接受程度正在酝酿过程中。更何况香精香料行业是一个冷门行业，国内缺乏可比较的企业，银行对这一门类也不熟悉。总之，它被冷落是必然的。

一句话，这是一只丑小鸭。

杭州广发发现“丑小鸭”是在2004年，消息从时任杭州广发文二支行行长的陈妩的渠道过来。

陈妩在与紫兰香料董事长陆文聪的初步接触中，敏锐地发现这个人很值得探究。陆文聪从事农业、化工行业数十年，曾任新安江香料厂厂长，1993

年又担任了中国最大的香料合资企业——国际香料香精（杭州）有限公司（IFF）副董事长、总经理。在这期间，他掌握了世界香料工业生产与管理的先进思维方法和生产世界一流香料产品的技术，在业内享有很高的声誉。

陈妩说得很客观："紫兰香料刚开始创业，目前并没有丰厚的利润，核心产品紫兰酮的研发虽然进展顺利，但距离投放市场还有一段路要走。然而值得注意的是陆文聪，此人可能非同一般。我们可以关注这个冷门市场。"

杭州广发立即对香料香精行业作了深度的调查和分析，结论是：优质的单体香料产品有巨大的市场需求，这个市场进入有一定的技术壁垒，虽然国内可比较对象较少，但也说明市场的成长空间非常大。

这就对最终的决策提出了一个两可的题目：你想进入到这个也许前途无量的冷门行业吗？这是一次机会。你想在这个不熟悉的行业里栽跟头吗？这是一次冒险。

杭州广发合作者的三个条件——优秀企业家、共同价值观、未来成功者——成为了最终的标准。三个标准，紫兰香料都合格。

既然合格，还犹豫什么？

于是，杭州广发以"存货质押"的形式给紫兰香料发放了贷款，后来又以机器设备抵押增加授信。以冷门行业的产品、机器设备做抵质押，从形式上看，这笔贷款确实有潜在的风险。

当时，杭州广发"企业财务顾问业务"创始人章育民的一番话反映了杭州广发的信贷经营理念，他在考察了紫兰香料之后说："紫兰香料已经拥有了一定的市场地位，产品的利润率也较高，特别是即将投产的紫兰酮系列中的几个产品，利润率非常高。现在他们的资金紧张是因为原材料涨价，而企业自身的运转还是非常良性的。只要在经营管理上有所改善，它的成长空间将是非常巨大的。"的确，贷款更要关注的是贷款者本身的素质和第一还款来源，第二还款来源只是保障手段。

紫兰香料后来的发展也如杭州广发所预料，年销售突破两亿元，成为国内香料香精行业的龙头企业之一，也成了杭州广发的GP客户和企业财务顾问客户。而像紫兰香料这样拥有高成长性的"三新"（新模式、新产品、新技术）企业，也是杭州广发优质GP客户的主流。

做别人未做之事，先人一步，胜人一筹。

做别人未做之事，就是发现别人没有发现的市场。但是在许多时候，没有发现潜在市场，是因为无法知道市场的真相。因为市场的表象是不真实的，这使许多信贷员难以判断。无法判断对象，是因为无法判断其风险。然而无法判断的风险，并不一定存在着风险。往往在这样的时候，许多人选择了放弃，“宁可不做，不可做错”，这是规避风险的一条基本原则。这就像被表皮包裹着的玉石仔料与石头一样，让人无法辨认。而当别人放弃辨认的时候，机会就留给了你。

但是，信贷经营中企业的“无法辨认”往往是出于信息的不对称。杭州广发认为，许多信息实际上是存在的，只是客户不知道你需要什么，也不知道如何提供，或者没有你需要的直接信息，这就需要你去发掘、去侦察、去提炼。

杭州广发有一句很发人深思的话：“选择高风险区的中小企业，采用低风险的金融产品来中和风险。”这是辨证法，因为高风险，所以竞争少；而能够中和高风险的金融产品，一定没有现成的，不然高风险也就不存在了。因为没有现成的，所以需要创新。

人们又常常会把一个尚未理出头绪的诉求称为“鸡与蛋之争”。杭州广发又有一句发人深思的话：“此类企业既不是鸡，也不是蛋，广发发现的是它的孵化能力。给它蛋，让它孵化。”

做别人不能做的事

有这样一个很流行的小故事，说的是一个人把100元房费放到旅店老板的柜台上，然后就上楼看房去了。趁这个工夫，老板抓起这100元钱还了隔壁肉铺的欠款，肉铺老板高兴坏了，立即还了猪农的欠账，于是猪农又清了饲料站的赊账，而饲料站的那个伙计马上拿这100元还了一笔风流债，而那个风尘女子，恰恰又欠旅店老板100元钱……当旅店老板收回这100元的时候，旅客刚刚看完房间，觉得都不满意，收回了自己的押金，继续旅行去了，但是他的这100元，竟解决了整个小镇的现金流问题，所有人都因此异常快乐。

当然，大多数银行人都会对这个故事嗤之以鼻——谁会傻到在毫无抵押的情况下把自己的钱付给旅店老板呢？不过，杭州广发的人从另外一个角度去看这个问题——真正的银行人到了这里，是不会离开小镇，继续旅行的。

在今天的各条城际高速交通线和城市公交线上，我们常常会看到“青年”、“尼奥普兰”（Neoplan）豪华客车的身影，浙江青年尼奥普兰汽车集团用了不到十年的时间，在国内豪华客车市场上占据了80%以上的份额。2001年，民营的尼奥普兰公司引进世界一流的德国尼奥普兰客车制造技术，其产品和技术都优于国内大部分竞争对手，年销售额迅速超过1亿元。

杭州广发敏锐地盯住了尼奥普兰。杭州广发分析认为，在全国高速公路大发展的背景下，城际交通也将会有大的发展，营运车辆的更新换代，会使豪华客车的需求有爆发式的增长。尼奥普兰赶上了天时地利。但是，它的发展恐怕马上会遇到一个大问题，那就是资金。豪华客车的卖价固然高，但制造成本也大，尼奥普兰的发展将越来越需要更充裕的资金的支撑。问题的核心可能出在，单以公司为主体获得的贷款，还不足以解决资金紧缺问题；而且，由于豪华客车的单价很高，购买者的现金支付能力也会成为一大问题。

尼奥普兰不久之后出现的问题，证明了杭州广发的先见之明。

“有办法帮助它解决这个问题吗？”时任杭州广发分行营业部总经理的戴恩成和副总经理斯伟波反复商量，结论是“没有解决方法的成例，因为它是民营企业”。

在尼奥普兰，一边是订单量和订购意向不断扩大，购买者却一下子拿不出大把的现金；一边是原材料涨价，企业没有足够的资金备料。两边都需要钱。

2002年，戴恩成和斯伟波、黄宝存十余次赴尼奥普兰所在地金华，与尼奥普兰高层商量合作对策。

他们想到了一个办法，但是换了其他银行肯定会被认为是馊主意。

戴恩成说：“我帮你启动下游，你帮助我组织下游。”

具体地说，杭州广发的目光聚焦在帮助下游购买商解决购买资金问题，通过加速“销售现金回流”的流量和流速，根本性解决其资金的难题。戴恩成说：“我们的贷款可以解决你们的一部分生产资金，但是如果下游拿不出现金来买你们的产品，你们造了车也是白搭。”

下游的购买商通常都是些客运公司，这些公司有相对稳定的现金流，但单次大额支付的能力却有限。根据这个特点，杭州广发想到了通过“按揭”的方式来操作，一方面可以缓解下游购买商的借款还款压力，另一方面能够让尼奥普兰在实现销售的同时马上获得现金流入。

思路有了，可是这个思路如何实施呢？

实施的难点之一，是下游购买商分布在全国各地，如何取得他们的信用？在当时征信体系尚不健全的中国，异地业务的信息不对称，将直接导致风险的不可控。难点之二是，购买的主体大多是法人，当时个人消费性汽车按揭贷款都还属于新鲜事物，异地法人汽车按揭业务，更无异于天方夜谭。

两个难点，相当于一个“无法实施”的结论。

出了个做不到的主意，还不是馊主意？

戴恩成说：“不，这意味着需要更加超前的创新。”

如何创新？阿里巴巴的马云说过“上船”的事，他说早一步会掉进河里，晚一步会上不了船。这个创新的时机到底是否成熟，一时争论颇多。

按照常规的思维，这样的争论最后总会以一句最有说服力的话来收场：“别争了，多一事不如少一事。”

可是杭州广发的这些人，个个都不是省油的灯，他们常常把纠结的问题当成解数学难题取乐子。

“好，争论是好事，看看能争出什么样的高招来。”金海腾也来了劲儿。

“这样，我们先将异地法人按揭业务的目标客户，定位于国内大中城市的省市级长途客运公司。”戴恩成说，“这些公司具备相当大的规模，拥有多条长途客运路线，投入营运的客车往往多达数百台，如果将按揭的车辆用于优质的高速客运线路，整个公司的收入就稳定，现金流量也大，还款来源就有了保障。”

“而且，”金海腾马上补充说，“这些客运公司收入的取得，都是通过客运站票房账户，营运收入账户的单一性可以使信息的对称性加强，便于债权的追索。”行长常常不是简单地裁判最终的结果，而是适时地参加讨论并亮出观点。

“对，我们除了可以用汽车做抵押，还可以追加尼奥普兰的担保和保证金，这会使还款的及时性更加有保障。”斯伟波说。

你一句，我一句，扯出了一个三赢的方案。

结果，杭州广发与尼奥普兰一拍即合。杭州广发的信贷人员与尼奥普兰的销售人员共同奔赴全国各地，信贷行为变成了促销。在其后短短一年里，杭州广发发放了近2亿元的异地法人汽车按揭贷款，为尼奥普兰直接带动销售额3亿多元。随后的几年，杭州广发还通过企业财务顾问业务，帮助尼奥普兰改善了公司经营和财务管理，使公司的发展进入了良性的快车道，仅用了两年时间销售额便增长了两倍。

事后看很多创新往往会觉得轻而易举，但在当时却是一项巨大的突破。

异地法人汽车按揭贷款业务从表面上看，只是将汽车按揭从自然人转移到了法人，从同城转到了异地，但其本质上却是思路的根本性突破。

正如金海腾所说，“银行经营的是信用”，在《金融道》中提到过恒生电子的案例，那是开创了银行信用与商业信用嫁接的先河，而尼奥普兰的案例则是将这种信用链接作了一次对象和地域上的跨越式提升。

这话怎么说？杭州广发通过对这些异地法人按揭贷款客户进行初始了解，认为他们可以信任，这是建立在尼奥普兰与这些客户在商业活动中积累的信用基础之上的信任，这是银行利用了商业信用；而尼奥普兰在销售汽车的过程中，又将银行贷款服务作为商业服务的一项衍生服务，这是商业利用了银行信用；以后，尼奥普兰又为这些汽车按揭贷款提供了担保，无形之中又将自己的商业信用融入到银行信用当中。值得注意的是，那些购买商不仅获得了银行贷款，更是获得了更加有效的售后服务保证，因为对尼奥普兰来说，其担保责任的解除，必须以售后服务作为前提。通过这一环扣一环的设计，银行信用和商业信用深度地嫁接在一起，使得商业活动的开展更加健康快捷。

做别人不能做的事，并非要越政策雷池，侥幸行事，而是要突破传统思维下“不能做”的认知框架，通过创新业务模式将事情做成。

做别人不敢做的事

12月28日，除了再过3天即是新年以外，这个日子本没有什么特殊，但是在华融金融租赁股份有限公司，这一天却被命名为“广发日”。

一家企业，尤其是一家实力强劲、资本雄厚的企业，以银行的名字命名这样一个纪念日，这肯定是件令很多银行艳羡不已的事情，但也说明了一个问题——那就是杭州广发做成的事情，它们并没有做到。

有许多时候，机会并不是因为别人没有发现而留给了你，而是别人发现了却不敢下口。

2005年，中国证券市场曾经名声显赫的“明天系”开始分崩离析，在全国金融租赁市场占据头把交椅的原浙金租赁也被波及。浙金租赁的全称是浙江金融租赁股份有限公司，“明天系”握有它93%的股权，也就是说，“明天系”是浙金租赁的绝对“老大”。事情的蹊跷就在于，浙金租赁与他的“老大”发生的关联交易高达20亿元。浙金租赁先购买“明天系”的资产，然后以此资产做抵押向银行贷款，再将资产重新回租给“明天系”，同时将从银行获得的资金一并返还给“老大”。说白了，浙金租赁既成了它“老大”套取贷款的一个工具，又是“老大”的一个小金库。“明天系”陷入了危机，浙金租赁对“明天系”的7亿多元债权，也变成了不良债权。浙金租赁的资金顿时陷入全面紧张状态。

浙金租赁在各家银行都有债务，当时肯定是无法偿还。各银行能够采取的措施无非两个：一是马上起诉，通过法律手段保全银行资产，二是等待企业重组后归还贷款。当然，走第一着棋需要债权到期，才可对其起诉。

上天赐予了杭州广发一个良机，使它成为浙金租赁的第一家贷款到期的银行。2005年12月28日，浙金租赁在杭州广发的5 000万元贷款到期，无法偿还。如果杭州广发立即向法院起诉，就必然拥有了先机和主动。

但是另一个问题也是各家债权银行都看到的，那就是现在立即起诉，银行可能拥有理论上的法定偿还优先权，但却未必拿得到钱，因为企业根本没有钱，并不是不肯还钱。

对于银行来说，起诉的意义起码从操作人的层面上可以卸去责任：我已经采取了措施，也拥有了偿还优先权，可是它没有钱，这能怪我吗？何况我当初供给它的时候，它的经济状况都是正常的，谁知道它背后的“老大”会出事呢？

其实谁都知道，真正要追回贷款，只能等待企业顺利改组，等待有能力的企业来接盘埋单。可这总是有风险，谁知道最后会走到哪一步。

换了谁都不敢贸然采取等待改组的下策，至多是先起诉取得优先偿还权，再等着重组，如果运气好，还能得到偿还。但是银行一起诉，浙金租赁现有的极为有限的资金就会立刻被法院封死，这将严重影响接盘人对改组的信心以及重组的顺利操作。

世界上确实没有“既要马儿跑，又要马儿不吃草”的好事。

然而，取得先机的杭州广发，却令人意外地采取了“下策”——为了马儿不吃草，宁可马儿暂时不跑。

杭州广发决定不起诉浙金租赁，做了别人不敢做的事情。

杭州广发是如何考虑这一“下策”的？其实“明天系”的事情一出，杭州广发就立即启动了危机预警，他们不是不知道接下去会发生什么，也不是不知道上天赐予的唯一的主动权。行长金海腾与主管不良资产清收的副行长任清尧反复商议，结论却是：假如杭州广发起诉，就会成为起诉的导火索，这会让当时正处于重组进程中的浙金租赁陷入更大的困难，直接的后果将是拖慢重组进程。——杭州广发没有忘记，自己的身份是“望、闻、问、切”的郎中，而不是过河拆桥的夏洛特。于是，杭州广发立即与浙金租赁启动了非常沟通机制，在双方高管人员充分接触后，杭州广发详细地了解了浙金租赁的重组进展情况：华融资产管理公司将全面收购浙金租赁的不良债权，并将成为浙金租赁的绝对控股股东，方案已经进行到最后的协商阶段，极有可能达成。

杭州广发对浙金租赁重组的成功性进行了理性地深入分析：浙金租赁在20年的发展中，形成了以浙江当地民营经济为主要业务对象而进行细致市场开发的“浙租模式”，具有很强的生命力，其在浙江发达的业务网络和信誉，是它成功的核心竞争力所在。浙金租赁的业务质地是优良的，只是受“明天系”的拖累才会陷入困境。同时，资金实力强大的华融资产管理公司对浙金租赁的未来十分看好，假如重组成功，将会给浙金租赁带来新一轮的生机，甚至有可能是一次大的发展机会。

别人不敢做的事，不一定就是坏事。杭州广发不但不起诉浙金租赁，还全力配合其完成重组工作。这也是杭州广发一直秉承的“肝胆相照，风雨同舟”的理念，不仅要为企业锦上添花，更要理性地雪中送炭。杭州广发要捍卫自己的信贷理念。

几个月后，华融资产管理公司完成了对浙金租赁的重组，并在浙金租赁的账户上汇入了10亿元股东注册资本存款。这样，新的浙金租赁不仅顺利地归还了杭州广发的5 000万元贷款，还将数亿元存款存入其在杭州广发的账户内支持广发的发展，存款金额居与浙金租赁合作的十多家银行之首，以此表达对杭州广发在危难中施以援手的感激之情。时至今日，已更名为华融金融租赁股份有限公司的浙金租赁，公司资产总额超过200亿元，注册资本20亿元，皆数倍于重组前，是中国金融租赁行业的领先企业之一。浙金租赁总经理胡继良后来将每年的12月28日定为“广发日”，以纪念当时危难之时杭州广发的鼎力援助。

金海腾说：“做别人不敢做的事情，是银行理性的最高境界。冒险并非都是下策，关键是能否透过现象看本质，帮助他人却无损自己。”杭州广发“风雨同舟，肝胆相照”的理念并非口号，也并非盲目为之，只是他们更明白风险的本质：“风险并非损失，而是产生损失的一种可能性。危机也不是不可挽回的颓势，危机中同时蕴涵着机遇。”金海腾如是说：“重要的是放宽视野，懂得把握主流趋势，趋利避害，化害为利，这才是做别人不敢做之事的核心。”

第三篇
经营风险

实际上所有的银行都在经营风险，也许这两个字太刺眼，人们往往不愿直截了当地说出它的本质。经营风险的关键是风险可控，这也许是一种观念的更新。

——题记

第九章
道德风险是最大的风险

所有的银行制度都是类似的，但执行结果却是不一样的。

——题记

墨菲法则

道德风险，是20世纪80年代西方经济学家提出的一个经济哲学的概念，他们作出如下定义："从事经济活动的人，在最大限度地增进自身效用的同时，做出不利于他人的行动。"用中国人的通俗解释，可以分为两种情况：一是"损人利己"，一是"利己不利人"。

获得2001年度诺贝尔经济学奖的斯蒂格里茨，在研究保险市场时发现了一个经典的案例：美国的某一所大学，学生的自行车被盗比率约为10%。几个有经营头脑的学生想到了经营自行车保险，保费为保险标的价格的15%。按照常理，这几个有头脑的学生最后应当获得5%左右的利润。但是运作一段时间后，他们却发现了一个怪现象，自行车被盗的比率迅速提高，达到15%以上。这是怎么回事呢？调查之后他们发现，在自行车投保后，学生们对自行车的安全防范措施明显减少。投保的学生由于不完全承担自行车被盗的风险后果，因而采取了对自行车安全防范的"不作为"。简单地说，他们想的是：反正偷了有人赔，我还操什么心？

斯蒂格里茨把这种不作为的行为，叫做道德风险。

可以说，只要市场经济存在，道德风险就不可避免。因为市场行为是有人参与的行为，而道德只对人而言。

银行信贷经营的全过程，都是有人参与的市场经济行为，在这个过程中，势必存在着道德风险。

信贷经营中的道德风险，有两句中国俗语能够表达这方面的极端情形。一句叫“虎豹不堪骑，人心隔肚皮”，这可以用来形容外部客户的道德风险；另一句叫“外敌易挡，家贼难防”，这可以形容内部职员的道德风险。

源于20世纪80年代因“拨改贷”体制转换带来的企业逃废银行的债务量虽然大幅减少，信贷经营也更加市场化，但是由于法制环境的优化和法制观念的增强需要一个长期的过程，加之国内外经济形势剧烈变化的硬性影响，道德风险很大程度上是信贷经营中最大的风险，也是最难控制、最为隐蔽的风险。

我们在前面已经说到过，银行业其实是一个很脆弱的行业。银行不是印钞厂，只是吸纳他人的余钱，又放贷给需要的人，他们向存入方支付利息，向借贷方收取利息。收支的利息差，就是银行的服务佣金。说得更简单一些，银行干的好比是帮人数钱的活儿，比如数一万张钱可得一张钱的佣金，少了就拿不到佣金还要赔偿，如果少一张钱，一万张就白数了，少了两张，就全亏了。

脆弱的银行业，由此尤其小心敏感，生怕被人钻了空子。

所以杭州广发有一句操作性很强的话：“看人比看项目重要，看还款意愿比看还款能力重要。”

人的品质，以及人的意愿，这都事关道德风险。

金海腾说过，“银行经营的是信用”。如果把这句话作直白的解读，银行的经营，是“在无端相信别人的前提下的冒险”。究其本质，银行经营的是风险。

所以看人比看项目重要。

看人，主要是看借款企业的负责人，贷款的偿还最终取决于企业的还款意愿和还款能力。因此，所谓看人，就是看其是否诚信，这可以通过他在其他商业环境中形成的商业信誉去判断。一个具有良好信誉的企业家，即使遇到危机，也能因其过往形成的信誉获得他人的帮助。看人还包括对企业主要管理团队的判断和把握，看其团队成员的知识结构、能力结构、年龄结构、性格结构。说到底，管理团队的“德才素质”，才是企业的核心素质。

然而更为重要的是“外敌易挡，家贼难防”。银行在外部客户的审查中常常慎之又慎，可能考察的都百般不用其极，然而内部员工的道德风险却可能会使银行的内部控制体系产生裂痕甚至瓦解，这是更加可怕的情形。“千里长堤，溃于蚁穴”，任何制度都是通过人来实施的，员工的行为直接导致内控机制的有效性。这些是谁都知道的道理。

专家说，银行内部的道德风险分为两类：一是失责风险，没有履行岗位职责，对工作的不作为，不负责任，不遵守规定，甚至违法违规而造成风险；二是谋利风险，以权谋私，以职谋私，利用自身的工作便利谋取私利而对银行造成风险。

有这么严重吗？别自己吓唬自己。

这就不能不说说著名的“墨菲法则”。

所谓墨菲法则，也就是中国俗话说的“怕什么，来什么”。

但是，墨菲法则与帕金森定律、彼得原理之所以被并称为20世纪西方最杰出的三大发现，总有它的深刻道理。

1949年，一个叫墨菲的美国空军上尉工程师，偶然发现这么一个现象，如果有一片一面涂有果酱的面包不小心掉在了地毯上，常常总是带有果酱的那一面着地。换一种说法即，“如果某一事件有可能变坏，这种事就往往可能发生”。这就是墨菲法则，它的极端表述是：“如果坏事有可能发生，不管这种可能性有多小，它总会发生，并造成最大可能的破坏。”

就像炒股票，你怕跌，它偏偏跌给你看；你盼涨，它偏不涨；你忍不住卖了，它又开始涨了；你看好五只股票，买进其中的一只，结果除了你手中的那只外，其他四只都涨得很好。

往大的事情上说，泰坦尼克号的沉没，也是墨菲法则的应验——最不可能发生的却发生了。

日本的核泄漏，又是一种墨菲法则的应验——最小可能性的意外，恰恰发生了。

墨菲法则重视的是可能性，包括那些小概率事件，或者说尤其是那些小概率事件。世界上的信息非常丰富，但人们通常以自己的经验和内心需求去作有限的选择，这是内心认识世界的自我屏障。墨菲法则就像是风险市场的守护神，让你备好逃路，然后坐享收获的喜悦；它也像黑暗之中的探照灯，照亮你心灵的死角，让你发现被常人遗忘的机会。墨菲法则指出了人类的困境，人性的弱点或所遇的悖论，它的指向往往是物极必反后的方向或出常人意料之外的方向。

因此，在金融经营中，墨菲法则也同样值得玩味。

在1997年建行之初，杭州广发在《给全体员工的一封信》当中，将“一念之差，终身后悔”作为核心理念之一传递给所有的员工，并将此作为员工行为规范的根本性准则之一。

“你不能把钱当钱”，这往往是所有第一次临柜的人所得到的第一句忠告。

这是你的实习老师告诉你的第一句话，但是终生管用——在办理业务时，你所经手的钞票只不过是一种凭证。

这就是信贷经营潜意识中的道德底线。

信贷经营中不仅要在制度上防止道德风险的产生，更重要的是要在员工的思想当中树立起一条“底线”——任何有违职业道德、危害银行经营的思想和行为，都是不可饶恕的，发生了根本没有后悔药。

墨菲法则会有前兆的暗示：

——员工给领导送礼。金海腾说：“你拿回去，否则将全行公布。”接着在全体员工大会上把送礼作为一种重大“道德事件”提出警告。

——岗位考核作弊。这是“道德事件”，必须责以重罚，并且降级。金海腾申明若再发现类似情况，不管初犯还是再犯，结果是两个字：开除。

——所有看似与金融无关但与道德有关的毛病，最终一定会与金融有关。

为此，杭州广发每年都会安排全体员工参观监狱，接受警示教育。因为银行是高风险行业。

也因为风险常常发生在最隐蔽最不起眼之处，所以在“员工行为规范九字令”——公、敬、勤、精、谦、礼、畅、廉、密——当中，杭州广发将最后的那个“密”字，作为特殊的准则要求员工。不管是内部经营管理信息，还是外部客户资料信息，都是商业机密。一旦泄露，都可能会造成巨大损失；一旦被利用，也可能是一次数量可观的“腐败”。

杭州广发的一切手段都是常规的：理念教育、制度安排、事前警示、事后处罚等，然而一个数据却是有力的：发展13年，杭州广发没有因为员工的道德风险而造成损失。

所有的常规手段，一般而言可能会流为程序，而对于杭州广发，他们每一次施行常规手段，背后都有清晰的指向。他们知道这一次是为了防范哪个缺口、堵塞哪个漏洞，尤其是最可能被疏忽，还没有成为大洞的小洞。

杭州广发的聪明之处就在于，他们最大限度地利用了墨菲法则的警示作用。而墨菲法则的要点，就是充分重视“万一”发生的可能性。

不可承受之重

2008年全球金融海啸，浙江外向型经济受到重创。杭州广发信贷业务的不良率大幅上升，导致的一个很现实的后果就是，全行年终奖金额度必然大幅下降。

在信贷经营中，各个岗位的人员各司其职、各负其责，这是信贷责任认定制度所致。只有责任明确，有效的内部控制才具有意义。好，现在考验责任的时候到了，该挂钩的就要挂钩了。杭州广发并不要求员工有多么高尚的奉献精神，他们只要求员工具备应有的职业道德和职业精神，只有在这个层面上，奖金才是一种激励，因为奖金不会在雷锋同志身上产生激励作用。现在，对于经历了连续45个季度奖金持续增加的员工队伍而言，突然间奖金大幅下降，可能是一项生命中“不可承受之重”。

信贷责任认定，并非是简单的问责。

杭州广发的理念之一就是，认为简单地由个人承担责任的中国式问责制度，其实极可能导致推卸责任。它既不公平，也容易导致机会的丧失，使不良最终变成损失。

杭州广发的责任认定方式与众不同。对于责任的理解，“是否尽职”是其标准。一项业务的开展是集体决策和行为的结果，那么责任也当然要集体共同承担。比如如果发生了不良贷款，杭州广发就将发生不良贷款的经营部门和支行的一把手都列为清收的第一责任人，经办的客户经理为直接责任人，由专业的资产管理部门直接领导并帮助清收，这就使得客户经理并不是孤军奋战。

根据这一责任机制，“奖金大幅下滑”谁来埋单？

金海腾做了两件事。

首先，他在全行召开了一次中层以上的干部会议。这次会议的议题是“如何共渡难关”。会议没有预先设定的计划和具体措施，也没有指定某几个人必须上台表态，可以很自由地表达自己的想法，简单地说叫“自愿发言”。

中层干部们在自愿发言中不约而同地分析到一个现象：既然奖金已经按规定确定了总额，全行的总数是不可改变的，接下去的问题就是如何分配。理论上说，分配的依据就是责任，正面责任导致正向奖金额度，负面责任导致负向奖金额度，但是金融海啸犹如天灾人祸，谁都无法抗拒，说白了，谁都没有责任。现在，另一个责任浮出了水面，那就是“承担不可抗拒因素的责任”。一个很能说明问题的案例，就是假如在战场上的一次撤退，共产党军队是“干部断后，让战士们先撤”，国民党军队则是“弟兄们，给我顶住”，然后长官们开着吉普车仓皇逃命。前者体现的是“行政承责”，这才是杭州广发问责制的本质。

中层干部也不约而同地表达了一个意愿：宁愿自己不拿奖金，也要首先保证普通员工的收入。即使是没有发生不良资产的支行的行长们，也是如此。

金海腾的另一件事，已经在这之前完成，那就是他以同一个题目，要求分行行长室成员——行长、副行长——在班子会议上用“背靠背”的方式分别写下一个方案。结果所有方案也都是出奇的一致。

于是，2008年杭州广发的年终奖分配，普通员工与2007年基本保持一致，表现好的员工更有确保的增长，分行行长室成员的降幅最大，中层干部按照职位的高低，分别有不同幅度的下降。

干部也是人，为什么在“行政承责”中要实行“从大从重”的原则？金海腾说：“这就是承担责任。”他又解释说，“因为在这个银行里，不管怎么说，我们都是既得利益者。”而他在其他场合里反复表达过的更深意思则是，对于责任，技术性的认定只是简单的方法，重要的是培养真正的责任心。

这一次的奖金分配之议，倒是进一步廓清了几个概念：

预警≠不良
不良≠损失
损失≠不可弥补
不可弥补≠有责任

这再一次证明了杭州广发的责任理念。杭州广发认为，有效的责任认定，要基于正确明晰的成因分析。

杭州广发对于不良贷款的责任认定，首先从不良贷款的成因分析做起，对于不同的成因有不同的处理方法：

——由于道德问题产生的风险，"一念之差，终身后悔"就是衡量的标准，处理的结果就是开除并进行同业内通报，如果触犯法律绝不姑息包庇。

——由于在信贷经营、信贷管理中不尽职守造成的风险，则视造成风险和损失的情况进行不同程度的处理。

——由于市场因素、政策因素、环境因素、企业自身经营管理因素等几个客观原因造成的风险，则会就事论事，绝不让不良贷款成为员工职业生涯发展的包袱。

绝不让员工承受不能承受之重，这是杭州广发在信贷责任认定工作中的准则。责任认定的目的并非为了处罚，而是为了总结教训，为了更好地发展。既要责任认定，又要促进不良资产清收。对于因为不可抗拒的客观原因造成的信贷风险，杭州广发强调通过组织的力量来化解外来的风险，而非简单而不负责任地让一线的信贷经营人员来承担。

这不是模糊了一线的责任？

"不，"金海腾说，"让员工简单地承担难以承担的责任，其实就是对员工最大的不负责任，也是对银行资产的不负责任。在中国的银行界，一笔贷款很可能将一名优秀的客户经理'一棍子打死'。我们杭州广发的用人准则当中，有一条准则是'既使功也使过'，既使用有功劳的人，也使用有过错的人，但是因道德犯错的除外。”

章伟良现任上海广发分行授信管理部总经理，曾经就在杭州广发工作。可是当他还是一名客户经理时，就曾经制造了杭州广发历史上的第一笔不良贷款，为此杭州广发损失了近100万元。行长室实事求是地分析了这一次事故，认为章伟良在道德上不存在问题，产生不良贷款的原因，只是缺乏操作经验，这个人是一块料，要继续为他提供锻炼的机会。章伟良由此变得更加刻苦努力，也赢得了更多的发展机会，逐渐从一名普通的客户经理，成为支行副行长、国际业务部副总经理、支行行长，最终成为了杭州广发最优秀的中层干部之一，后调任上海广发。章伟良对此感慨颇多：“如果不是杭州广发，我可能永远都要被这笔不良贷款压得喘不过气来，我的人生可能就此改变。”

对一名有不良贷款记录的客户经理，一个曾经有“较大过失”的人，能够逐步赋予更高的职位，给予最大的信任，这也许只有在像杭州广发这样为数不多的单位才有可能发生。

金海腾说过：“由于银行本身的经营特点，风险是不可完全避免的。如果只是因为一次风险的产生就影响了员工的一生，这不公平。产生不良贷款，银行已经损失了一次，如果再失去一名员工，这个代价就太大了。”

靠关系是行不通的

1997年，刚刚成立几个月的杭州广发正渴望着快速拓展市场。对刚开张的银行来说，任何一个信贷项目都是难能可贵的。

杭州市某区的一个商业大厦项目，经过贷款审查后，最后到了金海腾的办公桌上，他是行长，拥有贷款最终的“一票否决权”。按理说已经过了层层把关的审查，最后这道关并不是大问题，何况投资项目的企业家还是金海腾的朋友。可是这条到手的“大鱼”却让金海腾给放走了，否决的理由是：“这家企业在改制过程中，存在着相当不确定的风险。”

这当然是件很可惜的事。这时候，如果从技术角度再去判断和论证其是否应该被否决，其实没有太大的意义了，其更大的意义却在于，对刚刚起步的杭州广发来说，行长的否决仿佛有一种弦外之音。

行长的弦外有着什么样的别音呢？

这笔商业大厦的贷款，虽然是客户经理通过正常的市场拓展渠道找到的，但是金海腾恰恰在考虑这样一个问题：由于企业家是自己的朋友，即使贷款本身并没有多大的问题，还是很可能会让人产生一种错觉——“跟金海腾有关系，贷款当然能顺利通过”。

这是一个很可怕的误解。在开办初期这样一个特殊的阶段，一点点的误解，都可能成为某种不良导向的苗头。

脱胎于旧体制的中国银行业，不可避免地带着原有体制的烙印。握有信贷资源的银行，在企业的眼中是一座“金山”，一些“关系贷款”就不可避免地出现了，而这些“关系贷款”很可能就是不良贷款的前兆。

我们今天回头来看这件事，金海腾的确有一些“秀”。

否决可以是无理由否决，也可以是有理由否决。但是金海腾的“秀”还是秀得有理由，他并没有以“因为是我的朋友”作为由头来否决，这样做他就丧失了判断的公正性。金海腾从“企业改制过程中可能存在的风险”出发，这是从信贷的科学性角度进行理性的判断，就具有了一箭双雕的效能：

一雕：信贷的严谨缜密，就在于不允许有不可排除的“可能风险”的存在。

一雕：关系贷款在杭州广发是行不通的，哪怕只是“疑似关系”。

但更重要的是，他用这个案例为全行定了一个规矩，这也为杭州广发的信贷文化奠定了基础。

中国人很看重人际关系，中国传统哲学的基础就是伦理哲学。影响所及，使中国的商业文化常常带着浓重的人情文化的色彩。所谓“在家靠父母，出门靠朋友”，商场成了“亚江湖”，拉关系、走关系、托关系、靠关系，已经变成了人之常情，也成为一种常规的商业手段。

金海腾出身于商业局长，他何尝不知道人情在商业中的实际作用，但是成为银行行长后，他就开始自警：如果将人情拉扯到信贷经营中，就意味着很多灰色利益和潜在风险。他深知银行业的脆弱性，从一开始就高度警惕风险。他必须告诉全行：在杭州广发，靠关系是行不通的。这不是一个理论问题，他在寻找机会，要用事实说话——让我“秀”给你们看。

所谓“秀”，是英文单词“show”的音译，意为“表演”、“表明”、“示范”。

领导的示范肯定比领导的讲话令人印象深刻。

有时候，光有一次表演和示范还不足以产生深刻的影响，没关系，还可以不断地示范。

于是杭州广发又发生了一次又一次“小题大做”事件，让所有员工将“靠关系行不通”准则深深地刻在了脑海中。

当时，杭州广发某支行的一名资深信贷客户经理，向贷审会递交了一笔贷款的申请。这笔申请本身没有什么问题，问题出在它同时附带了一个非金融因素：资深客户经理收了客户的礼，并查证实有其事。

中国是一个礼尚往来的国家，也许客户经理与这位客户之前有交情，也许这次送礼纯粹是为了表达旧谊，与这笔贷款完全没有内在的联系。这行不行？

“不行，”金海腾说，“作为客户经理，你已经拥有了银行的信贷资源，就不是一般的人，你必须瓜田李下地回避嫌疑，不能有‘莫须有’。这是你的职业所规定的起码的底线。”

结果，这笔贷款不仅没有被批准，客户经理还被降了职。

同样，行内的一名信贷审查人员，因为收了客户经理的一条烟，也被降了职。

金行长小题大做，许多人当时确实这样认为。

“对，我就是小题大做。”金海腾说，“我就是借题发挥，目的是让大家都知道，在很多人看来十分平常的人情面子，在杭州广发的信贷经营中没有生存空间。”

杭州广发的风险文化，就从这样的小事开始了。

“做银行，就是战战兢兢，如履薄冰。因为银行一出事，就都不是小事。”多少年后，当金海腾已经成为一名“老银行”时，他还是这样说。

金海腾在解释什么是银行时，说出了一句很本质的话：“赚的是利息，亏的是血本。”

道理很简单，银行放本收息，如果贷款收不回来，那么损失的本金将远远大于利息收入。

贷款能否安全收回，并不是银行单方面努力就能达成，还取决于借款人的还款意愿和还款能力。任何一笔贷款在收回之前，都存在着不能收回的可能性。什么是银行利息？银行利息是银行承担了风险后所给予的价格补偿。——这也是对“利息”的一种理解。

信贷的本质是借钱还钱，信贷经营的目的是收取利息，而利息是银行承担风险后的价格补偿，因此，信贷经营的本质，就是经营风险。

风险与信贷如影随形，存在于信贷经营的全过程。再先进的信贷管理体系和系统，也不会没有任何风险；再低风险的业务，也有可能产生损失。比如全额保证金业务，银行以承兑汇票方式出具，应当说风险较少，但是如果出票人造假，伪造假合同、假发票，就会使银行因为“贸易背景不真实”而遭受处罚。

“注意每一个细节，不能忽视任何风险。”这就是金海腾用以应对墨菲法则的简单朴素的观念。

突然轮岗

2007年7月的某个晚上，已经任职广发总行副行长并兼任杭州广发行长的金海腾，赶回杭州召集分行党委会。在第二天的早餐会上，杭州广发行长室突然宣布了一次大范围的轮岗调整：

吴郡，由分行营业部总经理调任文三支行行长；

斯卫新，由西湖支行行长调任宝善支行行长；

陈晓文，由宝善支行行长调任清泰支行行长；

岑焱，由湖墅支行行长调任分行营业部总经理；

……

这让人想到了“八大司令员对调”。人事调整的背后，必有管理者的用意。

其实这样的轮岗在杭州广发内部司空见惯。

管理部门与业务部门的轮岗，管理部门与管理部门的轮岗，业务部门与业务部门的轮岗，轮岗的频率已经让杭州广发内部的人们觉得不轮岗反而不正常。虽然在其他银行，支行行长三年一轮换，分行行长五年一轮换，轮岗也是常规的人事制度，但是在杭州广发，轮岗却寄寓了培养锻炼人才和控制风险的双重目的。

且不说培养人才，仅就控制风险，杭州广发的落实和操作就有它的独特之处。

早餐会上宣布支行行长轮岗之后，按规定被轮岗的支行行长就立即停止履行职责，原来的支行副行长即时代理其履行，被轮岗的干部唯一要做的事，就是在会后马上开始交接手续。这时候，分行的相关管理部门也即时进入相关监督程序，稽核部派出稽核人员进行离任审计，人力资源部进入交接手续的监督。

而在这之前，那些被轮岗的支行行长们，根本得不到任何信息。这有些像是“政变”，只是大家都已经习惯了。“在毫无征兆的情况下执行轮岗，这是我们已经被制度化了的程序。”金海腾解释说。

这可能是受到“马桶效应”的启示。

万通地产董事长冯仑有个著名的“马桶效应”理论——“坐着都好，站起来就臭”。当一个人在某个岗位上的时候，他的错误、失误和存在的某些问题，往往被掩盖着，当他离开这个岗位的时候，所有问题就马上暴露出来了。

这就是轮岗的真正意义所在。

有时候，真正的风险并不可怕，可怕的是“或有风险”，以及延后式的集中爆发，如果真是这样，再亡羊补牢也为时已晚。

会不会因此造成人人自危，产生信任危机？章伟良说过一句很有道理的话：“所有的游戏，如果规则已经确定并事先告知，游戏开始后，都会照此办理。因为游戏规则对所有的参与者都一视同仁。”

这个制度起因于支行财会经理的派驻。

从2003年起，杭州广发就实行了支行财会经理派驻制。也就是说，支行负责财会的经理，统一由分行派出。这种做法，在今天看来已经不足为奇，也被各行各业普遍采用，可在当时却是一大创新。这一创新的意义并非在于人事制度上的程序变革，而是理念的更新。在国有银行时代，所有的人事表达的都是“权力意志”，而这一次，杭州广发表达的却是“资本意志”。权力意志的特点是传统的“跟人站队”，你跟我，我就信任你，为什么信任？因为你是我的人。而资本意志的特点是“资本安全第一”，不是不相信人，你跟我也没有用，资本安全需要的是运营与监控的分离，安全就是要制约权力的滥用，而且要用制度来保证这种制约。

这就是商业银行之所以称为商业银行的道理。

但是杭州广发派驻制的特别之处，常常就在轮岗程序启动的那一瞬间。通常都是在没有任何预兆的某一天，分行财会部总经理带着一名后备财会经理直接来到某个支行，宣布对这个支行的财会经理进行轮岗，然后由后备财会经理直接代理履行财会经理职责，直到下一任财会经理到岗。这倒是像真正意义上的轮岗，因为轮岗一词来源于军队，轮岗时班长就带着一名战士走到岗位边，对哨兵说：“你下岗了，你们交接吧。”换上去的哨兵接替其岗位，之前的哨兵被班长带回营房。

通常，金海腾会亲自带着后备财会经理去某个支行进行轮岗交接。

不需要“同志们辛苦了”这样的客套，不需要“你还有什么困难需要组织上帮助吗”这样的虚情假意，也不用开个大会，对原先的财会经理进行一番肯定，对新来的财会经理作一番夸奖，前一个也很好，后一个也很好，那为什么要换人？现在告诉你，制度要求“换人”了，就这么简单。至于你到底好不好，不是领导说了算，而是稽核结果说了算。

杭州广发的资深财会经理陈莉敏对此深有感触：“这样的轮岗对于我们每一名财会经理来说，其实是一种无形的监督，督促我们每时每刻都要做好自己的工作。这已经不仅仅是风险控制的需要，更是对我们尽职工作的一种鞭策。”

财会经理可以这样，支行行长能不能这样，其他的领导岗位能不能这样？当然都能这样，那就制度延伸。

杭州广发对于所有岗位轮岗的时间、人选、去向，都并非死板地按部就班地进行。他们的理由就是，风险的防范，在于防患于未然，在于用一种形式不断地警醒关键岗位上的员工，假如这些员工对于轮岗这件事本身就有防范心理，轮岗之前有各种应对之策，那轮岗的效果肯定会大打折扣。

所以，轮岗的执行要有突然性。

宁可损失业务，不可制度让步

2000年9月，一件未遂的金融诈骗案让杭州广发惊出了一身冷汗，这在《金融道》第一部中有详细的描述，叫“张涛事件”。杭州广发是一家银行，凡是银行可能发生的，他们都可能发生。

当时杭州广发的信用卡部刚刚起步，人员紧张，多为新手。张涛是为数不多的几个专业出身的人才，作为业务骨干的他身兼数职。慢慢地，他的行为举止表现出异常，出入娱乐场所，购买高档电器，消费明显超出收入水平。一个不祥的词汇进入了杭州广发高层的脑际：贪污。

杭州广发的高层开展了绝密的调查。

真相在不久后浮出水面。据调查，张涛利用兼职的便利，盗用他人身份证办理信用卡，采用恶意透支挪用的手段，贪污金额竟达10万元之巨——请注意，2000年的10万元，对个人来说那是一个亚天文数字。张涛触犯了刑律，最后被判10年有期徒刑，这是他应得的下场。

然而“张涛事件”却向杭州广发敲响了内部防范的第一声警钟。

杭州广发认真清查了信用卡的所有资料，潜在的风险一一暴露，风险额竟达350万元。金海腾在第一时间向总行报告情况后，又立刻组织全分行上下，从行长到员工，共同出发追讨不良透支款，总算在一年后，350万元或有不良透支款绝大部分被追回。

“张涛案件”的漏洞出在哪里？出在兼岗、混岗，这是制度的漏洞。

惊魂初定的杭州广发，真切地认识到制度的重要性。他们认真梳理了制度，坚决杜绝兼岗、混岗，同时建立了每日监督检查机制。此后，他们的信用卡新增不良透支率一直远远低于广发总行下达的控制指标，也远远低于国内信用卡行业的平均不良率。

银行的每一个制度，都是以上百万、上千万乃至上亿元的教训为代价换来的。“老银行”都知道，做银行的“左手不能相信右手”，也就是说，“制度大于天”，即使是行长的命令，也必须不折不扣照章办事，谨防风险发生。

这就是职业化。

什么是职业化？它相对于人格化而言，在师承制、长官指挥制中，长者代表着一种永远正确的意志，他们是权力的人格化，他们的每一句话都是真理。这是企业的“人治时代”。而职业化则是企业的“法治时代”，它以制度为标准，以职业规范取代人的唯命是从。人格化管理是农业社会到工业社会前期即手工业作坊时期的产物，而职业化则是机器化大生产方式和商业资本主义的产物。职业要求可以规范，这是职业化的前提。职业化，就意味着职场中人不可能再有超越规范的自由意志，必须根据规范办事。

银行职业完全可以规范，为什么不规范呢？

银行也是一家企业，银行也要追求利润，追求可持续发展。加快发展与风险控制，这是戴着镣铐跳舞，永远是产生最激烈碰撞的地方，也是一线业务开拓部门与二线管理部门最为纠结的部分。

为此，杭州广发的行长室又确定了一条管理准则：“宁可损失业务，不可制度让步。”

但是，这一准则马上与杭州广发的另一个理念发生了冲突。

另一个理念认为，一线为客户服务，二线为一线服务。一线与二线的关系，杭州广发借用了美国前国务卿鲍威尔的一句话——鲍威尔说：“一线永远是对的，二线永远是错的，除非证明不是如此。”他们把它引为管理准则。这一准则认为，一线的支行和业务经营部门是最接近市场的地方，他们最了解市场信息，了解客户和业务趋向，也最了解竞争对手，他们能更快、更灵活、更适应市场环境去寻找经营对策；而二线，一般说来往往是凭借着过去的经验和已有的制度来指导一线。已有制度常常会滞后于事物的发展，这样就不可避免地出现制度阻碍事业发展的弊端。创新的火花通常来自于一线的信息，只有充分尊重认同一线的探索，才能更好地推进业务的开拓。

鼓励一线创新与鼓励二线坚持制度，真的是冲突的吗？

这在杭州广发内部引起了激烈的争论。

争论是好事。杭州广发许多创新的理念，常常通过争论让全行上下有了更深入的理解。这一次也一样。

一争论，发现问题并不那么简单。从目的论角度说，银行增加利润的常规手段基本上就是两条路，一条是拓宽业务增加收入来源，一条是控制风险减少损失，两条路殊途同归。矛盾只在于，当制度与创新发生冲突时，孰是孰非？因为理论上说，所有的创新本质上都是突破制度的规范。最后的共识是，所有事情都应该具体情况具体对待。

这就形成了实施的细节原则：

——对于常规业务，有制度，按制度办。

——对于创新业务，没制度，首先要请示。

——创新的请求肯定会与制度发生矛盾，管理部门不能简单地否定，而要深入到一线进行调研。如果制度是对的，就按制度办；如果一线是对的，就要通过规定的程序修订制度。

这其中，第三条最重要，那就是要求及时动态地修正制度。

如果做不到这一点，制度就只是僵化的制度。只有通过及时动态的修正，制度才能富有生命力，才会成为活的制度。而只有活的制度才可能既达到规范操作的要求，使创新具有法度，同时制度设计的详尽性，必然考虑到新制度下如何防范风险，使创新的运作更科学安全。

第十章
风险必须是可控的

银行是经营风险的特殊企业。

——题记

风险管理的三大原则

既然信贷经营的是风险，那么对于风险就不能回避。既然风险不能回避，那么就有必要把风险的因素纳入管理。

这话听起来有些拗口。

简单地说，信贷就是“冒着风险赚钱”。这也用不着害怕，就像开汽车，开车就是“冒着风险赶路”。汽车有三个基本操作部件起到管理风险的作用，同时也执行着赶路的任务，那就是油门、刹车、方向盘。汽车出交通事故，一定是这三个部件的控制出了问题，反过来说，控制住这三个部件，也就控制住了风险。控制住风险，那就是安全行车。

那么银行如何“安全行车”，这其中有没有规律?

这就是杭州广发悉心研究的课题。

照一般的理论，使风险最小，尽量使风险保持静态而不再发展，以及出现风险立刻排除，这是公认的风险管理的三大原则。然而，杭州广发却并不以为然。他们认为，正如我们不能要求汽车永远不动来保持“最小的静态风险”一样，银行就像是一辆高速行驶着的汽车，我们无法知道什么是它的最小风险，也无法保持静态的风险。银行始终在经营着，就像汽车始终在行驶着，既然驾驶汽车同时控制着风险，那么银行也应该用经营的方式去把握、控制风险，甚至经营风险。

这就是杭州广发风险管理的核心理论："用经营的方式去把控风险。"

在这个核心理念之下，杭州广发确立了经营风险的三个原则：风险可控原则、动态控制风险原则、主动化解风险原则，而其中最为核心的就是风险可控原则。

请注意，以下的内容基本直接抄录自杭州广发的一份风险控制的体会文章，比较理论化，为了通俗说事，作者加入了一些诸如开汽车这样的通俗比喻。不感兴趣的读者，只看三个小标题即可。

一是变"风险最小原则"为"风险可控原则"。

风险最小原则从理论上说一点没错，但什么是最小的风险？"只有不做事，才不会犯错误。"没有业务开展便没有风险，零风险才是最小的风险，按此逻辑，必然会阻碍和遏制信贷业务的发展。谁都知道，这种不发展的观念，其实就是最大的风险，这是消极的风险管理理念。杭州广发提出"风险可控原则"，在下面展开说明时你会发现，它就是"利用好油门、刹车、方向盘，既驾驶汽车，又防范事故"的做法，这才有可能推动和促进信贷业务经营发展，才是一种积极的风险管理理念。所谓"风险可控原则"，重点就是在信贷经营中，对风险点、风险链、风险度的有效控制。风险可控，就是对"最大损失程度"的可控性，要通过对风险的有效可控自动实现风险的最小结果，从被动的逃避风险转变为主动的运用风险控制。

二是变"静态风险控制"为"动态风险控制"。

所谓静态风险控制，就是对某个时点的风险控制；而动态风险控制，则是对某个时间段内的风险控制。静态风险控制是对"风险结果"的控制，动态风险控制是对"风险过程"的控制，也即通过对风险过程的控制，达到对风险结果的控制。也就相当于"只有在汽车行驶的全过程处处留心，时时注意安全操作，当你开到目的地后，才能说，这趟车开得很安全"。具体地说，银行的动态风险控制可以分为对内、对外两个方面：对内，是贷前、贷中、贷后三个环节组成的"风险全程"的全面控制；对外，是客户经营与管理活动的"风险全程"的全面控制。从另一个角度说，动态风险控制，就要求银行通过对物资流、资金流和信息流三方面的“全程流向”的有效控制，进而控制银行信贷风险。

三是变“被动应付风险”为“主动化解风险”。

所谓被动应付风险，是在接受心态上对现实风险的被动承受，一如俗话所说的“不能不防，防不胜防”；主动化解风险，则是对“潜在风险”的主动化解，也就像俗话所说的“观小察微，未雨绸缪”。主动化解，就要求尽早发现、尽早控制、尽早化解，要设计化解风险的各种渠道和方法，实施风险与收益对称的定价方法进行风险补偿，还要求及早足额提存损失风险准备金，提高信贷风险财务承受能力。还是拿开车说事，就是要“细心观察路况，及早作好处理事故的心理准备，有应付突发情况的方案，免得到时候手忙脚乱，而且口袋里还要放着一些钱，万一出事了可以支付赔偿金”。

好了，理论的阐述完毕，下面会有些事例和故事，来解说杭州广发在风险控制方面的高见。

攻玉的“它山之石”

我们先来讲两个故事。这是杭州广发在培训员工风险控制的教材中的两个典型案例，虽然并不是发生在杭州广发自己的身上，但是作为用以“攻玉”的“它山之石”，选择它必有其用心。

这两个故事，一个是关于担保风险可控，另一个是关于合规风险可控。之所以要专门提这两方面的风险控制，是因为对于银行而言，这是经常不断上演的“热剧”。

第一个故事是第三方开发用地抵押授信的案例，故事如下：

2007年11月，某银行与浙江丽水的两家企业签订了一份《综合授信额度合同》，授信的两家，一家叫某外贸公司，另一家叫某房地产开发公司。授信主体是某外贸公司，敞口额度4 800万元，授信品种为进口开证或打包放款。而某房地产开发公司以其名下的18.7亩开发用地作为抵押，土地评估值为8 925万元。如果一切都是真的，都如上面所说的这样简单，这里几乎没有什么风险。次年3月，某外贸公司分别申请开证195万美元和380万美元，30%保证金，敞口403万美元，相当于2 700万人民币。

就业务性质而言，这是再简单不过也典型不过的授信业务。

事情的蹊跷，恰恰是信用证到期了，借款人却没有能力支付，全部由银行垫付。于是银行向法院起诉，并申请财产保全。

法院依法去丽水查封担保人开发的房产，蹊跷的事情再一次发生，合同上抵押给银行的土地，上面开发的房产绝大部分已销售，并且都在房管部门登记上网。一句话，抵押物实际已基本淘空，建房的土地已经随房产销售实际由购房人分享了。

法院无可奈何，向银行解释了两条理由：

一是最高法院的司法解释规定，购房人已支付全部或大部分购房款的，具有优先于建设施工单位和抵押权人的实际效力。

二是经查银行办理抵押登记的日期是2007年11月2日，而此前，抵押人已申请并领取了预售证，也就是说，其属于经政府批准的已经生效的预算行为，同时否定了抵押的无效。

杭州广发引用这个案件，并不是单纯为提示要加强事前的审查，重点在于如何加强“对抵押物的管理”。他们强调说，对抵押物的监管不能依赖登记部门，抵押权优先也并不是绝对的，有时候，在抵押权之前可能会有多个优先权，都能导致抵押权落空。其中有一个细节被杭州广发加以强调，那就是，如此简单的抵押，为什么事先不调查一下房子的预售情况。事实是，这家银行的信贷员听信了抵押人当时的解释：“我们土地分两期开发，现在第一期已经领取了预售证。” 而事实上，他们只有一份预售证，并无一、二期之分。

第二个故事是关于“借新还旧”或称“以贷还贷”的。这是信贷合规检查中重点检查的一项内容，但在掩耳盗铃的情况下往往会成为风险隐患。

还是作为“它山之石”的某银行，对某公司发放了一笔贷款，金额3 000万元，期限一年，以公司的自有房产进行抵押。到期后，企业要求借新还旧，双方约定以旧贷款的抵押物继续为新贷款进行抵押。于是双方解除了旧贷款抵押合同，并注销了旧贷款抵押登记，签订了新的贷款及抵押合同，也对抵押物重新办理了抵押登记。

但是，在办理出款手续的时候，公司没有出具用款申请与借据。

这看似是手续的细节不够完善，而风险却因此产生：借款人没有依新借款合同提取贷款，新设立的借款合同没有实际履行，就不能偿还旧贷款。旧贷款没有消灭，而旧贷款项下的抵押权已解除，新设立的借款合同项下的抵押权却无法生效，从而造成两头悬空。

就这样，因为手续不够完备，银行在不知不觉中丧失了抵押权。

杭州广发借此强调了手续的合规。

像这种现实中难以避免的“借新还旧”，实质上并不是债期的延长而是债权的更改——旧债的消灭和新债关系的产生。这里的风险防范要点就是“运用时间先后，保证抓住一头”。有两种办法，一是抵押权利发生的先后，也就是说，在签订新借款合同和抵押合同后，只有将旧贷款抵押物对新贷款办理完第二顺位抵押登记后，才能向有关登记机关申请撤销旧贷款抵押登记。这样，旧贷款第一顺位抵押登记注销后，新贷款第二顺位的抵押登记自然就转换成了第一顺位抵押登记。这样说太专业有些难懂，简单说就是先让抵押物登记为新贷款的抵押，再办理解除对旧贷款的抵押，这样，抵押物对新贷款的抵押责任就跑不了了。第二种办法，是在解除旧贷款合同、注销旧贷款抵押登记之前，先让借款人提供提款申请表、借款借据等相应的提款文件，以避免在旧贷款抵押登记被解除后，新贷款无法实际履行，相应的抵押权也无法生效，导致两头悬空。再一种方法，则是签订最高额抵押合同，使最高额抵押担保的债务期限覆盖原授信合同项下的贷款。

杭州广发只是借“借新还旧”这种在实践中大量存在的风险现象，提示了“细节程序”也可能产生风险。

上面的两个故事，也说明杭州广发对于风险认识所达到的细致程度。事实上，他们关于“怎样防范信贷风险”的常识提示和业务培训中，有如下的概括，谨录于后：

所谓信贷的风险可控，包括了在信贷行业的风险可控、信贷客户的风险可控、信贷担保的风险可控、信贷合规的风险可控、信贷操作的风险可控、信贷道德的风险可控、信贷效益的风险可控，这是一个全方位风险可控。

——信贷行业风险可控包括：

行业政策风险可控；

行业竞争风险可控；

行业周期风险可控。

——信贷客户风险可控包括：

客户经营风险可控内容：

经营规模风险

经营阶段风险

经营多元风险

产品风险

购买风险

生产风险

销售风险

技术风险

客户管理风险可控内容：

组织形式风险

管理团队风险

员工管理风险

管理机制风险

关联企业风险

外部纠纷风险

客户财务风险可控内容：

资产财务质量风险可控

现金财务流量风险可控

偿债财务能力风险可控

——信贷担保风险可控包括：

担保主体资格风险可控。要注意担保主体资格的风险可控性，避免无效保证、无效抵押和无效质押。

无效保证包括：公益主体担保、国家机关担保、未经授权分支机构担保、支公司担保、企业职能部门担保、公司为个人担保。

无效抵押包括：假证抵押、公益设施抵押、非经共有人许可抵押、出租财产抵押、国防军事财产抵押。

无效质押包括：违反规定质押、未经转移保管质押。

担保能力强弱风险可控。要考察保证人、抵押物、质押物的担保能力强弱。

保证人的担保能力，重点要关注关联担保、弱弱担保、互相担保、超额担保、连环担保、同行担保。

抵押物的担保能力，要关注抵押物的价值评估、法定优先权对抵押物的影响，并应以抵押净值进行抵押。

质押物的担保能力，要根据质押物的市场价值变化和质押物的孳息合同约定来设定质押。

——信贷合规风险可控包括：

信贷法律合规风险可控

信贷法规合规风险可控

信贷政策合规风险可控

信贷准则合规风险可控

信贷制度合规风险可控

——信贷操作风险可控包括：

贷前调查操作风险可控

贷款审批操作风险可控

贷时审查操作风险可控

贷款发放操作风险可控

贷款检查操作风险可控

贷款分类操作风险可控

贷款回收操作风险可控

——信贷效益风险可控包括：

信贷存款效益风险可控

信贷利率效益风险可控

信贷综合效益风险可控

这是一个被文字化了的表格，具体罗列了在信贷管理的全过程中可能产生风险的关节点，以及主要的提示。我们能从中看到杭州广发对于风险的认真态度，他们试图以一种计算机程序设计式的逻辑图式，来提示员工对于“全程风险管理”的想象与理解。

而对于操作风险，杭州广发尤其重视。他们定义的操作风险，是指非道德因素的技术性操作风险。他们特别提出警示，假如操作不得当，低风险业务或者理论上的无风险业务，也会产生风险。

为此，我们也记录了杭州广发在风险防范培训时的一个案例，这是一笔委托贷款业务的案例。案例说：

浙江的某银行与浙江某投资公司、某控股公司分别在2003年11月13日和11月18日，三方签订了分别编号的两份《委托贷款合同》，分别约定由某投资公司委托银行贷款各2 000万元，合计4 000万元给某控股公司，贷款期限分别为2003年11月13日至2004年2月12日止、2003年11月19日开始至2006年11月18日止。同时，银行和某信托投资公司签订《保证合同》，约定由信托投资公司提供连带责任保证。合同签订后，投资公司通过银行依约向控股公司发放了贷款。

贷款发放不久，控股公司被多家债权人追索债务，所持有的部分公司股权也被法院冻结或查封。在这种情况下，银行与投资公司遂向法院起诉，要求判令解除委托贷款合同，偿还贷款。如果不能偿还，则同时追究信托投资公司所承担的连带责任。

这时候，一个非常可能被人忽略的问题成了关键要件，那就是企业的法定名称。

法院认为，在签订《委托贷款合同》和《保证合同》时，原“信托投资有限公司”已经更名为“信托投资有限责任公司”，这在名称上只有极为细微的二字之差。然而，在合同上，授贷人名称是“信托投资有限公司”，并使用了相应的公章。于是这就引出了两个关系是否有效的问题：

一是“有限责任公司”不承担“有限公司”的法律责任，因为它们不是同一个法律主体。也就是说，投资公司通过银行贷款给了一个实际并不存在的“有限公司”，而“有限责任公司”也并没有收到过那笔贷款。

二是投资公司和银行不能举证证明，以该信托投资公司的名义参与签订《委托贷款合同》及《保证合同》的个人，具有该信托投资公司的委托授权，因此信托投资公司不承担保证责任。

根据《贷款通则》的规定，还贷风险由委托人自己承担。这一案例，银行本来属于无风险信贷业务，但银行是专业从事信贷业务的机构，它具有核实委托贷款真实性的责任，在上述这两笔委托贷款的办理中，其致命问题就是银行未经核保。由于操作细节不当，银行也卷入了对相应风险的承担中。事后证实，信托投资公司的公章是伪造的，董事会决议签字也是假的。诉讼结果是担保落空，贷款全部损失。

我们很难复述杭州广发对员工的风险管理培训的全部课程和要点，只是借几个案例说明这种培训的深入性。读者朋友可能会感觉这样的案例仿佛太普通，仿佛司空见惯，这感觉就对了，杭州广发就是悉心搜寻了一批在日常信贷管理中经常会遇到也经常会疏忽的真事真案，以警示员工，真正达到“它山之石，可以攻玉”的目的。

杭州广发的高层非常明白一点：风险警示与风险管理，不是光靠概念的灌输与学理的分析所能达到的，它需要“吃大亏”的例证，甚至是血淋淋的事实。这就是他们借助“它山之石”的用意。

信贷管理，同时管理风险

只讲它山之石，此山之石如何，可不可攻玉？这才是大家想听到的。对，杭州广发在自己的风险理念的指导下，做出了自己的特色，也有自己的方法。

许多时候，方法都是来自实践。实践之前我们可以先进行设想，也可以明确方向和操作的大概，但是真正的可行性方法，总会在实践的过程中逐步完善。

2006年9月，杭州宏大铜材贸易公司（下称宏大公司）向杭州广发提出

3 500万元融资的申请，贷审会认为，根据这家公司的财务和经营情况，可以给予此笔融资额度的支持，但是这家公司没有其他不动产可以抵押，一时又找不到信用担保单位——这也是中小企业经常发生的问题——于是信贷部门就根据这家公司有较大存货的情况，设计了“存货浮动抵押担保第三方监管”的方式，开展银企融资合作。当时的方案是这样的：宏大公司提供价值5 000万元的铜材，以七折计价给银行作为贷款抵押，银行委托一家第三方仓储监管公司，实行24小时对抵押铜材的监管，贷款期限6个月。计算抵押价值的时候，铜材的市场价格是每吨6.1万元，以此价格确定抵押物的价值，并进入监管。

这一设计，理论上可称无懈可击。贷款就这样发放了。

两个月后，信贷部进行例行贷后检查时却发现了一个大问题。问题不出在贷款合同，也不出在监管程序，而是出在市场。当时市场上铜材的价格已跌至每吨4.4万元，这就意味着，原来价值5 000万元的铜材，现在却变成了3 606万元，如果再以七折计价，抵押价值只有2 524万元。3 500万元贷款，2 524万元抵押，这难道不是风险？

是的，风险来自原抵押物的抵押权利价值不够。

于是杭州广发立即要求宏大公司增加抵押铜材数量，或者归还部分贷款。

这一风险终于排除。

然而这是“点查”的结果，在进一步“面查”中，杭州广发发现动产质押或多或少都存在着质押物市场价格变动的风险，这是一种新的不能预期的风险。

根据这一风险案例事实，杭州广发专门作了研究，并专门针对抵质押动产价格动态风险，迅速出台了补充管理规定。这一补充规定的主要内容有3条：

1. 由信贷管理部负责，对所有动产抵质押物进行价格动态跟踪。

2. 分行信贷管理部按月向各支行及其客户经理，公布有关抵质押物的近期价格信息和价格趋向。

3. 根据公布的价格信息，与前次确定的抵质押物价格进行比较，若跌价幅度超过5%，则要求客户从如下3种方法中选取一种进行价值补偿：

（1）追加相应监管存货；

（2）追加相应的保证金或存款；

（3）提前偿还部分贷款，使抵质押价值符合合同约定。

这就是从一个点发现的风险隐患，用以修正完善面上的制度的例证，也让我们从中看到了杭州广发所说的经营信贷的同时经营风险。

然而这件事还没有完。在贷款到期前的一个月，杭州广发再次对宏大公司进行贷后检查，这一次又发现了一个意料之外的问题，在某监管公司仓库中抵押给杭州广发的铜材，其中价值2 000万元的铜材，又被重复抵押给了其他银行，抵押的方法十分简单，只是让监管公司向那家银行出具了一张库存实物的证明。监管公司在得到一定的好处后，欣然为之，然而对杭州广发而言，这里就存在着重复抵押的法律风险，也因此生成了新的监管风险——抵押物没有少，价值却被转移。

杭州广发首先要求宏大公司另行提供抵押担保物给其他银行，先解除杭州广发已抵押铜材的重复抵押风险，同时又督促监管公司加强抵押动产的规范监管。这场潜在的风险也算是化解了。

然而这件事又给杭州广发敲响了警钟。根据这次检查监管风险的情况，杭州广发对第三方监管公司提出了规范要求，要求将监管公司的“准入资格”和“可监管额度”纳入授信审查的审批范围。根据监管公司的成立时间、注册资金、监管实力、监管水平、实际监管情况等因素，确定监管公司准入与否和可监管额度，并决定必要时追加监管公司法定代表人和股东个人的连带责任担保，以确保监管到位。

宏大公司的一次贷款，就引出了两个风险点，也因此使杭州广发完成了两次制度的修订。但是仅仅从“宏大事件”中我们就能看到，金融的风险不是静态的，它可能发生在金融业务的全过程，由此“过程风险”的意识也成为杭州广发信贷业务新的重点。由此也让人看到，“贷后检查”的落实甚至比“贷前审查”更为重要，因为贷前审查检查的往往是静态风险，而贷后检查却主要是针对动态风险。风险管理的过程，也是信贷管理的过程。

但是，一笔具体的信贷业务，其可能发生的风险点是不同的，会因项目、借贷人、市场、经济形势等诸多因素而异。某一笔业务，可能分析预计有一个风险点，但在动态发展后或许变成两三个风险点；有的业务，一开始或许就能分析出可能出现数个风险点，从而始终作为风险监控的重点。总之，杭州广发在长期的风险管理中琢磨出三个要点，那就是，所谓风险管理，首先需要分析的是每一个项目的“风险点有多少”，再分析由这些风险点构成的“风险链有多长”，最后再从风险链的长度和控制难度，确定“风险度有多高”，由此确定该不该冒此风险，以及如何针对性地进行风险管理。

这烦不烦？

“不烦，”杭州广发公司业务专员戴恩成说，“正因为风险管理，才让我们悟到了一个大道理，找到了一条真正的银行拓展之路。”

这是一番很有意思的感悟。

戴恩成说：“读书的时候，老师告诉我们，银行是经营货币的特殊企业。我一直对老师的话坚信不疑。通过风险管理，我忽然领悟到，老师的这个定义有问题，银行可以是一种经营风险的特殊企业。”

戴恩成说，根据以前的定义，银行只能在注册资本和存款余额的范围内经营，也就是俗话所说的“有多少钱，办多少事”。但是他来到杭州广发，在经历了一系列风险事件之后，却发现，银行可以超越“有多少钱”的范围做更大的经营。“这就要看某家具体的银行有多少风险承担的能力，”戴恩成说，“银行完全可以不凭现钱，而凭信用去经营风险。”

他解释说，如果银行一旦明白可以从管理变成经营，从对“进出多少钱”的管理，变成经营信用、经营风险，有许多不涉及具体资金的概念就完全可以用来经营。比如承兑、信用证、保函等，都不涉及银行现有多少资金。这就能让银行的资本放大，把业务做大。

这段话，不是银行业的人很难理解，那好，就让戴恩成用他的一个案例来作具体的说明。

杭州有一家恒天钢材贸易公司（下称恒天公司），2004年4月向杭州广发营业部提出2 000万元融资申请，经过对市场经销和该公司经营管理情况进行调查分析，戴恩成发现了一个契机。

戴恩成就对恒天公司的老板说：“你不要贷款，我包你做成生意，还让你赚到一笔额外的小钱。”

“哪里有这样的好事？”恒天公司的老板仿佛听天方夜谭一般。

“你听着，我们给你设计了一个方案。”戴恩成说。

这个设计叫“付款履约保函＋备付贷款”业务合作方案，要点如下：恒天公司采购进货钢材时，由杭州广发向卖家出具一份“保函”，杭州广发保证恒天公司按供货合同的约定，在钢材到货后两个月内履约付款，若两个月内恒天公司不能按约付款，则由杭州广发承担付款责任。

也就是说，恒天公司不出钱，就能拿到货。凭借恒天公司的销售网络，两个月足以将这批货物销售完，用收进的货款支付给钢厂，同时获得利润。这样一来，恒天公司不但不需要为贷款支付利息，还能将一部分原先准备的货款存到银行里赚取利息，这一来一回，倒也是一笔不小的数目。

这现在只是一相情愿的事，人家钢厂干不干？

“干，”戴恩成说，“为什么不干？”

戴恩成发现的契机就是，当时的国内钢材市场比较低迷，学术化的概念叫“买方市场”，钢厂只要能出货、能收回款项，生意做得比较迁就，晚两个月汇款，只要有银行担保，也是一笔放心生意。

对于杭州广发来说，他们没有动用一分钱，却能赚到一笔手续费和保证金存款，虽然手续费低于贷款利息，但是那笔保证金存款却还可以贷给另外的客户，还可以贷给他人，这不就等于扩大了资本的效能了？

当然这里也有一个风险点，那就是万一恒天公司耍滑头，或者因为不可抗拒的原因不付或付不清货款，怎么办？

戴恩成当然胸有成竹。为了防止钢材到货后两个月内，恒天公司销售迟缓、货款回笼推迟而形成的付款资金来源风险，杭州广发在风险可控的前提下，为恒天公司提供了对应额度的“备付贷款”，采用进货钢材质押控制授信担保风险。也就是说，恒天公司利用这笔钢材进货作为动产抵押，与杭州广发订立了一个一旦有事情就生效启动的“预备贷款”。

一般情况下，恒天公司在钢材到货15~20天内就可销售完，销售回笼款20天内就可进入保函保证金账户，这笔不花一分钱的生意就这样做成了。那么杭州广发凭什么做成了这笔无本生意？在这笔生意中，杭州广发经营的

"资本"就是它的风险——它对钢厂的连带责任的承诺。

此种业务合作模式不仅为恒天公司解决了采购进货融资的困难，而且还为该公司因为采用保函品种进行融资节约了贷款利息的财务成本支出、增加了保函保证金存款利息收入。这个成功的案例，促使杭州广发又创建了一种新的进货采购模式。对杭州广发来说，在不动用信贷资金、不占用信贷规模的情况下开拓了客户与业务，实际上体现了银行是"经营风险的特殊企业"的经营理念与思路，突破了传统银行是"经营货币的特殊企业"的经营理念与思路。

风险不仅不可怕，还可主动利用其经营生财。这才是银行家的风范。

第十一章
企业现在怎么样了

看人比看企业重要，看企业比看业务类型重要，看动态比看静态重要，看实绩比看报表重要。

——题记

弄明白五个问题

贷前调查、贷中审查、贷后检查，这是银行信贷管理的基础工作，也即“老银行”经常挂在嘴边的“三查”。信贷“三查”能力，实际上就是银行的信贷管理能力和市场竞争能力。

银行一直纠结于客户的“真实性”，所有的风险，实际上都是对“真实性”进行判断的风险。

贷前调查和贷中审查，是把好入门关；而贷后检查，则是风险的动态评价。

杭州广发西湖支行行长斯卫新曾经说过：“调查和审查时了解的是企业当时的情况，而贷后检查的目的，就是要了解‘企业现在怎么样了’，要时刻关注企业的即时变化，在‘羊’未亡时就补‘牢’，这才是风险管理的要义。”

斯卫新有这番感受，堪称做银行已经做到了家。

“企业现在怎么样了？”——这句话也成为了杭州广发的一句流行语，在贷后管理当中，人们通过这句话时刻反问自己、警醒自己。

在许多时候，企业的“现在时态”常常被一种表象遮蔽着。有时甚至是“当局者迷”，企业家自己也许都不能说清。尤其当一家企业开始走下坡路时，企业家不一定会在第一时间有感觉，当他真正有感觉甚至着急的时候，往往颓势已成，覆水难收。

这就要求银行家的目光，能够从“落花流水”看到“春去也”，能够从“一叶”而知“秋来”。也就是透过现象看本质，找出在企业的“面上”看不到的东西，从而判断企业未来的资金情况和经营情况。

“企业现在怎么样了”，杭州广发的信贷客户经理们反复琢磨后，认为如果细化一下，重点就是围绕着“钱”弄明白五个问题。下面即将阐述的五个问题内容比较专业，细节比较乏味，如果你对金融的具体细节不感兴趣，只需读一下这五个问题，大体也就知道了杭州广发的那些客户经理们在琢磨些什么。

第一个问题：企业到底借了多少钱？

企业往往会在数家银行同时贷款，对有些企业来说，融资链常常是支撑现金流的一个重要方面，融资链断裂，往往是导致企业现金流恶化的一个非常重要的原因。因此，了解企业在各家银行的授信情况，包括额度、授信期限，授信项下每笔出款额度、期限，票据融资额度、期限等，比光关注企业的融资余额更为重要。对于这方面的关注，有敏感的想法非常重要。而方法则是纯技术的，比如核对企业在各家银行的日记账，查阅到期还款情况以及银行出款情况；也包括对企业连续几期的资产负债表进行对比，以此掌握企业在其他银行的融资情况和融资变化的真正原因。这样做，可以提早发现其他银行收贷导致的企业的现金流断裂和经营恶化，并采取保全措施。

第二个问题：企业借的钱用到了哪里？

正常情况下，企业融资主要用于日常经营周转及项目投资，但在企业现金流紧张的情况下，企业常常会挪用信贷资金。因此，重点分析和掌握企业信贷资金的流向，可用以判断企业现金流的状况。技术手段十分简单，比如核对各家银行的日记账，对本行发放的贷款进行跟踪，因为一般企业对发放的贷款往往是同户名划转至其他银行，这就可以跟踪该笔资金到其他银行后的去向，必要时可以查阅企业的原始传票，了解其是否以贷还贷，是否把信贷资金用于主业以外的投资等。掌握了企业信贷资金的流向，就可以大体掌握目前企业的现金流情况，判断企业资金是否正常流动，以采取针对性的措施。

第三个问题：企业用什么钱还银行贷款？

银行日记账可以清晰地反映企业还贷资金的来源。杭州广发通常会采用对到期前银行日记账中企业用于还贷的几笔资金进行反追踪的手法，并查阅企业的原始凭证，对付款单位身份进行核实，就可以掌握企业的还贷资金来源，比如是下家的货款、经营的节余，还是其他无关联或无正常贸易企业的往来款项。如果是无关联企业及无正常贸易企业的往来款项，那就可能是企业的拆借资金，这就至少能证明在当期，企业无法用正常的经营收入来偿还贷款。在这样的情况下，就必须密切关注企业的经营情况，分析企业是货款回笼方面出了问题还是企业经营中存在问题，并及时对企业经营情况进行预警。

第四个问题：是否存有高成本民间借贷融资的迹象？

高成本民间借贷融资往往是导致企业财务迅速恶化并最终破产倒闭的罪魁祸首。浙江地区的民间借贷融资十分发达，在企业经营不善，银行融资又满额时，企业为维持正常的经营现金流，不得不去寻求高成本的民间融资，以期渡过暂时的难关。当然企业不会把这方面的情况通报给银行，银行也就无法掌握企业到底有没有陷入民间借贷的旋涡，等到问题全部暴露，真相才水落石出。这时候，银行再调查就如死后验尸，无助于债权的落实。杭州广发认为，民间借贷融资也不是无迹可寻，只要在贷后检查中仔细分析企业的现金流及银行日记账就可以找到，企业向民间借贷，资金肯定会进入企业的账户，以充实企业的现金流，因此银行日记账肯定会有反映；同时，企业肯定要用经营收入去还民间借贷的利息和本金，也会在银行日记账中留下痕迹。民间融资一般都是整数，不会留有小数点，只要对受到重点关注的企业的银行账进行分析，抽查几笔乃至十几笔整数额的往来款，如100万、500万等，然后核查企业原始凭证，查证收付款的企业有没有正常的贸易关系，大致可以得到结论。如果没有正常的贸易关系，企业间却有经常性的往来款，这就不正常。向企业询问来钱的原因和去钱的目的，民间融资基本就能浮出水面。

第五个问题：企业到底赚不赚钱？

企业的经营财务状况是不断变化的。可能在审批授信时，客户经营的财务状况良好，但是客观的经济环境变化不定，原材料涨价、产品降价、需求减少、出口减速等，都会引起客户的经营财务状况发生较大的负向变化。所以，贷后检查要重点分析企业当前的成本利润，测算企业赚不赚钱。当然，测算企业成本利润比较复杂，因此在分析时应尽可能深入企业，掌握企业的第一手资料。有几个敏感的表象值得关注：一是观察企业的开工情况、产能负荷，翻阅企业的增值税进项和销项的发票，了解企业进货成本及销售价格；二是核查企业三项费用，掌握企业费用开支情况，测算企业的固定成本及边际成本，以测算企业的保本点；三是通过对比，了解行业基本利润率，了解同行业其他企业的成本利润情况，用以参照对比；四是分析现金流量表，包括经营活动现金流量表、融资活动现金流量表和投资活动现金流量表。企业财务欺诈时有发生，但数据造假主要集中在资产负债表和损益表上，现金流量表造假的难度较大，所以企业现金流量分析是个重点。其中重点分析企业主营业务收入收现比（主营业务收入收现比＝销售商品提供劳务收到的现金／主营业务收入）、主营业务成本付现比率（主营业务成本付现比率＝购货接受劳务支付现金／主营业务成本）、赢利质量分析（赢利现金比率＝经营现金流量／（净利润＋折旧＋各项摊销），基本上可以客观地了解企业的成本利润情况。

上述的五大段只是用一大堆专业名词堆砌的文字，是银行了解企业客户的基本方法，在许多企业管理的教科书上都能找到类似的内容，不是什么独特的发现，也没什么可以大惊小怪的。可是，就是这些太一般的经营管理知识，却常常被一般信贷人员遗忘。也难怪，这些非金融和非信贷的知识，对他们来说只是“它山之石”，可是杭州广发的客户经理们却用来作为“攻玉”的工具。知识就是力量。

其实方法很简单：“你想知道他的底细吗？用他的钥匙，打开他的门。”

“检查是建立在不信任的基础之上的，这并不是对人的怀疑，而是对事实的客观求证。”金海腾说。

“金丝”事件的启示

2007年接近年末的时候，浙江金华的一家叫“金丝”的私营企业正面临倒闭的境地。这是一家在全国丝袜业中排名前五的生产企业，也是当地纳税排名靠前的企业。根据以往了解的信息，这家企业经营活动的现金流充裕，银行负债适度，产品以外销为主，算是一家非常不错的外向型企业。所以当它突然陷入困境，外界都感到意外。

导致金丝陷入困境的原因很简单，就是法人代表豪赌，而且输掉的金额巨大。因为是私营企业，法人代表又是最大的股东，当他个人无力偿还赌债的时候，债主就追至企业。如果企业倾资为企业主偿还债务，势必严重影响企业的正常经营，进而影响企业在银行的正常融资合作关系和其他的商业合作关系。

消息传出，企业的银行信誉和商业信誉立马丧失，所有借款的银行都要求提前还贷，供货商也要求先付款后供原料。法人代表只能靠向亲戚朋友借贷勉强继续公司的运营，后来借贷无门，企业主只好忍痛低价变卖了个人和企业的一些优质资产，聊以维持生产。

金丝是杭州广发在金华地区的客户之一，发生这样的非常事件，也给杭州广发敲响了警钟。他们不得不对客户管理层的行为变化，给予特别的关注。

在客户管理层的行为变化中，杭州广发认为尤其值得关注的迹象，包括主要管理人员的行为异常、企业高层人事发生不利变动、不遵守授信的承诺、管理能力明显表现为不作为、主要成员家庭出现问题等，都可以视做预警信号。

这是一个在民营企业群体中值得关注甚至带有普遍意义的现象。民营企业由于其独立的经济方式，在社会生活中基本处于无组织或“弱组织”状态，既无上级机关的领导，也无行业组织的制约，在充分自由的状态下也表现出极度的孤独与寂寞。以往的经历使许多人在成为企业家前产生的已经渗入血液的对组织的心理依赖，处于无从寄托的状态。表面上风光无限的企业家，从另一个角度看，则是自由的心理失落者。他们的成就感无人肯定，困难又无处求诉，他们在经营中唯一实在的成功就是赚了钱，但是许多人的印象中，他们除了钱一无所有。他们渴望让自己对“赚了钱”有一种成就的体验，也让他人对他“赚了钱”产生不可企及的羡慕，唯一的办法就是花钱，在花钱中体验成就，在花钱中炫耀成功。在这样的畸形心态的支配下，企业家的怪异行为常常集中在两个方面：一是奢侈地设筵请客，尤其是请比他社会地位高贵的官员，以“富”抑“贵”，以“贵”托“富”；二是豪赌，从花钱如流水般中体验支配金钱的快感。从一些民营企业家参赌的个案中，可以发现其普遍的原动力并不是为了赢利，而是寻求刺激。

寻求刺激的另一面，往往是孤独和寂寞。

银行虽然对这样的情况无能为力，但是由于银企的合作关系，不能不对这种导致新的风险的因素给予特别的关注——这是民营企业的特殊问题，因为企业的资产与企业家个人的资产之间，常常缺乏有效的防火墙。

由此，银行不得不用社会学和社会心理学来指导和扩展自己的认识论，不得不关注企业管理层的“人格特征”和“人格变异”。这是在民营企业集中地区的银行值得研究的新课题。

管理层的决策风险，不仅与企业主的品行德行或不良嗜好有关，有时候，与其性格、修养和价值观也有很大关系。

2005年，国内的无纺布市场前景看好，杭州地区的许多纺织业都纷纷上马投资无纺布。杭州广发萧东支行的客户“隆跃纺织”也想跟上这波浪潮，经过前期的市场调查，准备投入1亿元搞无纺布项目。萧东支行曾经提醒这可能有“小马拉大套”之嫌，很可能会超出企业自身的承受能力。

乡镇企业式的激动常常使企业家失去理性的冷静，当萧东支行的提醒到达时，其实企业早就下定了决心，合同已经签了，定金已经交付，人员已经安排调整，一切都已经“生米煮成熟饭”，企业表现出孤注一掷的决心。事已至此，萧东支行再三提醒其小心行事，在发展中凡事三思而行。

接下去，隆跃纺织又犯了一个致命的错误。当其他企业都选择技术比较成熟的日本和德国的设备时，不知出于什么原因，它选择了进口美国的机器设备。不久，美国设备到厂，试车不成无法投入正常运行。于是只能让美国厂家派技术人员来中国调试，前后调试了多次，均不成功。最后企业决定将机器设备运回美国，更换核心部件后重新调试，此时距离设备到厂已经过去了大半年，无纺布市场的竞争也进入了白热化阶段，隆跃纺织因此错过了最佳的市场进入机会。

听说隆跃纺织的项目不成功，其他银行都纷纷将其授信列入关注类，有的干脆收回了贷款，企业的资金链近乎断裂，最后企业也因此被拖垮了。结果在政府的干预下，隆跃纺织最终被同行企业收购。

我们列举的这个案例，在一线的信贷经营中非常具有典型性。尤其是中小企业，有些是莫名其妙突然就成功了。虚荣心和自负常常是一部分中小企业家的通病，他们对于“面子”的顾及甚至甚于对利润的追逐。发达地区的城镇，由于相互启发模仿，很容易形成产业的类同化，或者美其名曰是“某产业基地”。同类产业扎堆，企业主相互暗暗较劲，咬紧牙关强争出头，非要比出个一二三四的排名，以为面上有光、光宗耀祖。而地方官员为政绩计，也往往推波助澜，导致企业家心理的阴暗面彰显扩张，在表面风光之下，追功逐利之际，常常阴沟翻船。这也是信贷风险防范中不可忽略的一面。

再一个值得关注和防范的，来自企业内部：客户业务战略频繁变化、核心赢利业务削弱偏离、与以往合作的伙伴不再合作、对竞争变化或其他外部条件变化缺少对策、财务计划和报告质量下降、不能按时向银行呈送财务报表甚至回避接触，也包括内部管理混乱、缺乏技术工人、劳资争议不断、对企业不利的消息增多等。这一切，也都是值得信贷风险控制者特别关注的。所谓“一叶知秋”，要善于从表征中看到可能发生的本质变化。

而在企业的外部，业务运营环境的变化也会有一些明显的预警信号：核心业务发生变动，主要产品线上的供货商或客户流失；原材料价格大幅上升，产品价格大幅下降、库存水平的异常变化；工厂维护或设备管理落后，缺乏操作控制、操作程序、质量控制等；或者主要产品所在行业出现重大的技术改革，这些可能导致企业的“中间陷落”，而产品、技术和服务具有很高的陈旧风险，或面临着市场越来越激烈的竞争，新的消费偏好和替代品的强势出现等。这一切，也从外部发出了警示信号，就怕看不到、看不懂。

“黑天鹅事件”

2007年9月，杭州广发承办的一项创新型理财产品——“薪加薪2号”

人民币理财产品投向市场。这个产品一进入市场，就赢得一致好评，很快就销售一空。

这个产品的创新背景，是一项叫做“债权与股权相结合的短期结构性融资项目”的信托计划。即这是以一种创新的信托计划为基础资产的形式设立的人民币理财产品。

杭州广发当时分析促成这一市场形势的原因时，认为大致有三个方面的因素：一是“债权与股权结合”的创新设计，二是受托的信托公司的推进能力，三是杭州广发的理财规划能力。

总之，卖得好，这是皆大欢喜的事情。

2008年9月8日，“薪加薪2号”第一期如期解付，当初购买这一产品的客户们都如期拿到了理财本金和收益。

在这一平静表象的背后，杭州广发却经历了一次惊心动魄的“风险事件”。

2008年上半年，随着“薪加薪2号”产品一期的解付日期临近，该产品投向的几个项目，大多数资金陆续提前回笼到位，但是其中的一个投向项目——中瑞置业有限公司（下称中瑞置业）的资金，却迟迟未能到位。

这可是一笔2.2亿元的大数！

2008年4月，受托的信托公司与杭州广发都发现中瑞置业的项目资金十分困难，但是有一点还是让人有些放心的，那就是根据原来订立的协议，中瑞置业的原控股母公司凡尔顿集团承诺，如果中瑞置业没有支付能力，他们可以将信托资产变现用来偿还客户的理财资金。简单地说，就是中瑞置业后台的控股老板同意在万不得已时自己再出些钱回购中瑞置业的股权，将回购的资金用于支付理财资金。

经济大环境的变化往往超出人们的预想。中瑞置业是一家房地产公司，这时候正好遭遇了国家的宏观调控，从严控制的信贷政策使中瑞置业难以获得新的融资，而项目的进度又没有具备预售的条件，中瑞置业一下子拿不出钱了；而它的幕后老板、这个大不了回购股权的凡尔顿集团，因为投资链过长又遭遇了百年一遇的金融海啸，不得不借助民间贷款来维持生产经营，高额的贷款成本造成企业经营的恶性循环，资金链几近断裂。虽然凡尔顿集团在江西和浙江的东阳、义乌等地拥有14家工厂，在杭州拥有景福大厦、广通大厦等多处房地产开发项目，但一时都周转不开。

中瑞置业没钱了，其后台老板也拿不出钱来。这事情不是泡汤了吗？

此时，距离理财产品兑付日期已经不到两个月时间。

幸亏当初策划项目时，信托公司与杭州广发还留了一手，这个信托计划控股的中瑞置业名下还有一块土地，他们可以通过转让公司股权的方式来实现变现。

信托公司与杭州广发立即进入转让项目的程序。经过评估，中瑞置业名下的这个地块，其市场价值已经大幅增值，这使得股权转让相对比较容易。经过初步计算，转让的价格足以弥补理财本金和理财收益，这与杭州广发原先设计产品时对市场的判断基本符合。

经过艰苦的努力，到8月27日，终于与某集团签订了一个协议，以“项目整体转让”的方式，变现处置这一信托资产。

双方约定在9月5日进行交割。至此，大家总算松了一口气。

谁知风云突变，9月5日办理交割过程时，中瑞置业项目突然遭到民间借贷债权人提请的法律保全，这块土地也被依法查封。

股权转让无法进行。

此时，距离9月8日的“薪加薪2号”解付的日期，只剩下不到72个小时。

所谓“理财产品”，本质上相当于信托投资，信托公司受理财客户的委托进行专项投资，并不纳入银行的资产负债表。因此，即使理财收益为0，甚至理财本金遭受损失，都属于正常情况，关于这一点，当初“薪加薪2号”与理财客户的协议中，都已经明白地告知了客户，也被客户所接受。

但是投资人都有侥幸心理：这么大的银行，我不管理财不理财，我把真金白银交给你，说什么你也总得归还本金并支付标准的利息吧。不行，哪怕官司打到中央，也跟你说理去。银行要形象，政府要安定，你们就怕闹出大事来，我们不怕。

当时正是北京奥运会期间，如果闹起来，后果将非常严重。

更为重要的是，杭州广发的诚信形象将大打折扣。

杭州广发在第一时间向广发总行汇报了情况。

广发总行立即成立了以当时已任总行副行长的金海腾为首的应急领导小组，信托公司总经理和杭州广发相关负责人、杭州广发首席法律顾问林宪等人，都在当天飞赴广州紧急磋商对策。

应急小组连续工作了15个小时，设计了各种方案，又否定了种种方案。

一个令人煎熬的不眠之夜。

最后，一个应急的初步方案基本成型：信托公司不收回投入项目的2 000万元自有资金，广发总行垫付剩余的2亿多元资金缺口，确保所有理财客户的本金和收益都能按时到账。垫付的2亿多元资金，作为杭州广发的表外不良资产，冲减当年的利润。

这是一个既顾全大局又无可奈何的方案。

这个方案迅速地经历了层层论证审批程序，在广发总行高管们的全力支持下，最终应急方案得以通过。

9月8日，所有理财客户的理财本金和收益如数按时到账。

今天，我们回头来看这一事件，从财务角度讲，银行在面对危机时可以采取更加冷酷有效的做法，但作为一个“企业公民”，它应该承担更多的责任。虽然，这2亿多的垫付资金对任何一家银行来说都不是个小数目，但比起那些可能是花了数年甚至数十年积攒起理财资金的客户来讲，一家银行的承担能力总比一个家庭要强得多。

杭州广发因此背上了一个原本可以不背的不良资产的沉重包袱，却赢得了客户的心，虽然他们至今都并不一定知情。

也自此，杭州广发走上了一条艰难的清收之路。

企业现在怎么样了？只能说有各种各样的企业，但有一点是肯定的，银企合作的风险格局将越来越复杂。

杭州广发在处理“中瑞事件”以后，领悟到的不仅仅是处理方法，也不仅仅是所谓的社会责任，他们领悟到一个新的概念——如何面对“无法预测”的事件。这就是所谓的“黑天鹅事件”。

在发现澳大利亚的黑天鹅之前，17世纪前的欧洲人都认为所有的天鹅都是白色的，他们从来没有设想过世界上还会有黑天鹅。人类总是过度相信经验，因此一切的先期预想，都出于人们的既有经验，“中瑞事件”对于杭州广发来说，就是一起“黑天鹅事件”，一起在原先的分析中不可能出现的事件。但是，随着第一只黑天鹅的出现，这个不可动摇的信念崩溃了，一只黑天鹅的出现就足以颠覆一切。同样，中瑞置业的出现，为杭州广发对客户的一般分析理论敲响了警钟。

尼古拉斯 · 塔勒布在《黑天鹅》一书中提出了关于“黑天鹅事件”的定义。塔勒布认为，具有以下三个特点的事件就是“黑天鹅事件”：首先它具有意外性，发生在通常的预期之外，在此之前，没有任何能够确定它发生的可能性的证据；其二是它会产生极端后果，有重大影响；最后，虽然它具有意外性，但人类的本性促使人们在事后会为它的发生编造理由，并且或多或少地认为它是可解释和可预测的。塔勒布说：“历史和社会不会爬行，它们会跳跃。它们从一个断层跃上另一个断层，之间只有很少的摇摆。而我们喜欢相信我们能够预测小的逐步演变。”

也就是说，所谓的意外事件，确实出乎人们的“意料”之外。人们为什么不能“意料”一切？法兰西斯 · 培根曾经发出警告：当心被我们自己思想的丝线束缚。因为人们一方面以为过去发生过的事情才有可能会再次发生，而另一方面，又经常编出简单的理由来解释我们尚不知晓的复杂事情。

“中瑞事件”在没有发生前为什么不能被预测？杭州广发认为，在当时向中瑞置业投入时，实际上是他们自己说服了自己，曾经以一种简单的理由解释了这起潜伏着的复杂事件——所有在以后发生的事情，当时他们都认为绝不可能发生。

“黑天鹅”的逻辑就是：你不知道的事，比你知道的事更真实。

同时它又告诉人们，再高明精准的技术分析或风险管理模型，都不能减少投资者在超级灾害中损手烂脚的可能。“黑天鹅事件”总是以市场趋势的突变为特征，原有的市场趋势会毫无征兆地突然终结，而引起的原因常常被认为可以忽略不计，就像巴林银行因为一个交易员的违规操作而被逼破产。

杭州广发的结论就是，市场经济越发达，企业出现的情况越多变，而对于信贷经营，一定要紧贴着企业的一举一动，越贴近越好。真正的预警，可能就在预警事件发生前的15分钟，这时候就看谁正在现场，只有他才能真实地感觉到预警事件即将发生。

按不住的企业脉搏

语言的丰富，有时候能很巧妙地“文过饰非”。比如把因为工作失误导致经济损失称为“付学费”。一说付学费，众人便释然，就像学游泳，喝几口水也是应该的。然而很少有人会去纠结一个问题：“付了学费，到底学到了什么？”

“中瑞事件”虽然过去了，但是杭州广发却认真地讨论了一个问题：“我们为什么付学费？”

于是又把“中瑞事件”重新翻了出来，摆到手术台上解剖。

一个明显不过的事实是，企业陷入了“民间借贷的纠葛”。

导致中瑞置业这只“黑天鹅”出笼的最根本原因是凡尔顿集团的经营出了问题。因为中瑞置业的实际控制人就是凡尔顿集团的法定代表人骆金星，骆金星是其中的关键点。

凡尔顿集团成立于2004年4月，注册资金1亿元，骆金星占70%，其配偶郑奎玲占18.4%，剩余的股份由13位自然人股东共同出资。这是一家涉及汽配、农机、电动车、造纸、房地产、建筑、园林、酒店宾馆、内外贸易等产业领域的综合性公司，距事发的2008年4月，企业一共才成立了4年。在公司成立的两年后，2006年6月，经股份转让后，骆金星占75%、郑奎玲占22.4%，注册成凡尔顿股份有限公司。

骆金星最初的发家地在浙江金华，做汽车配件起家。这是一个敢说敢为的人，有丰富的想象力，他从一个小厂起家，通过并购整合，资产规模迅速扩大。曾经有学者惊叹于他非凡的发展，评价说：“创意来自想象力。有了丰富的想象和创意，就有了财富的基因。在想象力的大比拼中，一位叫骆金星的商人，想象出把浙江的小商品城义乌复制到世界。”

这句话说的就是当初凡尔顿投资的“中欧科工贸城”，被学者总结出“1+3+3”投资模式，也就是所谓“一个国际公司、三处不动产和三个居住权”。说白了，这也不能算什么模式，只能说明骆金星在瑞典建立了“中欧科工贸城”的商铺；他有中国的住所、瑞典的住所和瑞典的商铺，构成了他的三处不动产；另外就是三口之家在瑞典都有居住权。

骆金星通过并购迅速做大，但事情常常并非越大越好。正是舆论的吹捧和他本人非凡的“想象力”，让骆金星的扩张欲望极度膨胀，管理能力和资金实力却日益捉襟见肘。尤其当瑞典的项目陷入了停滞，他的这张扩张的网络，其实只是一张吹弹可破的蜘蛛网。

然而真相常常被人为地隐瞒。整个凡尔顿的扩张，几乎就是骆金星一个人在其中闪转腾挪，外人很难明白其中的奥妙。其下属企业的一名职业经理人说过：“公司的资金都掌控在骆金星一个人手里，他不在，企业就没法出账。”

2007年，当杭州广发在选择凡尔顿旗下的中瑞置业作为“薪加薪2号”的投资标的时，曾对骆金星本人的认同存有疑虑，但是根据2007年年末凡尔顿的审计报告，公司总资产156 510万元，总负债65 487万元，资产负债率仅为41.8%，而根据其2008年3月末出具的报表，公司资产负债率还下降为36.9%，堪称质地良好的企业。同时，那块被控制在中瑞置业名下的杭州城北的地块，由于当时的市场价值较高，板块趋势看涨。于是“薪加薪2号”理财计划以折价的方式购入“中瑞置业”的88%股权，在当时看来，理论上存在很大的安全边际，并可以对公司有实际的经营控制权。

问题就往往出在，分析是理论上的，理论是以企业所提供的资料作为事实真相，如果这个真相是假设的，那么所有缜密的理论推导，都只是一座建立在沙滩上的大厦。正是如此，根据凡尔顿提供的资料，不管从财务上还是法律上的可行性进行判断，这笔投资都无疑是可行的。但是，百密一疏的杭州广发，却忽略了一个问题：只有4年的企业历程，骆金星何以积聚这么多的资产？

这是一个已经超越了金融调查范围的问题。

要知道，“黑天鹅”的飞临，就在你不可预知的地方。

骆金星隐瞒了一个天大的秘密，那就是他利用了中瑞置业这块招牌，向民间借贷者融资，去补充瑞典项目的不足。这就使杭州广发的“项目整体转让”计划在最后一刻落了空。

骆金星完全在游戏规则之外，与一帮步步遵循规则的书呆子们玩游戏。

而书呆子的可爱之处，就在于他们并不知道理论有时候往往是苍白的，它只能让理论持有者充满自信。这个世界实在太丰富多彩而诡谲离奇了。

“黑天鹅”就专从认知的盲区起飞。

跳出中瑞置业，这一“黑天鹅事件”还能让杭州广发学到什么？这是金海腾当时急于知道的。

反思“中瑞事件”，其中有颇多值得细细体味的地方。

随着“金融脱媒”现象的日益发展，银行的生存空间明显受到挤压。为了拓展业务空间，很多银行在试水“投资银行”或者“类投行”业务。中瑞项目虽说有信托公司受托管理，杭州广发只是在其中帮助进行着辅助管理，但就其质而论，这也是一次尝试性的“类投行”业务。这种股权投资的管理，与银行常规信贷管理中对债权的管理相比，从形式到内容都有非常大的差异。债权，可以行使优先受偿权；而股权，则要承担更多的责任甚至债务。

于是从垫付资金的那一刻起，信托公司与杭州广发就被捆绑到了中瑞置业的战车上，无形中承担了那些民间借贷的偿债权。这就是债权与股权的本质区别。

从理论上说，民间借贷融资在企业资金紧张时，一定程度上能起到帮助企业渡过难关的作用。但事实上，民间借贷的纠葛——包括经济的和非经济的——可能很难有人能够分清。

“中瑞事件”给杭州广发一个老生常谈的启示：不管股权投资还是债权投资，对风险的控制，说到底，最重要的还是对人的控制。

无法控制的人所控制的企业，你就无法按住它的脉搏，也就无法诊脉。

世界上的事情往往风云诡谲，黑天鹅飞临的结果并不一定无解。关于这一事件的意外结果，我们将在下一节叙述。

如果我们仅就当前的这一结果进行总结，那就是：“将民间借贷的债权债务的解决，还诸民间”，或许也是一条解决问题的途径。

杭州广发借此充分分析了风险存在的表现，并结合工作实际进行论证，总结了一套比较典型的“风险表现”特征，他们称之为《客户信贷风险表象信号预警》。请注意，如果你不经营银行，以下的内容粗看下就可以；如果你经营银行，不妨读一下尽管艰涩乏味但不无道理的四个组合的文字：

——与借款人品质有关的预警信号：

• 频繁更换会计人员或主要管理人员，主要负责人失踪或无法联系。

• 改变主要授信银行，向许多银行借款或不断在这些银行间借新还旧。

• 不愿意提供过去的所得税纳税单、与信用审核有关的文件等。

• 在没有正当理由的情况下，撤回或延迟提供与财务、业务、税收或抵押担保有关的信息和要求提供的其他文件。

• 内部会计政策或其审计机构使用的会计政策不够审慎，有些债务未在资产负债表上反映或列示，资产或抵押品高估，产权制度发生变化。

• 违法经营，受到工商、税务、环保等部门处罚，或未按期办理年检手续，作为被告卷入重大法律纠纷或有破产经历。

• 借款人的竞争者、供货商或其他客户对授信客户产生负面评价。

——银行账户反映的客户变化预警信号：

• 缺乏财务计划，总是突然向银行提出借款需求。

• 拒付票据，甚至经常接到供货商查询核实头寸情况的电话。

• 客户在银行的头寸不断减少，存款变化出现异常，甚至突然出现大额资金向新交易商转移。

• 对授信的需求增长异常，对授信的长期占用、短期授信和长期授信错配，甚至出现多头借贷或骗取贷款的行为。

——财务状况变化的预警信号：

• 拖延还本付息，不断申请延期支付或申请实施新的授信或不断透支。

• 授信需求增加，短期债务超常增加，特别是申请无抵押授信产品或申请特殊还款方式，交易和文件过于复杂。

• 申请授信以支付其他银行的债务，不愿交割抵押品，授信抵押品情况恶化，银行无法控制抵押品和质押权，或违反有关的合同规定。

• 现金流不足以支付利息，自有资金不到位或不充足，定期存款账户余额减少，支票收益人要求核实客户支票账户的余额，其他银行提高对同一客户的利率。

• 财务指标恶化，营业收入、存货、应收账款、流动比率等指标在半年内所发生的不利变化超过8%，财务杠杆过高，经常用短期债务支付长期债务。

——其他预警信号：

- 无核心业务并过分追求多样化。
- 业务增长过快、市场份额下降或业务领域收缩。

但是须知，理论总结总是滞后的，上述的这些表征，只是一种常规的认识。有道是“道高一尺，魔高一丈”，许多事情还是要“一把钥匙开一把锁”，视情况而定。

重新解读“六个警示”

2008年，杭州广发保持了11年的“1%以下的不良率”被彻底打破。由于受2008年金融危机的影响，以及2009年后金融危机时代的持续作用，杭州广发不良资产的风险，在短短的两年时间里集中地暴露出来。

有人想到了2002年10月在杭州马可波罗假日酒店召开的一次全行信贷从业人员的会议。这次会议专门对信贷风险管理进行了研讨，根据当年三季度的报表数据和当时的业务情况，杭州广发当年的利润增幅可能达到60%以上。在这样的时候，金海腾却显得格外的冷静。

在这次会议上，金海腾提炼了关于风险的六个警示：

第一个警示，骗你的可能是你最好的朋友。

第二个警示，别人成功时你不一定会成功，别人失败时你不一定会失败，凡事都要具体情况具体分析。

第三个警示，不熟的不做，控制不住的不做，这也是判断企业法人代表的很重要的方法。

第四个警示，在上升时期与顶峰时期的企业之间，我们选择前者。

第五个警示，信誉再好的企业，都有可能在明天倒闭。

第六个警示，商场上永远有机遇，也永远有陷阱。

金海腾当时说：“不管你们对此是否完全认同，作为信贷从业人员，你们必须有正确的风险控制理念，有正确的筛选的标准。当你们在做任何一个信贷项目的时候，请认真地对照这六条警示。要临事而惧，仔仔细细地推敲这个项目中可能存在的任何风险点。”

一说就是四年。

2006年下半年，广发总行重组成功，金海腾调任广发总行任副行长，工作重心也随之转移至总行。

又是两年过去，一系列的风险事件不能不使人重新解读这六条警示中所蕴涵的智慧。

好的理念仅仅只是理念。许多时候，好理念总是被供起来，最后只剩下一句原则性的口号，这是理念本身的悲哀，也是执行的悲哀。当好理念“挂”在那里“风干”为口号时，执行也就成了盲动。

有一个老掉牙的管理寓言，再回想起来，它仍不无道理。

寓言说，有一块绿茵如毡的草坪，边上插了一块“请勿践踏”的木牌子，人们熟视无睹，践踏事件不断发生，“请勿践踏”在这里只是个抽象的理念。于是有人在草地的周围围了一圈篱笆，就限制了人们的践踏。很久以后，篱笆被拆了，那草坪却再没有人进去践踏了。限制是被动的，但被动却能促成习惯的养成，于是习惯成了能动，变成了文化。

当“六个警示”只是警示还没有成为思维习惯的时候，金海腾走了，警示也就不存在了。

杭州广发再次组织了对“六个警示”的理解，进而演化为四句话，并各借了一个当地发生的经济事件作为它的注脚，让人印象深刻。

第一句话：看人比看企业更重要。

企业家的思路决定了企业的方向，选企业就是选企业家，看人比看贷款项目重要。作为注脚的当地案例是杭州的众诚汽车贸易公司。众诚公司主要销售中高档进口汽车，有销售和服务网点20多个，分布于浙江省各地。公司以汽车按揭服务、汽车经销专业担保、车友俱乐部等形式，把握着各时期浙江汽车销售脉搏，年销售收入长期稳定在4亿元以上。2004年年初又取得了起亚汽车的浙江总代理权。法人代表吴某占股90%，大学毕业，有工程师职称，从1986年开始从事汽车产品的设计、开发和销售，称得上专家型老板。踌躇满志的吴老板自觉功成名就，就把主营业务交给他人管理，自己把主要精力放在了搞时髦的网站上。2004年，他成立了电子商务有限公司，注册资金1 000万元；11月，成立网站“汽车热线 · 中国”；2005年又创立了网站“娱乐基地 · 中国”。2008年6月，因民间借贷纠纷吴老板突然“失踪”，展厅及仓库中已设定抵押或质押的汽车都被秘密转移。闻风而至的各路债权人，包括银行、民间借贷放款人、已购车未取得车辆手续的消费者纷纷上门，有的诉讼、保全，有的采取其他各种方法，公司一天内倒闭，员工一哄而散。究其原因，则是非主营业务的“烧钱”行为，使原本业务基础良好的主营业务瞬间釜底抽薪，资金流彻底断裂。事后，杭州广发作了深刻的反思，众诚公司之所以倒闭，说到底还是企业的决策人导致的。众诚汽车事件，让更多的客户经理理解了什么叫看人。

第二句话：看企业比看业务类型重要。

有些信贷客户经理往往会因为低风险业务而忽略了对企业本身素质的考察，以为业务风险低就可放开手脚，随意开发。作为风险注脚的案例，是当地的“凯丽事件”。凯丽纺织制品（杭州）有限公司，于2001年11月16日以流动资金不足为由向杭州广发申请首笔打包贷款100万元，期限3个月，由杭州凯德货运服务公司、杭州嘉丽贸易公司提供担保，黄曙和季莉承担个人连带担保责任。黄曙是凯丽公司和两家担保企业的实际投资者。凯丽出口业务扩大后，又向银行申请新增打包贷款500万元，继续由上述两家公司提供担保，黄曙、季莉和陈靓承担个人连带担保责任。这样，杭州广发先后向凯丽公司累计发放了30笔打包贷款。当前18笔归还后，另外的12笔贷款合计424万元逾期，这时，实际投资者黄曙、陈靓下落不明。银行通过法院诉讼，并采取了保全措施。法院先进行民事调解，借款人未能按调解书还款，银行申请强制执行，从其出口退税专户中扣回100多万元，其余借款因没有可供执行的财产形成了呆账。作为第二还款来源的抵押物进口机器设备，客户经理当时仅凭国外打印的发票办理的抵押登记，未实地核对。案发后上门核查，发现根本就没有这些机器设备。银行一般认为打包贷款无风险，信用证款到时可以从国外货款回笼中收回贷款。岂不知如果出口商无力供货或出现其他违约，信用证就是一张废纸。

第三句话：看动态比静态更重要。

企业经营中的风险可以分为静态风险与动态风险。静态风险，是指由于自然力量的非常变动或人类行为的错误导致损失的风险，比如自然灾害和意外人为责任发生的风险。动态风险是指以社会经济结构变动为直接原因的风险，比如经济变动、技术改进、市场变化、法令变更、经营者思路的变化等带来的风险。各种风险管理体系，都是将静态风险管理作为风险管理的重心，而实际上，动态风险的管理，特别是企业家经营思路和业务经营内容的变化，更应引起重视。静态风险造成的损失是硬伤，但不一定致命；动态风险造成的损害是慢性毒药，最后有可能导致企业毙命。注脚的案例是“佳莱事件”。佳莱公司是著名的小商品基地——浙江义乌市最早的染整加工企业，曾是义乌市印染行业的龙头企业，2006年度义乌工业企业50强之一。企业总资产约3亿元，所有者权益1.96亿元，年主营业务收入3亿多元。企业实际经营者杨某，从1984年开始从事针织服装生产和销售，是义乌快速发展时期第一代商人。2006年，杨某开始快速投资跨行业领域，成立了3家独立公司，以民间借贷投资房地产，又以3 000万元从工商银行买进一家破产企业，却因工人反对一直未能接管；并出资7 000万元购买了安徽的沙河王酒业。到2008年，佳莱及关联公司陷入了困境，主营业务处于停产和半停产状态；房地产开发项目一直没有启动；因为未按收购协议投资沙河王，安徽界首市政府要其退出沙河王酒业；民间融资放贷者开始逼债、起诉；银行贷款逾期，各银行起诉。杨某这位曾经的成功企业家和行业领军人物，由于急于求成，想独辟蹊径，在政策、机遇等见顶的时候，短期内大量逆势投资，资金无法跟上，拖垮了主业。

人们总是不断地在改变某些认知的方式，纯粹的概念说得清，却很难变为行为的自觉。用本地发生的经典案例来加深对于风险的认识和印象，这一点颇得MBA教育的神韵。

第四句话：看实绩比看报表更重要。

关于这一点，看字面意思就能理解，我们也就不再啰唆。

第十二章
夺回自己的奶酪

银行之所以可以经营风险，是因为在风险的背后，还有一道法律权利的保障。

——题记

寻找转机

银行既然经营着风险，风险就不可能不发生。那么当风险发生的时候，该如何化解，这是一门艺术。

有一条被反复告知的常识是："运用法律的手段，捍卫自己的权益。"

听上去，这确实是一条金科玉律。运用法律的结果，是你的权益受到了法律的保护，而日后还可能有一系列的法律强制措施——比如强制执行、财产保全等——可以保障你的权利主张。然而在现实的操作中，当经济纠纷上法庭的时候，结果往往就是，理论上和道义上赢了，但是对方却全无力量偿还，虽然名义上赢了，实际上反而被"法定"地赖账了。

更何况，银企之间的官司常常并不是"纠纷"，事实明确，程序合法，约定毫不含糊，企业就是拿不出钱，打官司打死也拿不出钱来。这就是常常令人感叹的"一打就赢，一赢就坏账"现象。

曾经沧海的戴恩成有句话："打官司，这是最后一着棋。企业出现风险时已经是匹死马，关键是还能不能救活？还有一丝希望，以救为主；实在没救了，只能打官司，而且要打得稳、快、狠。"

我们先看一个能救则救的例子。

2008年4月，曾入选“中国十大世界影响力品牌”的飞跃集团，因为某债权银行抽走一笔3 000万元的贷款，导致资金链断裂。在部分银行逼债和民间债权人起诉的双重压力下，飞跃集团的法定代表人邱继宝被迫向政府提出救助。这是一家曾经被光环笼罩的著名企业，何况邱继宝还是十一届全国人大代表。

消息传来，杭州广发立刻陷入了紧急状态。杭州广发在飞跃集团、飞跃股份、飞跃进出口等“飞跃系”企业中的贷款余额超过了2亿元。虽然此前也曾“山雨欲来风满楼”，有种种迹象表明飞跃的经营状况在恶化，但不曾想这场暴风雨来得如此之快，如此猛烈。

这是一个巨大的风险事件。

分行行长室紧急成立应急小组，召集有关人员商量对策。副行长任清尧亲任组长，随即带领小组成员赶赴飞跃集团。

他们去的目的很明确：看看这个集团是不是还有救。

道理也很简单：鸡活着，还有生蛋的日子；鸡死了，众家一分，也许只能分来一把鸡毛。

飞跃集团已经深深地陷入了困境，几乎没有资金维持正常的生产。2007年人民币升值超过8%，国家出口退税政策调整后，除绣花机仍保持13%的退税不变外，其余品种的缝纫机和特种机，均由13%降至9%。与此同时，原材料上涨幅度超过10%，这使产品的综合成本大幅提升，产品赢利空间严重压缩，导致利润明显滑坡。

飞跃集团此前一直以出口为导向，为了不在一棵树上吊死，从2006年起，开始投入大量的精力和财力组建国内的销售网络，以应对政策和市场的变化。光这笔投入，先后加在一起超过1.5亿元。虽然建立了110个国内直销网点后，2007年开始初步见效，但财务上的负担却大大增加。在这样紧迫的形势下，2007年飞跃集团仍耗资超过1亿元，投入建设“飞跃二区”的研发大楼和增添涂装生产线，还进行了临海华侨大酒店、山东房产股权等投资，甚至越境到巴西、柬埔寨等地建造飞跃大楼，总计又用去1.3亿元。

一方面是建立市场网点，调整经营策略；一方面是多元发展，希望东头不亮西头亮；再一方面是转移阵线，希望利用国外基地，回避贸易壁垒。企业家可谓用心良苦，但他没有想到的是，大量的现金流以资产的方式固化后，资金的效能急剧下降，而企业存在的“刚度”，就是现金流的充沛度。

清点一下飞跃集团的家底，除了十多亿元的银行贷款，还有数亿元的民间借贷融资，其中纷繁复杂的债权债务关系，难以马上厘清。任清尧很明白，如果这时候破产清算，必定是僧多粥少；倘若在此混乱的局面中简单地进入起诉程序，用争取拍卖抵押物、向担保人追索债权等常规的方法，估计一时也难以取得进展。

任清尧再一次提醒自己：“冷静，看看这个集团是不是还有救。”

任清尧看着面容憔悴的邱继宝，回想起与飞跃集团的多年合作，也曾看着他们迎来辉煌，也在危机中帮他们渡过难关。现在大厦将倾，无论是理性上，还是感性上，都应该另想他法。

“仔细地查一查，看看还有没有可以起死回生的资源？”任清尧向应急小组发出指令。其实他心里也十分清楚，如果这时候启动法律程序，自己不会有个人责任，他已经按程序做了该做的，但是“十赔九不足”的结果也可以预料，吃亏的只是杭州广发。

这显然不是杭州广发的处事风格，也不是任清尧的为人风格。

应急小组在连续调查后，还是寻找到了一些有利的财务因素：

首先，飞跃集团的产品是能赢利的，企业也是能够做到赢利的。2007年度，飞跃集团生产的平缝机、家用机、包缝机、绷缝机、绣花机等五大系列产品，毛利率低的有9.1%，高的有29%，这在制造业中算是很好的指标了。而2007年，其产品包括经国内其他贸易公司采购后出口的，约有60%销往国外。结论是，这是一家具有较强赢利能力的企业。而从费用看，2007年度，飞跃集团合计摊销营业费用、管理费用、财务费用、生产费用等应摊销费用也在合理的范围内。值得注意的是，在这些费用中，企业共列支民间融资借贷利息有数千万元，这些高息的借贷资金，真正成了飞跃集团的“鸩酒”，如果剔除社会借贷高利息因素，企业可实现赢利数千万元。因此，飞跃集团也是能够做到实际赢利的。

其次，飞跃集团当时的资产大于负债，不存在资不抵债的危险。飞跃集团资产按当年4月份的资产重置价值，对包括民间融资等在内的总负债，资产负债轧差后，净资产为正。

一家有较强赢利能力、实际上也在赢利的企业，一家净资产为正的企业，难道真的到了生死抉择的时候？

在这家企业生死存亡的危机状况下，应急小组还是认为，飞跃集团所具备的技术创新、品牌影响力、产品技术含量、国内外市场网络等方面，表现出企业仍具有核心竞争能力。这一次只是财务危机，而不是全面危机。

言下之意是，如果能有外力的扶持，帮助企业安全地渡过财务危机，其一定能够在市场环境中获得生存和发展的机会，飞跃集团仍然可以是一家重新起步发展的企业。

应急小组的议题，开始集中到“有没有财务重组的可能”上。

任清尧的一句话让整个应急小组眼前一亮。他说：“飞跃不只是一个飞跃。”

是的，“飞跃”是一个企业系。

飞跃集团所处的浙江省台州市是典型的“小狗经济”，产业集中度很高，一家大企业的后面往往有数十家、数百家分工明确、合作紧密的中小企业为其做配套。飞跃集团作为当地支柱产业和缝纫机生产行业的龙头企业，一旦倒闭，必然引起连锁反应，飞跃集团的上百家零件供应企业和配套企业的生存、数万名人员的就业，都会陷入危机。这是一个数万人都不愿看到的产业危机。

而另一个有利条件则是，熟悉浙江经济金融环境的人都一定明白，该区域内企业生产经营关联度大，企业之间相互借贷、担保较为普遍，而与飞跃集团形成“互保圈”的都是台州当地的知名大型企业，如果一家企业倒下，企业风险、产业风险就容易演变成区域经济的系统风险。所以，当地政府甚至更高一层的政府肯定不会坐视飞跃集团倒闭不管，争取政府的支持是当时最有效的途径。

于是，应急小组在核查结束后形成了一个让飞跃集团再生的想法：以飞跃集团的实际生存状况和当前的困难，以及其在地域经济中的枢纽作用，企业有可能借力政府之手，渡过财务危机。

于是，应急小组建议飞跃集团向当地政府报告，与此同时，杭州广发也将情况向浙江省人民政府作了专门汇报，汇报的情况和提出的建议，得到了浙江省和台州市、椒江区等各级政府部门的高度重视。台州市人民政府也立即将飞跃集团的情况报告给了浙江省政府。

这显然为危难之中的飞跃集团指出了一条明路，虽然这条路目前还只是隐隐约约地显现，但很可能是一个好的开端。

一场拯救行动开始了。

2008年5月初，椒江区和台州市在第一时间为飞跃集团注入数千万元财政借款，帮助企业维持正常生产。

紧接着，浙江省政府果断出手，以专题会议的形式，组织了飞跃集团与债权银行的协调会，各家银行达成了“不压贷、不抽资、不起诉”的协议。

2008年7月，浙江省高级人民法院专门为飞跃集团推出了一项“集中管辖”制度：凡涉及以飞跃集团为被告的民事诉讼案件和执行案件，统一由台州市中级人民法院受理、审理和执行，而台州中院则据此精神，统一受理了飞跃集团债务诉讼18件。在随后的几个月里，椒江区法院和台州市中级人民法院与飞跃集团涉案债权人进行了细致耐心的谈判，促使原被告达成分期归还借款的债务处置办法，于是法院依法解除了冻结查封的措施，从而使飞跃集团纷繁复杂的债权债务关系得到相对顺利的处理。

经过半年多多方的艰苦努力，2009年1月13日，飞跃集团终于实现了其核心业务缝纫机业务的重组，由当地的7家企业共同发起成立“浙江新飞跃股份有限公司”，飞跃集团转为第二大股东，持股30.38%，“新飞跃”董事长仍由邱继宝兼任，总经理则由董事会聘请业内资深人士出任，以推进股权多元化、经营专业化。

当一切事宜处置妥当的时候，任清尧再次回访邱继宝，两人感慨万分。邱继宝对杭州广发在危难之中为自己指明思路和再次施以援手感激不已。

对于杭州广发来说，这算是打了一场真正的漂亮仗。不但2亿的贷款没有流失，更重要的是，杭州广发以银行的思路，解救了一场一触即发的地域性产业经济危机。

应急处理小组的一位成员在谈起“飞跃事件”时则有另外一番感慨：“2006年，正是我们与飞跃集团合作的蜜月期，当时我与金海腾行长一起到台州考察飞跃集团和另一家企业，金行长曾断言飞跃将会走下坡路，而另一家企业一定能超越飞跃。话说完不到两年，就神奇地应验了。”

金海腾当时判断的依据是：“飞跃集团的管理水平发展滞后，尚处在相对粗放的经营阶段，股权过于集中，管理属于相对低层次的家长式管理模式，不能用企业文化激发员工的积极性和主动性，导致企业缺乏内生的创造力。而当这种依靠资金投入的粗放式经营达到极限时，走下坡路是必然的。”

果然不幸言中。

当然这已经是飞跃集团不可能一下子领悟的深层次的认识，而最后在危难中伸出援手的，也是对飞跃集团有着深层次认识的杭州广发。

杭州广发的原始想法其实出自一个很普通的常识：在当前国内的经济环境下，由政府主导的企业重组与破产清算，往往是一种很好的选择，既有利于陷入困境的企业再生，也有利于银行债权的行使，被重组企业往往会获得一定的政策性支持，比如通过财政贷款、土地改性等，不但可以有效地缓解困难，而且经政府协调，债权人往往也能达成一致的行动，通过时间换空间，让企业重获新生。

为什么这样简单的常识，却常常在关键时刻被人们遗忘？任清尧说：“当局者迷。我们常说，每逢大事有静气，可是一旦大事来临，许多人就乱了方寸，满脑子是自身的利益，失去了应有的全局思维。我们还是一句老话：这个企业还有救吗？要寻找转机，打官司纯属无奈之举。”

绝不放弃转败为胜的机会

世界上的事情风云变幻，谁都很难预料最后的结果。中国的兵法说：置之死地而后生。但是，问题的关键就在于，如何从“死地”去争取“后生”，这可能是一门绝活。如果有这等手段，在处理银行风险的时候，它可能是一件威力强大的武器。

这话有些玄了。金海腾说：“这样的时候，打的往往是心理战。”

我们不要忘记杭州广发在确定他们对风险处理的定义时，曾经有过这么一段表述：预警≠不良；不良≠损失；损失≠不可弥补；不可弥补≠有责任。这一表述的背后，实际上包含了“任何时候都可能反败为赢”的哲理。怎么反败？就是要看到事物发展内部所蕴涵的“机”。

这是中国禅学的最高境界：机锋相对，引机转机。

我们还是要回到上面说到过的“薪加薪2号”中的“中瑞事件”。当初中瑞置业已经没有钱回购股权，它的投资人和后台老板也没有钱来收拾这盘残局，如果就事论事，这件事必然以失败告终。但是，从杭州广发处理风险的过程来说，它还只到了第一步——“不良”，后续空间起码包含了“不良≠损失”、“损失≠不可弥补”这两步可能“反局”的机会。人们常常说，商场如战场，商业如博弈，岂可轻易言败。

好，我们就来看看，杭州广发如何在沧海横流之际，尽显英雄本色。

2008年9月，杭州广发面对“薪加薪2号”中发生的“中瑞事件”，按照组织原则，他们必须在第一时间向总行汇报。副行长任清尧、章育民带着应急的工作班子飞往广州的时候，总行副行长金海腾已经在广州等候。其实这时候，金海腾的心中已经有了几条解决问题的原则，但是他没有说。他只问了应急工作小组一句话：“到最后我们会不会赔？”任清尧是一位危机处理专家，他也只说了一句话：“应该不会，但要看我们怎么做。”

到了广州，应急工作小组却遇到了事先没有预料到的情况。首先听到的是一片责怪之声，这时候美国花旗银行已经参股广发了，管理权已由外方接管，责怪声中夹杂着各种语言，现在看来，出了事推卸责任是人本能的反应。一句话，广发的高层突然失去了冷静。

我们来重新回忆下这件事情。当初“薪加薪2号”的方案首先是由杭州广发上报总行个人银行部、个人银行部又上报给花旗委派的广发总行主管个人业务的副行长，再上报给行长并得到批准的。也就是说，报批的程序没有问题。恰恰有一个小环节被总行的高管们发现了，那就是按照程序规定行长在审批之前要先经过首席风险官的把关，但是总行却没有做到。如果真正要追究程序上的责任，这倒是一个可以追究的地方。也许是这个原因，于是高层似乎统一了口径，认为杭州广发“欺骗”了总行，全部的责任应该由杭州广发承担。

金海腾虽然是杭州广发创新委员会主任，也是总行创新委员会主任，但在“薪加薪2号”这个项目审批上，他没有插过手，而且当时还曾经对这个项目提过风险警示。

这时候在一旁的金海腾开口了：“我认为，现在我们首先要研究的是处理方案。如果你们要追究责任，那么这个责任就由我来承担，因为我还兼着杭州广发的行长。”后来金海腾在广发总行每周一的行长办公室会也再次明确了这番话，并记录在了办公会议纪要上。实质上金海腾表达了两层意思：第一，首先要有方法解决问题；第二，这件事本身是银行的组织行为，根据杭州广发的理念，应当由组织来承担责任，作为行长，他应该挑起这个责任，尽管在履行审批程序的任何一个环节中他都没有签过字。

金海腾主动承担责任的态度似乎让“所有人”都松了口气。

有人问：“老金，你有什么高招？”

“说不上高招，”金海腾说，“但是我们得确定几条原则。首先我们对于购买理财产品的客户，应该承担起道义责任，兑现当初我们宣传中提出的愿景，这也是杭州广发立足浙江的一个本钱，俗点说，就是我们还得在这块土地上混。”

“那你的意思……”

“我的意思很明白，付给老百姓的钱由杭州广发垫付。”金海腾言之凿凿，“社会稳定不仅仅是国家的事情，我们都守土有责，这也是浙江银监局反复提醒我们的。”

“垫付，那不就意味着亏损吗？”

“垫付不一定是亏损。如果我们操作得好，不一定会亏损，甚至可能反败为胜。”金海腾说。

“这，有些异想天开了吧？”

“有些事情如果没有异想天开的勇气，就不会有异想天开的结果。”金海腾微微一笑，“这一块，任清尧是行家，清尧你说说。”

任清尧很冷静地讲述了他的思考。他的要点是，中瑞置业资产的处置权在杭州广发手中，杭州广发完全有可能主导中瑞置业的股权结构重组。这里面无非是几方利益均衡的问题，所涉及的不但有银行和中瑞置业，还有信托公司、建筑单位和民间借贷人。任清尧认为，其中最复杂的是民间借贷人的情况，如果我们能够找到一家熟悉浙江民间信贷的企业来接盘，里边的许多潜在问题可能会找到较好的解决方法。当然，任清尧也非常自信地承诺了这件事情由杭州广发来负责操作并承担所有的后果。

任清尧说完这段话以后，下意识地看了看金海腾。金海腾沉默了片刻，淡淡地说了一句话："这里面恐怕有一段时间消化的过程。"

在任清尧他们返回杭州的时候，金海腾跟他说："清尧，危机也是机会，你们好好想一想，也许可以打出一场漂亮的翻身仗。"

杭州广发首先做的事情是，他们用2亿资金垫付了理财客户的理财本金和收益，也收到了预期的结果。这件事在杭州城里居然引起了强烈的反响，因为在这段时间里许多银行的理财产品都没有达到预期的效果，甚至出现零收益和亏损，杭州广发的"薪加薪2号"居然不可思议地创造了一个奇迹，这连当地的银监局都感到意外。一个意想不到的结果是，杭州广发在浙江的声誉一下子达到了前所未有的高峰，一个明显的例子是，当年年终统计，这一年的储蓄存款余额居然增长了50%。

储户的这一举动，甚至相当于把"身家性命"都绑在了杭州广发的战车上，这是何等的信任！

任清尧深深理解了他离开广州时金海腾对他说的那句话，这里面可以打出一场漂亮的翻身仗。

在杭州广发的主导下，中瑞置业的重组被提到了议事日程。中间，各方的利益都赤裸裸地摆上了桌面，漫长的谈判、斡旋、哭穷、求情、拉关系、讨价还价，所有事情都在时间的流逝中慢慢被消化着，所有人的意图和愿望渐渐显露无疑，所有人的脾气也都慢慢趋向冷静，所有人的棱角也慢慢被磨光了。任清尧他们越来越体味到了金海腾当初的"时间消化"策略。

这时候，任清尧他们要做一件事，就是当初所说的寻找到一家熟悉浙江民间借贷操作且有意向和实力接盘中瑞置业的企业。

浙江民间借贷有几个地方非常典型，其中有个地方是义乌。那么，义乌有没有合适的对象？任清尧再一次征求了金海腾的意见。

金海腾的脑子里突然跳出了一个名字："周晓光。"

1978年，刚刚高中毕业的乡村女青年周晓光，怀着"让家人过上温饱生活"的想法辗转大江南北，经历了将近7年的行商生活，积累了对市场的一手资料并培育了日后成功的最大资本——市场敏锐度。1985年，周晓光夫妇在义乌第一代小商品市场里买下了一个摊位。10年练摊，掘回了第一桶金，夫妻俩在1995年7月毅然拿出700万元投资办了一家饰品厂——新光饰品，义乌大地上从此有了一个闻名全国的饰品生产基地。

新光饰品的发展之路，和大多数成功的企业一样，都是从敏锐的市场嗅觉起步，经历了传统的"贸工技"成长之路，并毅然走上品牌建设和资本运作的大道。正像周晓光自己说的，"民营企业就像一条独木舟，从喜马拉雅山一路航行到长江口，接下来就要入海了"。而当年由新光饰品等义乌财团主导的富越控股成功收购上海国企美丽华，就已经显现了新光融入"资本大海"的魄力和决心。通过收购美丽华90%的股权，抢滩上海滩老字号，新光饰品等财团占领了南京路、金陵路等黄金地段，从而成功融入上海滩这个国际市场，完成义乌小商品、上海大市场的发展布局，这无疑具有里程碑的"入海"意义。而其出色的梳理能力所带来的"零上访"的改制成果，已然成为黄浦区政府津津乐道的经典案例。

2004年，杭州广发第一次造访新光饰品，当时的新光饰品资金非常充裕，没有新的营销理念新银行很难介入，新光饰品提出的"基准利率"和"无任何合作"的要求，是一个根本不可能完成的任务。国际业务部副总经理王祖康基于客户的出口量和对汇率市场的把握，以一种他们从没接触过的授信品种——TT押汇为契机，第一次把出口贸易融资的理念带入了新光饰品，顺利打开与新光饰品的首次合作。2006年，章育民将杭州广发的企业财务顾问业务带进新光饰品，并将银企的合作带向纵深领域。当年11月，金海腾亲赴新光饰品与周晓光会晤，从新光饰品的企业文化、发展战略谈到杭州广发的广发理念、品牌战略等，竟有"相见恨晚"的感觉。就这样，新光饰品成了杭州广发的长期战略合作伙伴，愉快地签订了三年期的常年财务顾问合作，在新光饰品国际化战略、多元化经营中，杭州广发扮演起越来越重要的角色。

也就是说，新光饰品越来越成为杭州广发的“粉丝”。

因此，任清尧和章育民有一点非常自信，新光饰品相信杭州广发，并且在长期合作中他们能隐约体会到周晓光对杭州广发的感激之情。现在也许是他们跟她的一次特殊的合作开始了。

既然杭州广发以组织的名义来处理“中瑞事件”，杭州广发分行行长室态度很明朗——“就让我们集体负责”。副行长任清尧冷静地说：“这件事情还由我继续做下去。”

果然，一切如预先的判断，周晓光这位全国人大代表和义乌商界的“大姐大”欣然答应接盘改组中瑞置业。她是义乌土生土长的商人，经历过这个地区风云变幻的历史，也熟谙民间借贷中说不清道不明的规则，她对驾驭这种规则非常自信。

接下来的问题实际上非常简单了，根据法律程序，受托的信托公司以完全承债的方式，将中瑞置业的资产与债务包括全部“或有债务”，一并转让给新光饰品。周晓光从转让款里，利索地支付了中瑞置业应付杭州广发的垫付资金和相应的利息。

这也就是说，杭州广发为“中瑞事件”垫付的款项已经漂亮地转变为“一笔如期收回的贷款”。在全部的运作过程中，杭州广发不但帮助新光饰品在人间天堂杭州找到又一个发展平台，同时自己也得到了丰厚的回报。

这就是漂亮的反败为胜。

而在当初“薪加薪2号”推出的过程中，杭州广发考虑全行个人理财业务的发展，主动分给广发银行的部分分行代销这个产品。“中瑞事件”发生后，能够由杭州广发独家垫资，这已经是上上大吉的事情了。谁都没有想到，在“中瑞事件”过去两年之后，他们都意外地收到了一笔杭州广发本该付给他们的手续费。这就是杭州广发对整个广发银行的内部信用，所有单位的反应都只能用四个字来形容：喜出望外。

当危机发生的时候，金海腾认为第一个要作出的反应就是“自己不要慌”，因为危机也是一次机会，只是一次有着巨大风险的机会，看透了危机的肯綮，就有转危为安的可能。

我们怎样来评价杭州广发在“中瑞事件”中的漂亮表现，恐怕还得重温他们的一个风险理念，那就是："预警≠不良，不良≠损失，损失≠不可弥补，不可弥补≠有责任。"

该出手时就出手

金融风险的表现常常五花八门，并不是家家都如飞跃集团，有可挽救的基础。在中小企业众多的浙江，有些企业因为规模小，资金流一断，基本就一命呜呼。这时候，利用法律手段就常常成为一门艺术。

杭州广发主管不良资产清收的副行长任清尧，曾经在全行风险管理工作点评会上作过一次发言，他把处理突发事件的体会用三个字概括：快、巧、慑。在这次以"夺回属于我们自己的奶酪"为题的报告中，他讲了几个小故事，结果这"三字经"连同故事一起，在杭州广发广为流传，成为处理风险的宝典。

第一个故事，说的是"快"。

"在发现风险资产的时候，一定要第一时间掌握情况，第一时间报告，第一时间下工夫处理这件事情，一定要快。"这是任清尧的原话。所谓第一时间，相当于在事件性质明确的当时就"近乎本能"地作出反应。

2003年春节刚过，分行接到营业部总经理戴恩成的报告："富阳某授信客户由于经营不善，投资失误，资金链可能出现断裂，贷款难以收回。"一交流情况，基本可以判定那个授信客户已经是一匹"死马"。

任说："立马找担保人。"

下午，担保单位老板找上门来，这也是杭州广发的授信客户，于是杭州广发明确告诉他："你担保的贷款后天到期，你能够还进来，我们可以商量后续合作，否则就难谈了。"结果其没有践约。

于是银行二话没说讼诉到法院。俗话说"法院不是为一家银行开的"，法院立案常常会因为案子多人手少导致案子积压。于是杭州广发想尽办法，使法院在次日即受理了案件，在第一时间派员去全面查封借款单位和担保单位的账户与资产，履行了"资产保全"的手续。因为第一个查封的一般在日后处理中有相对的受偿优先权。这时，杭州广发通过账户了解到借款单位投资1 000多万元在注册一家公司，于是立刻到工商局查封。股权查封以后，银行的风险基本上得到了控制。两天后，担保单位再次找上门来，主动要求化解这笔风险。6天后，520万元贷款全部收回，所有的利息、诉讼费均由担保单位偿还。整个过程，总共才用了10天。

为此，杭州广发补充规定说，所有风险一旦露头，都要求第一时间发现，第一时间报告，第一时间处理。

第二个故事，讲的是“巧”。

2004年年初，余杭支行以动产质押方式给某公司授信8 000万元，上半年，监管质押动产的华银仓储公司传来了“动产破下限”的预警报告。余杭支行立刻压缩授信敞口，一直压到2 950万的时候再也压不下去了，这时候，可抵押的动产充其量只值2 000万元。这简直成为银行压贷与企业强行出货的竞赛。

死猪不怕开水烫，看上去那家企业已经准备彻底躺下，让银行来替自己揩屁股。

分行和支行的信贷部门会同风险管理部紧急议事，结论是一条：看看它还有没有其他的资产。中国的企业有时不能只看报表看表面，许多人都会留一手。

于是杭州支行立即派员暗查，真的查出了一条重要线索：这家企业与另外两家股东共同投资买了一块土地，拍卖价是6 950万元，含税是7 200多万元。这是一条极其重要的信息，但尚不能将那块土地拿来做抵押，因为还关系着另外两家的权利。

这事情得使巧劲。于是，杭州广发提议了一个方案，继续向这家企业再授信4 000万元，扩大敞口，但前提是以那块拍卖所得的土地做抵押，土地股东的关系企业自己理顺。对方接受了这个方案，于是授信敞口从2 950万元放到了4 500万元，但其中4 000万元贷款用7 200多万元的土地抵押，而余下的500万额度，则以存货质押。这样，原来动产抵押的风险就被转移了。

但是事情并不尽如人意。不久，一个坏消息传到杭州广发，那家企业已经停产，厂里工人、司机闹事，聚众抢货，价值900多万元的抵押物资难保。

“马上报警。”

“报警了，110警察到过现场，说这是民事纠纷，不属于他们管。”

情况危急，杭州广发当机立断：移库自销。

华银公司在第一时间全员赶到现场，与杭州广发一起强行拿到397吨货物。拿到的货物怎么转化为钱？分行立即通知市场资源丰富的萧东支行，要求协助销售。因为萧东支行正依托着一个巨大的绍兴“中国轻纺城”，其中做生意的多是萧东支行的客户。萧东支行行长臧民真亲自操刀，直接与有关客户联系，很快消化了这397吨物资。当物资全部卖出并置换成500万元动产质押贷款收回后的第五天，这些物资的市场价每吨下降了1 270元，产生了50万元的差价，不禁让人后怕。

余下的4 000万元怎么办？这事情又得使巧劲。任清尧和吴晓庭两位副行长一商量，认为必须转换授信主体。余杭支行立刻去做客户的工作，终于把对方说通。最后，4 000万元贷款本息一分不少地在当年的12月底全部收了回来。所有风险全部化解。

第三个故事，讲的是一个“慑”。

宁波港通股份有限公司的法人代表和实际经营者，都从北京某著名大学毕业，有较高的综合素质，但是缺乏实际管理经验，经营的企业终因产品附加值低，缺乏竞争力，股东对外投资又失败，导致信贷到期银行收贷的时候资金链断裂。这件事发生在2009年6月，逾期的贷款中有杭州广发的3 000万元。其他银行都以贷款逾期为由纷纷起诉，杭州广发怎么办？经过认真的研究，杭州广发决定不走起诉这条路。因为这样做会从心理上给两位经营者以支持，有助于他们从万念俱灰的极端困境中树立信心重新站起来。只有站起来，才可能通过再发展来归还贷款，不然，打赢官司也拿不到钱。为此，杭州广发的有关人员一直与他们保持通讯联系，向他们提供重组信息和相关的法律咨询，还提供有关的行业发展信息。在长达两年的沟通联系和关注中，杭州广发发现两位经营者非常努力，在极端困难的形势下解决了大量不利因素，而且把杭州广发真诚地作为顾问，双方建立起充分的信任。这两年中，只要一有销售收入，他们就拿出一部分归还杭州广发的贷款，前后还款共有几十笔，金额从5万元到1 000万元不等，最后终于还清了全部本息。其实杭州广发采取的是“中天悬剑”的策略——我可以起诉你，随时都可以，这把剑就悬在你的头上，这是一种威慑，然后实事求是地采取扶持的姿态，以情动人。或许可叫做恩威并施。

杭州广发之所以采取这样的策略，是因为他们很清楚，在中国打经济官司不是上策，尤其是银企之间的官司，一定是银行有理，打一个赢一个，接下去就是执行困难，尤其是中小企业，本身没多少资本，一执行就元气大伤，甚至成了“死刑”。所以有些企业干脆“千年不赖、万年不还”，拖死你。遇到这样的情况，法律也没办法，只能寻求行政协调。可是2008年的金融海啸之后，各地政府对当地的经济风险十分敏感，总体上符合“企业 · GDP · 政绩”关联效应的原理。银企之间的官司一旦发生，就会有一些地方官员觉得，这是在找他的麻烦剐他的心头肉。所以一般说来，银行很难寻求到行政方面的积极配合，有时候还可能成为阻力。官司就成了打也不是，不打也不是。那怎么办?

还有办法，那就是杭州广发的“港通案”的做法，把诉讼权拿在手中，站在一个“高势”的位置与客户谈判：“如果不想‘对簿公堂’，那你赶快想办法，我们的耐心是有限的。”这等于把一只球再次踢过去，对方肯定不会等闲视之。三来两回，总会有结果。

面对恶意，无奈不如行动

贷款还不了，这是一回事，但是如果企业压根儿就不想还，那就是另外一回事了。常言道：跑得了和尚跑不了庙，这可以用来形容企业客户，人跑了，总有一些资产留着。但是那些人多资产少的个体客户，常常不乏恶意透支的人在，对他们有时就像大海捞针。

从2001年起，杭州广发就开展了汽车按揭业务。但是汽车按揭贷款逾期是经常的事，遇到这样的事情怎么办？没法办，只有让人一单一单地全部进行清查，一笔一笔地清收。有时候，事情会像警匪片里演的那样。

貌不惊人看上去还有三分瘦弱的广发员工秦小松，跟着法院和保险公司一起去执行一辆查封的汽车，很巧，就在去的路上他们发现这辆被执行的汽车就在前面行驶，于是，执行者马上把自己的汽车强行靠过去，责令那辆汽车靠边停下。停车后，执行的法官出示了证件，二话没说就把车主一把从车上拉了下来。秦小松乘机迅速跳进驾驶室，一踩油门就把车开走了。开了十多公里，秦小松从反光镜中发现后面有一辆白色的汽车紧追着他不放，显然是原车主想强行抢车。他想加快速度把后面的车甩开，可前面有两辆并排行驶着的大卡车，无法超越。这时，两辆大卡车之间忽然让出了一个缝隙，他以最快的速度从中间冲了过去，一口气开到保险公司的后院。不到五分钟，那辆白色的轿车也追到了，从车上下来三四个彪形大汉，挽起袖子就要打人。正紧张时，法院的车也恰好赶到，车辆执行成功。杭州广发就这样一笔一笔地追讨汽车的不良按揭，使全行汽车按揭贷款的不良率仅为0.56%。

个人贷款中容易出现恶意事件的，还有信用卡的不良透支。

2002年3月，信用卡部发现信用卡不良透支额很大，有967万元，而且绝大部分是由CDMA消费信贷造成的，剔除CDMA消费信贷经销商可扣除的300万元保证金，还有667万的不良透支。细查之后，他们发现这667万元的透支，分别由2 261户个体客户造成。667万元的数额确实不小，但平均分摊到各户，也只是不到3 000元钱。刚从英国留学归来的分行党委委员乔立江当晚召集信用卡部全体员工开会，把这2 261户透支客户，分配到全部70名员工身上，平均每名员工要寻找30多户。客户们都是长腿的大活人，到什么地方去谁也不知道。于是他们就白天打电话，晚上继续用信函催，甚至到晚上12点还在打电话，“伏击”那些“不肯回家的人”。这些客户透支的数字，少的1 000元，多的也只是三五千元，可是“恶意透支”的特点，就是你不找上门他就不还。广发员工只能放弃所有的节假日和休息日，逐一上门催讨。

那正是春寒料峭的3月，杭州有“清明断雪谷雨断霜”之说，天气还是很冷。有一天晚上，乔立江带着王晓、林彬到杭州城郊蒋村去一户一户催讨，催讨到最后一户时，他们走遍整个社区都没有找到客户的门牌号码。现在的人都觉得多一事不如少一事，不肯告诉他们那人的真实地址，乔立江灵机一动，找了个小孩子打听，这招奏效了，小孩带着乔立江他们向那人家走去，走到离那人的家不到100米的地方小孩突然停住了脚，说“他们家里有狼狗”。果然他们走到不到50米的地方，狗就叫了。三个人以极快的速度冲了过去，那气势压倒了狼狗的叫声，终于把“催收通知书”贴到了那家人的门口。经过一年的艰苦努力，最后新增不良透支率仅仅为1.34%，远低于总行2.5%的控制标准。

对于恶意事件，不能只表示无奈，无奈不如行动，哪怕是再麻烦的事情，只有行动才能缩小风险。

杭州广发从自己长期以来处理各种风险事件的经历，总结出了处理风险的基本方法和基本程序。他们分为“积极处置”和“消极处置”两类，我们将它分录于下，大家基本上可以看出其本质：

信贷风险积极处置方法：

列入重点监控名单

限期纠正违约行为

限期化解风险因素

减少信贷金额

缩短信贷期限

增强担保能力

控制现金流

落实分期还款

信贷风险上下家转移

信贷风险重组转移

向客户派驻专管人员

信贷风险消极处置方法：

只收不贷

追索担保责任

变卖抵质押物

委托清收

以资抵债

依法诉讼

破产重组

呆账核销

所谓的积极与消极，简单地说，先要判断其“到底还有没有救”，“有多大的救助价值”，恶意还是善意。如果还有救，而且还有较大的救助价值，无主观恶意，那就采取积极的方法，尽可能地扶持、救助，同时将风险控制在可以控制的范围内。如果已经没有救，出手就要快，要巧妙，如果是恶意的，那么出手就要尽可能的狠。

不能溺爱客户

我们会在民营企业的领域发现一些十分奇怪的现象，比如“投资饥渴症”。这本来是发生在计划经济年代的怪事，但在民营企业中也常常匪夷所思地存在着。

成立于1996年的杭州蓝光化纤有限公司（下称蓝光），主要从事化纤原料的生产，在2011年之前五年的发展中，企业老板凭借其勤劳、精明的个性，积累了原始资本，年销售额达到了1.2亿元，并成为当地信用社的合作大户。但是信用社显然受到其自身规模的限制，总额4 000多万元的贷款对信用社而言已是最大的支持，这却远远满足不了企业老板提出的发展需要。

也就在这一年，杭州广发的分支机构适时地出现在蓝光的所在地，这给蓝光带了新的期望。杭州广发本着循序渐进的思路，在初次合作时给予了其1 000万元的授信额度。企业则同比例配比自有资金，投资新设立一家织造企业。这时候，企业又提出希望从原料产业向后道织造产业的延伸，杭州广发调研之后，又支持其发展。在随后4年的时间里，蓝光的织造产业生产、销售规模不断扩大，杭州广发的授信额度也随之增加到5 000万元。这时候，氨纶产品受到市场的热捧，蓝光毅然决定投资年产3 000吨的氨纶项目，杭州广发经论证后相应增加了1亿元的授信。

这时候的蓝光，已经从一家小工厂发展到初具规模、有4家关联企业组成的集团公司，各种荣誉也接踵而至，老板尝到了大企业领头人的甜头，不禁有些飘飘然，于是脑袋一热，又打算“乘势而上”，再增加设备扩产氨纶3 000吨。如此快速的扩张，已经远远超过了蓝光本身利润的积累，这也意味着其自有资金难以跟进，全要靠银行的贷款去做他的“老大梦”。杭州广发断然否决了蓝光的这一想法，明确表示不会再继续增加授信支持。这时候，其他银行则趁机“积极介入”，在一片莺歌燕舞的热烈气氛中，老板迷失了自己，仍然决定再投资。

这种态势让杭州广发陷入了一个尴尬的境地。一方面，昔日愉快的合作者显然已经被胜利冲昏了头脑，潜在的风险已显现出来，这一风险势必使杭州广发已经放出去的贷款产生风险；而杭州广发不放贷款，蓝光同样可以寻求其他银行的合作，风险同样会继续扩大。杭州广发的高层经过慎重的研究，觉得首要的还是改变企业老板的想法。他们先用“控制风险底线”的银行经营理念与其作深度的沟通，指出任何超出自身可控能力的投资都可能是致命的；同时也明确给出了杭州广发的态度：如果继续扩大投资，杭州广发将立即回收贷款，或者采取一个妥协的办法，以杭州广发的主办行身份，为其发挥资金蓄水池的作用，企业前期的投资所产生的效益统一回笼到主办行，用于归还贷款和备付其他银行贷款的波动。杭州广发的态度十分强硬，这两条出路由老板自己选择。最后，蓝光的老板很不情愿地接受广发的要求，停止盲目扩张。紧接着，2008年宏观紧缩随之而来，蓝光侥幸地躲过一劫。

像蓝光这样渴望投资的企业，不止一家。

许多人应该还记得匈牙利经济学家亚诺什 · 科尔内写的一本叫《短缺经济学》的著作，那是1976年前后他在瑞典斯德哥尔摩国际经济研究所工作期间完成的，当时匈牙利刚开始进行经济改革。他发现，计划经济的基本特征是物资短缺，于是从“短缺”出发，分析了这种体制的中心环节——国有企业的问题。他认为，市场经济的活力来自企业，正是企业追求利润最大化的行为创造了一个繁荣的经济；计划经济的低效率则来源于官僚体制下的国有企业，所以，从计划经济转向市场经济的关键，就是要把作为国家事业单位、以完成计划为目标的企业，变成有自己产权与决策权、以利润最大化为目标的市场经济企业。他指出，只要政府仍干预企业的生产经营决策，仍然作为投资主体，就不能完成向市场经济的转变。改革的中心，就是建立现代企业制度。这部经济著作的中译本曾经一度深深影响过中国的经济学界，在这本书中，科尔内有四个经典的概念让人印象深刻，他把计划经济概括为"短缺经济"，用"软约束"来分析企业行为，用"投资饥渴症"来解说资源配置失误的原因，用"父爱主义"来描述政府与企业的关系。

科尔内认为，在市场经济体制下，制约企业行为的是市场需求，而在计划经济体制下，制约企业行为的是资源限制。因此，决定经济增长的不是需求而是供给。在"软约束"之下，企业"如果亏损了，也不会真正破产，即停止营业。企业总会得到外来帮助，接受追加贷款，减免税收，获得补给，或提高销售价格，结果最后总会摆脱财务困境"。由此，科尔内分析了企业普遍存在的"投资饥渴症"。他说，在计划经济中，"没有一家企业或非营利机构不想得到投资，不存在饱和问题。投资饥渴是长期的，假如刚刚完成的一项投资暂时满足了投资饥渴，很快又会产生新的饥渴，而且比以前更为强烈"。并且，这种"投资需求不会因亏损或破产而受到限制"。中国计划经济中突出的重复投资、投资决策失误等问题，也正源于这种"投资饥渴症"。

那么，在浙江遍地开花的民营企业中，为什么也会不断地滋生着这种奇怪的"投资饥渴症"呢？

杭州广发的小经济学家们开始了认真的分析。他们认为，"投资饥渴症"的根源，在于官僚体制中企业对政府的依附关系。在改革开放30多年后，这种"依附"成为一种心理惯性，会时不时发作。与这一机制紧密联系的，是政府对企业的"父爱主义"。在一些惯有的观念中，政府一直担当着严厉又慈爱的"企业之父"的角色，现在许多地方的政府，在"企业 · GDP · 政绩"综合效应作用下，继续赐以企业浓烈的"父爱"。而民营企业家在转制后出现的一个心理问题就是"成就感认定缺失"，于是他们就互相攀比——名教传统使中国人的"面子观"几乎与生俱来——比谁的企业更大，比谁更能得到政府的肯定，因为肯定的背后就有种种资源与名誉的好处，许多地方政府也在横向攀比，在这种上下间的攀比互动的作用下，就出现了经济领域生生不息的“投资饥渴”。

杭州广发认为，这是一种时常在不自觉中产生的“伪积极”心态。这种心态往往会以积极进取的面目出现，企业家千方百计地描绘宏图以劝说银行贷款，以支持自己“小马拉大车”的冒险举动。所以，“好的合作，必须有一方保持理性的冷静”。虽然在企业的发展中，银企谋求着“双赢”的结果，但银行不能为了自己多赢利而怂恿客户冒进，也不能对关系良好的战略合作者给予“溺爱”。

不能溺爱客户——这成了广发信贷文化中的又一个引申概念。

不溺爱客户，因为在溺爱的过程中，你一定会害了客户也害了自己。

浙江华欣集团（下称华欣）是萧东支行的核心客户，是与杭州广发共同成长起来的最早的企业之一。2005年，正是华欣快速成长的时期，杭州广发给予了企业极大的支持，根据企业流动资金的实际需求，在一年中连续两次追加授信，以保证其稳步发展。就在这时，一个意外发生了，企业因为对外担保400万元被追溯连带责任，一时陷入了被起诉的困境。

毕竟华欣是当地有不小影响力的大企业，当地政府出来做“和事佬”，出了一个“馊主意”：华欣以4 000万元收购被担保企业，并把被担保企业包括上述400万元在内的共5 000多万元债务和近300名员工全部承接过来，如果这样，政府将给予其一定的优惠政策。——政府的考虑有它的道理，因为政府以“稳定”为第一原则。

当时，企业老总面临着两种选择：要么承担起担保责任并替被担保企业归还贷款，但是处于成长期的企业资金必然紧张，根本无法一次性归还如此大额的贷款，这条路或许走不通；要么按照政府的办法，以4 000万元收购担保企业的全部资产和员工，并承担5 000多万元债务。也就是说，华欣得用9 000万元去接一个烂摊子。

很显然，第二条路只有傻瓜才会走。但是，华欣却决定当这个傻瓜。

华欣的老总疯了吗？没有疯，他有他的道理，他的道理就是两个字——“面子”。

“人活一张脸，树活一张皮。”老总说，“我收购企业，又得到政府的优惠，在外面人看来，这是风光的事。虽然我知道这是明赚暗吃亏，但这个哑巴亏我认了，总比平白无故赔上400万有面子。我赔了400万，人家还在背后骂我傻瓜。”

已经说不清到底谁是傻瓜了。这位包工头出身的老总，生活的磨难告诉他，今日的面子和荣耀，确实来之不易。

萧东支行副行长倪曙晖和企业老总在办公室商量处理意见时，立刻产生了重大分歧。支行认为，贸然收购另一个领域的企业，不说隔行如隔山，就说华欣目前正处于建立行业地位的关键时期，企业和老总也没有精力和时间去从头打理一个陌生领域的企业。更何况，政府的优惠政策到底有多大力度，目前仍然是个未知数，弄不好这9 000万元就白白打了水漂。

“宁可损失400万，也要集中精力做好主营业务。有困难，我们来共同承担。”倪曙辉说得斩钉截铁，“我决不会姑息你的想法，如果你一意孤行，我只能选择退出。”

退出，那是两败俱伤，但两败俱伤也比被彻底拉下水强。

一个星期后，华欣的老总给倪曙辉打来了电话，他说：“我冷静地思考过了，还是你的观点正确，所以我选择赔400万。”正是这个选择，华欣避免了一次危机，也避免了走一条弯路。通过后面几年的努力，华欣做到了行业第一，现正为上市作准备。而杭州广发目前对华欣的综合总授信额度，也达到2亿元人民币。

倪曙辉当时的强硬，其决心犹如壮士断腕。他说：“银行与客户在企业人格上是平等的，我不管你是不是我的核心客户，你犯糊涂时我可不能宠着你。作为你的合作伙伴，银行有责任干预你的糊涂，改变你的行为，以防患于未然。”

这也就是杭州广发一直坚持的一条原则：在金融合作中，银行有责任把握主流方向，尤其明知客户有风险时，银行要有话语权。

在中国的银行业中，没有人否认风险是个大问题，可大家究竟采取了哪些手段去控制风险？无非是检查、开会、警示教育，在某种程度上说，这也已经是中国式风险控制的传统了。但杭州广发并不是拘泥于传统的单位，从跳出关系网到拒绝溺爱患上“投资饥渴症”的企业——他们的一切行动都在逆潮流而动。逆潮流，在很多人眼里，也许本身就是一种风险，因为特立独行者，往往被视做异类。因此，在很多时候，大家都会去犯同一个错误，并且不断地去重复这样的错误。

杭州广发与众不同的地方在于，他们敢于冒这样的风险，这种风险就是：不在风险问题上，与其他人犯同样的错误。

第四篇
银行服务的本质

服务，就是服务的本质。

——题记

第十三章
创造客户价值

现代金融的一个重要主题，就是创造客户的价值。

——题记

“非典”时期的典型服务

2003年的“非典”已经过去了，但亲历者在当时，却有些惊心动魄。1月初，广东省发现首例不明原因的肺炎病例，开始叫做“猪流感”，后来正名为“非典型肺炎”，英文缩写SARS；3月27日，世界卫生组织宣布北京为“非典疫区”；其后，全国大部分省、市也纷纷报导有“非典”传播，一时间，仿佛没有发生“非典”的地方倒有些不正常，而且全世界其他国家也陆续发现“非典”病例。传说“非典”是一种无药可治的病症。这是一段使人惶惶不可终日的日子，直到6月24日世界卫生组织宣布解除对北京的旅行警告，近半年中大有世界末日来临之势，供销人员派不出去、商务谈判中止、展销会取消、商务考察延迟、物流不畅、股票下跌、物价异常波动，甚至没有人接收传真，为了防“非典”，公司“错峰”上班，甚至短期放假，连这一年的“五一”黄金周也被取消了，生怕游手好闲的游客们成为SARS的二传手，旅游业损失惨重。总之，对人们的生活和社会经济运营来说，这都是一场危机。

“非典”事件，把中国和世界的经济，推进了一个“非典型时期”。

危机中，人们关注生命，也关注利益。全世界的商务人士几乎都待在房子里，盯着电脑屏幕观望关注，这时候，只有做口罩的企业进入生产与销售旺季。当然中药业会提出异议：我们的板蓝根冲剂，行情一路上扬。

银行都擦亮了眼睛，紧盯着自己的客户和国际国内经济形势。它们关注着客户们经营的异动，关注着自己放出去的贷款是否会出现资金风险。

危机中，我们能做什么？

根据“禅”的智慧，危机也是“机”。然而“机”在哪里？

杭州广发的分行营业部总经理戴恩成在“非典”时期一直关心着一件事：世界物价的波动。因为价格波动会最敏感而直接地反映市场的动态。

果然，他发现了一个大宗商品的价格异动，这就是PTA原料与原油之间的价格比，这一比值出现了令人费解的异常。

PTA是一种石油化工生产的工业原料，我们可以简单地把它理解为某种塑料原料，它可以用来制造各种塑料产品，包括拉丝成为化学纤维。这时候，国际市场上PTA的价格持续下跌，跌到每吨100多万美元，但是，生产PTA的原料——石油，国际原油价格却并没有下跌，并呈现得十分坚挺。

原料不跌，下游产品却降价了，这说明什么？

这说明PTA供应商在利润“放水”——当对凝结在积压商品中的资金占有、财务成本（比如利息）、仓库成本、管理成本等不堪承受的时候，他们宁肯少赚、不赚甚至微亏，也要将货物尽快出手——货物对他们成了烫手的山芋，多在手中一天，他们就必须多付一天的费用。

为什么会这样？这引起了杭州广发分行营业部的关注。

是不是这个产业开始走下坡路，或者有更廉价的新材料将取代PTA，或者某个材料供应商遇到了巨大的资金问题不得不抛货套现，或者PTA原料过剩，供大于需，再或者这种原料将在一段时间后被政策性地禁用？

不是，都不是。答案竟是“非典”。

戴恩成认为，当时PTA价格下跌主要是因为“非典”疫情导致人员流动减少，物资流动减少，各类商品的需求降低——全世界的经济快车一下踩住了制动闸，放缓了速度——只要社会经济活动恢复正常，PTA的价格一定会回归到正常的水平，而且在重新建立原有平衡的过程中，会有一个高于正常水平的价格反弹。

结论：现在正是购入PTA原料的最好时机。

这是4月底的事。

5月初，由于全国对“非典”的防控力度加强，措施到位，各地报告的新发病例持续下降。这对戴恩成来说，意味着PTA下跌的行情即将见底。

杭州广发的高人之处，就在于他们往往先发制人。营业部要主动出击了。

他们在自己的客户群中筛选了一批以PTA为生产原料的企业，首先选中了绍兴的一家化纤纺织企业。与老板沟通后，他们就建议他吃进一批PTA原料。老板说：“我也正有此意，只是钱……”

于是在第二天，戴恩成亲自带领团队赶到绍兴。

在常规的情况下，企业库存原材料只要满足15天生产需要的备料量即可，然而现在的原料价格低，积存一大批原材料虽然短期内会给企业带来一定的资金压力，但这的确是个机会，想必大多数老板都是愿意做的。在与企业进行了一番仔细分析和构想之后，一个大胆的方案出炉了——以存货质押的方式，尽快开出信用证购买600万美元的PTA原料。

这就意味着，银行不但送来了商机，而且还送来了做生意的钱。

而对于杭州广发，这就是他们的服务理念——服务不仅是客客气气地接待，力所能及地帮客户解决困难，而且更要“想你未想，雪中送炭”。

与客户一起完成资本增值，然后共享利益，这就是银行的本质。

商机稍纵即逝，必须说干就干。

5月7日筹划完成方案，到10日开出第一张200万美元信用证，杭州广发仅用了3天就完成了项目的调查、审批工作。5月15日，第二张400万美元的信用证再次开出。最后，连临时增加在内，共借贷了1 000万美元。

果然，5月20日，PTA价格开始反弹。

6月2日，全国首次报告无SARS新发病例，此后再无新增病例，而此后，PTA价格也如杭州广发所预料的那样，明显大幅回升。

在杭州广发的帮助下，这家企业用这临时增加的1 000万美元的原材料，仅仅在采购的差价中，就足足赚了3 000万元人民币。

“危机也是机，看你如何发现这个‘机’，然后找到应对的办法。”戴恩成说。

这是“非典型时期”的一个典型案例，说的是杭州广发如何在为客户提供金融服务的同时取得双赢。像这样“进取型”的金融案例在杭州广发不胜枚举，我们只是想借此一例说明现代金融的一个主题，就是创造客户的价值。

告诉客户不知道的

客户不是金融专家。杭州广发认为，金融事件的本质是一种关系，一种以信用为基础的关系事件，这种关系事件一旦发生，金融机构就与服务对象形成了一个利益的共同体。这一共同体所能承载的，不仅仅是一种互信借贷，更重要的是一个可以深度合作的平台。

银行的优势不仅仅是资金，更重要的是拥有可供高一层次经济运行的金融知识；客户的优势也不仅仅是赢利，而是将金融效能付诸实施的可能。在这一认识的基础上，银企合作将会是一种新的境界。

2008年年底，那场席卷全球的“金融海啸”，让中国不少外贸型企业遭遇了空前的困难。不仅仅是订单减少，汇率的波动所带来的风险，让许多已经入袋的钱又可能被掏走。

这时候，许多企业开始强烈地意识到一种更为复杂的“金融”的存在。

杭州有一家做太阳能设备出口的企业，2008年的经营情况十分不错，临近年底的时候，又做成了一单300万欧元的出口业务，企业老板坐等着收成。

不过这笔钱，收汇的时间却要到三个月之后。

已经被“海啸”教聪明的企业，大概知道了一点这“三个月”意味着什么，只是并不清楚会有多么严重的后果。一般说来，他们对国际金融有可能出现的惊涛骇浪是茫然的，如果一定会发生“缩水”事件，那也是谁也救不了的宿命，认命吧。

然而银行很清楚，如果在这三个月中人民币对欧元的汇率发生重大的变动，这一波动有可能导致企业利润大幅缩水。有没有办法来防范，这是一个关键点。

这家企业正是杭州广发分行营业部客户经理陆玉根的客户，陆玉根要开始心急了。因为杭州广发要求客户经理对客户不仅只是放贷收贷的简单服务，而是要跟踪客户的每个经营环节，帮助其化解风险，捕捉潜在的商机。如果他的客户出现风险，接着波及产生信贷风险，他在行内也会受到问责。

就这样，陆玉根在分析这家企业的经营状况时，发现了这条重要信息。

陆玉根马上向分行营业部汇报了这一情况。

分行营业部也感到这不是一件小事，马上向分行的国际业务部提出"会诊"的要求。

两个部门围绕着这笔"三个月收汇"的案例展开了讨论，这时候企业还不知道有这么一批银行专家正在背后"暗算"着他们的命运——"暗"中"算"着风险可能会有多大，以及有没有解决的方法。

国际业务部的外汇专家郭庆提出了自己的看法。他认为，按照当时的全球经济形势，在未来的三个月当中，欧元对人民币的汇率很大概率上将会持续走低，若等在三个月收汇后进行结汇，企业利润将会大大缩水。参加会议的银行专家们都基本同意他的分析。

好，接下来的关键是有没有解决办法。

"有，"郭庆说，"可以叙做三个月的远期结汇业务，锁定未来欧元的结汇价格，保证客户的经营利润。"

对于不熟悉银行业务的读者来说，"远期结汇"是一个很陌生的概念，也很难作简单解释。如果一定要解释，可以这么说，企业的300万元欧元，现在和杭州广发签订协议，约定未来欧元的结汇价格，到期后按照协议订明的汇率与银行办理结汇业务，这样就可以防范汇率风险，也有利于客户进行财务核算并专注于主业，提升业务竞争力。

天下哪里有这样傻的银行？这就是很多人常常会对这一服务产生怀疑的地方。

果然，当陆玉根将这个方案告诉这家企业的时候，主管财务的老板娘无法理解，真是"隔行如隔山"。

老板娘不能理解是正常的，因为她不知道银行主动背起这个风险，图的到底是什么。她无法理解，其实风险也是一种资源，也能用来经营。

读者可能也不一定理解，银行要这个风险做什么。其实这正是银行的高招——全世界的银行是一个无比巨大的合作网络，一个人、一家银行办不到的事情，在这个银行协作网络中却可能办到。在这笔业务当中，杭州广发可以通过这个网络找到另外一个在三个月后需要欧元的客户，并且约定到时候进行交易，这样就可以各取所需了。

我们再回过头来说陆玉根。在与老板娘“谈崩”之后，他左思右想，都觉得有必要做成这件事。虽然对于杭州广发来说，这是一笔很正常也并不算大的业务，但对这家客户来说，则可能是一件大事。他们不知道金融的“魔术”奥妙，我们有必要告诉他们，教会他们。

告诉客户不知道的金融知识，这是杭州广发信贷服务的一条原则。

陆玉根觉得，自己有责任也有必要让企业明白其中的利害关系。他没有放弃，转而找到企业老板，再次向他解释了这个方案。经过专业而耐心的解释，老板听懂了。听懂了就好办了，银企达成了基本一致的意见。

一笔300万欧元的远期结汇业务，就这样在企业的将信将疑中做成了。

其实老板还是有一个疑问：银行真的有这样的神通；或者有一个顾虑是：我听了你们的意见以今天约定的汇率出手了，万一到三个月后汇率没有缩水反而涨了呢？这当然只是在老板的肚子里打打官司，因为只能选择一条道路，他选择了保守稳定。

后来，欧元汇率变动的轨迹，正如杭州广发先前所预料的，如果不是远期结汇，三个月后欧元汇率将使那家企业损失100多万元人民币。

这一下，企业的老板服了。

这一下，企业也懂得了一种防御风险的金融手段。

这家企业最终现实地避免了100多万元人民币的损失，这让那个老板激动得热泪盈眶。他说：“以后我一定听广发的，如果没有当初你们的坚持，我就会损失一大笔钱。”还说，“其实，假如事实结果并未像当初你们所预料的，我仍然会感激你们，因为你们这是在真心为我们考虑。”

确实，服务并不是说几句好话，它的真正含义，就是真心替客户考虑。关注客户所没有关注到的，告诉客户所不知道的，这样的服务才能带来惊喜。

先让客户赚钱

所谓金融服务，在杭州广发的理解中有一个通俗的解释，那就是："好的金融服务，就是要先让客户赚钱。"

这句话的另一个解读就是：如果银行总是想着如何帮助客户赚钱，那银行也总是能让自己赚钱。这话听起来很俗，但是如果我们想一想金融和信贷的本质，就不会嫌它直白了。

教科书上对"信贷"的定义如下："信贷是体现一定经济关系的不同所有者之间的借贷行为，是以偿还为条件的价值运动的特殊形式，是债权人贷出货币，债务人按期偿还并支付一定利息的信用活动。"

文绉绉的表述，核心还是一个"钱"字，只是说成了"货币"。

不过上述的定义中有一个核心的表述，对杭州广发这批做银行的人有一个特别的启示，那就是信贷是一种"信用活动"。

在民间借贷中，贷款人信任借款人，借款人遵循借贷的"如期还本付息"的规矩，才可能发生借贷。如果贷款人与借款人双方是没有建立相互信任关系的陌生人，即使贷款人正好有余钱希望生息，而借款人一时手头紧张需要借钱，这种陌生的关系也无法形成借贷，除非有一个双方都熟悉的中间人。但如果中间人仅仅只是介绍双方相识，借贷还是不可能产生，因为贷款人会想："我凭什么相信你介绍的人？除非他偿还不了，你来偿还。"如果中间人说"好，我承诺，并立字据为凭"，借贷才可能发生。因为中间人的信用植入了其中。但是中间人也一定会对借款人说："我凭什么相信你一定能偿还？"借款人说："放心，我给你也立一张字据，如果我真的还不了，就拿我家的那幢房子抵押。"这样，借款人与中间人之间也建立了信用。如果中间人又说："要我承诺连带责任，那对我有什么好处？"出款人和借款人商量后，说："就从借贷的利息中分出一部分作为酬谢。"这样，三个人各得其利，借贷也就顺利完成。

这时候，这个中间人就成了经纪人。

而银行，就是把经纪人职业化、企业化、规模化。银行的性质，说到底，就是那个中间人，或者说是那个居间的经纪人。

当然，这样只是描述了最原始的银行行为，有些像中国旧时的钱庄。现代银行还有更多的手段运营它的信用，这里暂时按下不表。

但是从这个例子中，我们看到了所谓的借贷行为首先要有信用作为基础，不管是借款人自身所拥有的信用条件，还是通过抵押、质押、担保行为所产生的信用，借款人首先必须取得银行的信任。同样道理，在同业竞争异常激烈的市场中，银行如果想要获得优质的客户，也要取得客户的信任。

于是，一个关键的问题被提了出来：银行如何取得客户的信任？

这个问题，也许正是事关银行兴衰的核心命题。

因为这一命题正是鉴于这样一个事实提出来的：在借贷活动中，银行作为资金贷出方，通常关注的是“我的借款本金是否安全”，“本息能否按期收回”，而常常忽略了借贷作为“商业活动”的真正目的。

这个“商业活动”一定是“成对”出现的，银行的信用同时在贷入与贷出之间受到考验：

一方面，企业为什么要借款，目的就是为了赚钱。如果企业赚钱了，那么银行的资金也就安全了；假如企业赚不到钱，那么银行的资金就不一定安全了。

而另一方面，企业把钱存入这家银行而不存入那家银行，常常并不是因为信任这家银行更有职业责任心，可以更安全地保管好自己的钱，而是想到某一天，自己也会向这家银行贷款，用贷到的钱去赚钱。

所以两方的目标殊途同归：企业借款的目的，就是为了赚钱。

所以杭州广发说：“好的金融服务，就是要先让客户赚钱。”

有这样一句广告语：“香飘飘，每年卖出七亿杯，杯子连起来可绕地球一圈。”听着这样的广告词，大家都相信这是一家不会很小的企业。

“香飘飘”是一种热饮奶茶，而它的纸杯却是由浙江嘉兴一家叫桐乡德美纸业有限公司（下称德美纸业）生产的。这是一家集纸张、木桨、油墨、印刷器材、包装设备为一体的销售企业，它最为著名的产品，就是“香飘飘奶茶纸杯”和“统一方便面面碗”。这是一家优质的企业，经营状况非常好，赢利稳定，也是杭州广发几经努力发展的战略客户。

作为香飘飘奶茶的纸杯供应商，德美纸业的生产也会随香飘飘奶茶的销售旺淡季，形成自己的生产旺淡季。根据历年的规律，德美纸业生产旺季会增加贷款，淡季则减少贷款，这也符合经济规律。

2009年6月，作为热饮产品的香飘飘奶茶又进入了一年的销售淡季。按照常规思路，此时的德美纸业不需要贷款了。而杭州广发经过进行市场分析，提出了一个大胆的课题——“是否可以增加贷款，采购原材料”。

明显的反其道而行。

杭州广发与德美纸业分别调查以后，得出的结论却是一致的：由于这一时期原料纸市场价格正好跌入一个低谷，如果数月后再采购，每吨的差价可能会达到数百元。

也就是说，这一差价肯定大于利息。

于是，双方达成了一致意见：“立刻增加贷款1 000万元，定向用于购买原料纸。”

果然，仅仅过了一个月，原料纸的价格每吨就上涨了200元，德美纸业仅这一项就少支出了160万元，对于企业，节省与赚进是同义词。

而银行帮助客户赚钱，常常就是帮助他们节省成本。

德美纸业说：“杭州广发想到了我们没有想到的，处处从我们企业的立场出发，这样的银行，我们信得过。”于是，德美纸业主动提出聘请杭州广发为企业财务顾问。

杭州广发说：“我们只是换位思考了一下。”

人们常说，要想做到优质服务，就要学会换位思考。其实能够换位思考的前提，就在于“责任换位”。如果银行能将“让企业赚钱”视为自身的责任，何愁企业不会提供好的回报？当企业能够很好地赚钱时，银行又何愁贷款会不安全？

当许多银行还在跟企业为了贷款利率的高低苦苦纠缠时，杭州广发通过“让客户先赚到钱”的理念，获得了更高的收益。

为客户“嫁接”信用

一般说来，会不会运用金融手段，常常可以判断一家中小企业经营的成熟度。人们往往这样评价中小企业："充满活力，追求发展。"我们也常常会听到这样的感慨："囿于资金，难以突破。"这是当前一般的中小企业的现状。但是细想之后会发现，所谓"囿于资金"，往往是企业囿于资本金或者流动资金，不会借助金融的手段，做突破资本金额度的更大经营。

简单地说，中小企业的"充满活力，追求发展"是因为内部的"小周天"被打通了；而它们"囿于资金，难以突破"则往往是因为外部的"大周天"还没有打通。

杭州广发认为，银行就是"大周天"的一部分，因此服务于客户，就要帮助客户打通"大周天"。

还是前面提到的杭州的开元旅业集团（下称开元旅业），这是一家在1988年由县政府招待所起步后改制的民营企业，经过十多年的发展，成为以旅游饭店业、房地产业为主导产业的企业集团，在杭州、宁波、台州、上海、徐州等地都拥有下属企业，在其旗下的30多家子公司中，有5家五星级酒店、6家四星级酒店，总资产逾30多亿，是浙江省最大的民营旅游集团，也是唯一以民企的身份跻身"中国饭店业集团20强"的企业。

然而即使是这样充分发育的民营企业，也遇到了"大周天"没有打通的问题。

2004年，开元旅业决定实施"走出去"的战略，走出去重点在于两点：一是拓宽融资渠道，实现国际层面的融资环境；二是寻求与优秀战略投资者的合作，实现管理及品牌的国际化。当然，这是一般的"已经做大了"的中国企业迈向国际市场的一般思路，但也是务实的思路。

在国内做外国生意比较容易，因为有关外贸的国内"大周天"都已经打通；然而到外国做生意就不是那么容易的事了，尤其是用做大生意的手法来做，就必须借助国外的银行。这也就是开元旅业当下遇到的一个棘手的问题：作为一家只在国内经营的民营企业，缺的是海外第一桶资金的履历，以及与第一家国外银行的信用。

在一次例行的高层拜访中，开元旅业董事长陈妙林跟金海腾说起了他的战略规划，同时也说到目前他最需要的是一笔股权的投资款，用来完成他在海外的公司对国内公司股权的收购，进而完成海外公司的架构组建和资产重组。他又遇到了国际“鸡与蛋的纠结”：那时国内银行不能发放并购贷款，更无法将这笔资金贷给他海外的公司；在国外的银行他缺少信用，还没有第一桶金的履历，虽然他在国内有良好的信用，但没有一家国外银行会信任一家在海外市场没有任何经营业绩，也没有银行信用记录的企业。

其实他需要的并非一笔巨额的资金。

金海腾马上领会了陈妙林的意思，想到了“信用嫁接”。

虽然当时杭州广发与其他的国内银行一样，不能发放股权投资（并购）贷款，也不能向海外公司发放任何形式的贷款，但是广发银行有一家澳门分行，这是当时广发银行唯一在境外的分行。澳门分行遵循的是澳门的“游戏规则”，按澳门当地的监管要求经营，他们可以直接投资，也可以发放各种类型的贷款，而且有一个十分重要的优势是，澳门分行作为一家离境内不远的分行，其主要经营者同时具备境内从业的经历，理解国内企业的经营及财务情况。我们都知道，许多国内企业在海外融资时常常会碰到问题，是因为两地法律及会计制度不同，海外银行对国内企业的赢利模式及会计处理难以全部理解，往往需要借助第三方财务顾问公司及会计事务所进行审计，时间长、费用高且成功率低。广发银行澳门分行（下称澳门广发）没有这个困难。

于是杭州广发马上与澳门广发进行了沟通。

接下去的事情其实很简单：澳门广发基于杭州广发对客户的深入了解和开元旅业自身清晰的海外发展思路，三方一拍即合，由杭州广发配合澳门广发开展国内的尽职调查，由澳门广发发放股权投资贷款8 000万元港币，而企业利用重组后资产的整合，提供股权质押，并通过分红及酒店管理费来确保贷款的按时归还。

请注意，其中起到重要作用的，是杭州广发的信用“嫁接”到这一事件中，使开元旅业的外部“大周天”得以打通。

很快，开元旅业借助这一项目实施了“走出去”战略，2008年又与全球最大的私人股权投资基金之一美国某投资集团合作，该投资集团以1亿多美元入股开元旅业旗下的酒店管理公司，获得酒店40%股份，战略投资者的加盟，又加速推动了开元旅业的上市计划和品牌的国际化。这些都是后话。

金海腾说过：“因为有澳门分行，银行间的信用嫁接会更容易些，如果没有澳门分行，也还是有办法通过业内来解决这一问题。”

银行的优势在哪里？就在于世界上的任何一家银行，其实都不是孤立的，在其背后，是一个以高度的行业信用链架构起来的庞大的世界“银行业”。这是一个无形的“金融联合国”，充分利用这一业内的信用链条，一家小银行都能办出大事情来，这就是银行的神奇之处。

用银行的业内信用，合理合法地嫁接到客户的需要中去，不但能大大扩展银行自身的业务面，也能体现金融服务的最大特色。金融服务的特点，才是银行真正的魅力所在。

理财银行

杭州广发在“让客户先赚到钱”的理念下，对银行服务的本质作了深刻的探讨，他们认为：先于客户考虑，就要做到让客户“难时不难，险时不险，淡季不淡”。他们从实践中也感觉到，银行可以通过一种金融设计，让自己的客户节省成本，节省相当于赚钱，然而银行有没有可能，让客户真正地赚到钱？

也就是让客户运用银行所提供的金融手段来主动赚钱赢利，这会使银行更具有吸引力。

2005年1月，杭州广发提出了银行转型的新模式——理财银行。

什么是“理财银行”？杭州广发对此有特别的定义，这在《金融道》第一部中曾经提到过：“理财银行”是以理财创新为手段，以理财工具和产品为载体，以理财资源整合为纽带，以理财营销为切入点，激发客户的潜在理财需求和满足其现实理财需求，充分挖掘客户的金融附加值，以实现客户新的价值增加，并构造新型互动的理财型银行客户合作关系的经营模式。

理财银行所倡导的理财并不是一种业务、一种产品、一种工具，而是一种理念、一种要求、一种思路、一种方法、一种品牌，即围绕着理财中心整合相关产品、资源，为客户实现理财要求，借以吸引客户、开发客户、巩固客户。

总之，银行服务于客户的内容之一，包含着让客户赚更多的钱，或者说是高于标准利息的进账。

这是多好的事情。

可是，这可能会颠覆传统银行的某些理念。

是的，在这中间，最根本的是思维模式的转变。也就是将原有“围绕授信为中心，进行业务开拓的资源驱动型发展模式”，转变为“围绕理财为中心，进行创新业务开拓的利益驱动型发展模式”。

对于杭州广发而言，前一种模式集中表现在创造条件，让被传统银行拒之门外的中小企业享受到银行服务；而后一种模式，则是通过让客户赚钱，去巩固客户，并吸引、发展新的客户。

开始的时候，这只是一种想法，或者说是对某些具体想法的理论归纳，但是这一想法的理论意义，恰恰在于有更为深邃的内涵和广阔的操作空间。

在新旧两种模式中，银行与客户的关系是不同的。旧模式是借贷关系，新模式是理财关系。借贷关系是以银行为中心的信用共同体，理财关系则是以客户为中心的利益共同体。

这一点，客户能接受吗？

其实客户早就接受并且运用了，股市就是一个例证。

上市公司与股民及证券公司三者的关系，就相当于“以客户为中心的利益共同体”。

中国人对新鲜事物的适应性与接受能力，常常出人意料。

杭州广发还清晰地记得，当初推出第一个理财产品时，杭州城里竟然掀起一股“广东的银行到杭州来圈钱”的风波，但是不久后，一切就都烟消云散，人们热情地接受了杭州广发推出的一个又一个理财产品。是什么说服了群众？很简单，你给他带来了利益，就什么都不需要解释。因为在中国，一切解释，常常都会陷入“忽悠”的泥淖。

请把我们思考的重点，从客户转向银行。

在新模式中，最核心的就是要通过“理财”来实现客户的“价值增加”，也就是上面所提的“利益驱动模式”。客户价值增加，并不仅仅是有形的财务意义价值上的增加，它还包括客户经营价值、资金价值、资本价值、品牌价值、财产价值、消费价值、时间价值、风险价值等涵盖客户经营活动和经营者个人生活的一切价值的增加。

这听起来有些玄，好，我们让案例来说话。

浙江正立机电进出口公司（下称正立机电）是一家专业代理消防设备进口的企业，面对的客户主要是政府的消防部门，公司根据与政府消防部门签订的设备采购代理合同，向指定的专业消防设备供应商采购消防设备，而政府消防部门根据财政预算将采购费用打入正立机电的账户。这是一个很正常的商务关系。然而一个有趣的现象出现了——财政拨款与实际采购之间会有一个时间差，或者财政拨款只表明政府对此项事务的原则确认，而具体如何实施则需要另外的论证。这样，钱先拨了，财政部门的责任也尽到了，消防部门何时用他就管不着了。于是，正立机电账户里常常会有一笔政府采购的“预付账款”——表示财政部门已经履责的钱，指定为政府采购专项资金，公司不能挪作他用，但是它已经永远地挂在正立机电的户头上。这是一笔很大数额的“闲钱”。

这笔“闲钱”有一个法律盲点：如果是预付款，它就是作为表达消防部门采购诚信的“定金”。按照“定金”的商务惯例，它已经属于正立机电所有，对这笔钱的限制条件是，如果采购因受货方原因没有成功，定金吃没；因供货方原因，则赔付对方双倍的数额。但是，在正立机电户头里的闲钱，又特别指明是“政府采购专项资金”，而专项资金只说明它的用途是专一的，也就是说，要么这笔钱数额不变地保存着，要么用于采购消防器材。而其中强调的“政府”属性，只是说明它的来源，以及也许在上述的因授货方原因交易没有成功时，政府会强势地原值收回而不能吃没。好，有一个盲点出来了：如果钱的数额没有损失，最终也用于了专项采购，但在挂在正立机电账户的过程中增值了，那该怎么办？——关于这一点，没有约定。

我们之所以在上面绕了一个这么大的圈子，是想说明让它适度地“活”起来，并不违反所谓“政府专项资金”的原则。

好，杭州广发的业务部门就向客户提出了他们的理财意见。

这一意见的金融原理是，利用境内外融资成本差异，使“闲钱”增值。

其实从银行利率而言，境内同期存款利率基本上等同于境外贷款利率。但是杭州广发看到的是人民币汇率升值预期，人民币的跨年预期年升值幅度在4%左右；境外美元资金较为宽裕，而境内美元头寸紧张，融资较难。隔着一条国境线，杭州广发要为正立机电去实现“价值增加”。

杭州广发为正立机电的“闲钱”制订了两套贸易理财方案。

方案一：正立机电将其账户内的资金以一年期定期存单的形式，质押给杭州广发，杭州广发给正立机电开立“融资性保函”到澳门广发，澳门广发给予正立机电境外关联企业以“流动资金贷款”方式支付设备采购款。通过这样一种形式上企业近乎无成本的运作，将境内人民币存款转换为境外美元资金，并用于支付设备采购款。但是由于人民币升值的预期明显，正立机电可以配套操作NDF（无本金交割远期），锁定汇率风险。这样，正立机电就可以在不花费多余成本的情况下，较“直接购汇支付货款”的形式，多获得了近3%的人民币升值收益。

上面说的这一套把资金转来倒去的路线图，当时的正立机电有关人员肯定不会很明白。不明白就对了，这就是银行高于客户的地方，你全明白了，那你就是银行了。你就等着收3%的收益吧。什么是3%？ 1 000万的闲钱，一年就能多收30万元，这难道不是好事情？

方案二：采用跨境人民币贸易的形式进行操作。杭州广发根据正立机电在本银行质押的存单，开立一张一年期人民币贸易信用证到正立机电的境外关联公司采购设备，澳门广发根据杭州广发开立的一年期贸易信用证，为正立机电开立即期美元信用证到消防设备供应商处采购消防设备。正立机电将于一年后支付货款给其境外关联公司，而境外关联公司即期支付款项给设备供应商时，澳门广发给予企业美元融资。在此种贸易形式下，正立机电获得与方案一一样的人民币汇率升值收益。

相信大部分读者根本看不懂上面所说的第二种方案，但是都能相信他们这个方案的可行性。这就够了。好，下面布置一个家庭作业，如果有读者对上述的两个方案有兴趣，你在看了书后，用一张纸慢慢地把这些境内外的关系画成示意图，理解相互关系，也许你会领悟到什么，以后也许能成为一个业余金融评论家。

总之，通过上述两种方案的操作，杭州广发成功营销了正立机电，获得了企业稳定的结算现金流。正立机电也通过杭州广发的操作，获得了额外的人民币升值收益，增加了企业利润。

对于银行，一个核心的问题出来了，那就是“如何评判我们是否为客户带来了价值的增加”。

杭州广发的理论是，这可以用一个公式来表示：

客户感知价值=客户总价值−客户总成本

只要在某一个时间段里，客户所感知的价值是在正增长，就说明银行是可以给客户带来价值增加的。

我们再把话说得更通俗明白些，那就是，理财的核心是给客户增收节支。但是，增收节支不是狭义的，必须是广义的，要拓宽理财的增收节支的视野与外延，就应该如此理解：增收，凡是在风险水平或成本支出不变的前提下增加的收益均是增收；节支，凡是在收益不变前提下，减少风险或节约成本支出均是节支。

这对银行来说，完全需要有一套全新的做法来支撑。

循着这个思路，杭州广发不断通过新技术、新方法来实现客户的利润价值、市场价值、成本价值、担保价值的创造与再创造，这也是他们新的银行理念的一个特点：为客户理财，让客户感知价值。这些年来，杭州广发先后推出了中小企业理财系列，如融资理财、担保理财、现金理财、采购理财、库存理财、销售理财、结算理财、股本理财、纳税理财、项目建设理财、风险管理理财，即凡是会发生资金流动的关节点，无不存在理财的机会。

这种全面理财的思路，正是银企全面结合互动的思路，也是银行提升客户资金管理水平的途径。

现在有一个问题出来了：杭州广发这种永远不竭的创新源泉从哪里来？或者换句话说，为什么杭州广发的员工对创新会这样乐此不疲？

道理很简单，金海腾说过：“银行的所有收益，都是服务的结果。服务得越多，自己的收益也越大，而服务项目需要不断地创新，所以，创新归根结底，就是为银行带来新的利益生长点的好东西。”

第十四章
融资更融智

银企合作不仅仅是货币上的合作，更重要的是商业智慧的合作。

——题记

企业如何过冬

要服务客户，必先研究企业。要研究企业，就得比企业自己都上心。你得随时随地关注着企业的“晴雨表”，关注着它们可能出现的阴晴雨雪、昼夜寒暑的变化。也就是说，银行要办成“企业经济的气象台”。

2008年3月，杭州广发预感到一场企业经济的冬天即将到来，说冬天是一种形容，实际上是企业的“经济萧条期”周期性地到来了。这时候，许多企业尚茫然不觉其事。杭州广发为此召开了一场“企业如何过冬发展”的主题研讨会，300多家企业客户的负责人应邀到场。

那个时点，其实正是春季，春季如何过冬，这让所有的参会者都有些纳闷。

当时的国际国内经济形势，其实并不差，甚至在许多人看来，还是相当乐观的。

就在那场主题研讨会上，杭州广发抛出了一个“经济冬天论”，并预言这个冬天将很快来临。

杭州广发从资金、成本、出口形势、财务等四个方面，解释了他们的“冬天论”的立论来由。

一是资金的“冬天”。从2008年1月的信贷投放来看，全国银行业信贷规模净增8 036亿元，增幅达7.1%，而此时监管部门已经发出了货币政策从紧的信号，后三季度的信贷规模将会从紧控制，这对习惯性依赖银行贷款、高负债经营的企业来讲，后续的资金弹药供给将是一个问题。

二是成本的“冬天”。通货膨胀情况下带来的成本压力，当时的CPI（消费者物价指数）和PPI（生产者物价指数）已分别高达6.1%和8.9%，同时利率提高也增加了资金成本。

三是出口的“冬天”。从当时的世界经济形势来看，经济发展速度正在减缓，这给外贸依存度较高的浙江经济带来了很大的压力，同时美元贬值导致很多微利的出口型企业不仅赚不到钱，甚至可能亏损。

四是财务的“冬天”。杭州广发通过对自己客户群体的分析，从2008年一季度情况来看，很多企业的日常经营中还存在着采购付款、销售回款、赢利降低等财务压力。

当时就有人认为，杭州广发的这种做法，好听点叫“急他人之急”，难听点就叫“多管闲事”。企业还好好地过着日子，银行却跑去说：你家晚饭成问题了。许多人把“冬天论”当成笑话听，当然也有人认认真真地思考起对策。

对于如何过冬，杭州广发给企业家们提出了八大建议：

建议一：关注宏观调控和国内外金融形势对企业经营的影响。

建议二：适度控制项目投资和股权投资。

建议三：实行与宏观调控和信贷政策相对应的销售投向策略和激励政策。

建议四：扩大企业内源融资比重和规模。

建议五：加强资金收支预测和缺口管理。

建议六：保持适量的现金或现金等价物，必要时能主动变现资产。

建议七：主动加强与贷款金融机构的沟通与协调。

建议八：以适度的效益代价换取发展空间。

同时，杭州广发提出了具体的新型金融服务方案，这一方案以创新的产销模式与金融服务模式相结合，可以针对性地提高企业在“过冬”时期的安全性和反应的灵敏度。

虽然当时的企业家们反应各不相同，但这次会议的一个重要作用是，的确让企业家们逐渐清醒地去认识和反思自己的企业，反思目前的状态是否能在企业危机发生时作出有效的反应，反思发展的状况和未来的方向。

后来的事实都一一应验了杭州广发的这些担忧。席卷全球的经济危机，让每个人都体会到了严冬的残酷，而且其势来得如此之快，如此之猛烈，更是让人们始料未及。当然这是后话。

回头再来看杭州广发当时给出的如何过冬的建议和金融服务方案，我们发现如果照此去认真思考对策的话，或许那个冬天也不会那么冷。

后来，杭州广发在回访客户的时候，很多企业家提到当时的那场研讨会都记忆犹新，也确实按照当时的建议去做了，这为他们后来应对宏观经济形势变化获得了时间和空间。

对于企业来说，融资的渠道和方式可以多样化，但更重要的是融智。

经济“天气预报”

正如提到自然灾害的发生，人们首先想到的是对灾害的预报；提及经济的“海啸”、危机、巨大波动，人们也想到了预报。

经济的灾害能不能预报？如果能，那就是经济情报分析与宏观经济预测，一般称为“经济资讯”。

2008年，杭州广发为了应对“企业过冬”，推出了一项资讯服务。

这项资讯服务通过两种形式实施，分别是每月信息《广发财经》和每日信息“广发资讯通”。

根据杭州广发客户群体的特点，《广发财经》筛选有价值的经济金融信息和企业管理方法，为企业高层的决策提供依据。而“广发资讯通”则是用手机短信的形式即时发送，内容包括每日的证券市场、货币市场、期货市场行情和涉及11个大类145个品种的大宗商品市场行情，是更加即时的信息助手。

在信息大爆炸的时代，搜集和提供有价值的信息并不难，难的是如何根据客户的需求筛选出有用的信息，并帮助他们使用这些信息。

这些信息有没有用？

因人而异。信息中有商机，但机会永远只为“有心者”准备着。

2008年，经历了数月金融危机的大宗商品市场持续委靡，铜价在每吨20 000元附近徘徊了很长时间。杭州广发在浙江金华有一家铜制品企业客户，老板每天都会接收到杭州广发的资讯短信，他是一个有心人，特别关注其中的铜价信息，并将它们一一记录并加以分析。2009年1月初，铜价突然出现异动，连续三天上涨。“这是不是一个大变化的征兆？”他想。

就在这时，他的手机响了，电话是杭州广发打来的，要跟他探讨铜价的走势。

第二天，杭州广发的客户经理来到企业，双方仔细推演论证，最终达成共识，认为经济周期的反复是影响铜需求以及铜价波动的本质因素，而此时，全球经济复苏的苗头已经显现，这将成为铜价进一步上升的有效推动力，接下去，铜价震荡走高将是“大概率事件”。在这个共识的基础上，杭州广发马上为客户设计了增加1 000吨库存铜采购的授信方案。

由于授信方案与采购工作同步推进，不到一周，1 000吨铜材已经进入库存。

一个月后，铜价几乎翻了一番。

老板说：“我手机里所有的短信都删除，唯独保留着杭州广发的资讯通。”

自此以后，凡是杭州广发的短信，他都要仔细地研究一番。

为客户提供经济信息，这是任何一家银行都做得到的事，关键在于愿不愿意做。这件事涉及银行经营理念的定位。银行通常都会研究宏观经济形势，但是研究的目的，常常只是为自己的经营安全着想，为了控制系统性风险，而杭州广发却是为了让客户做好生意。

因为他们由衷地坚信：“为客户开源，就是为自己开源。”

杭州广发的这种思路，并不是偶然发之，这是他们在“一家弱势银行的崛起”过程中的深切感悟。到2010年年底，杭州广发浮动抵押的动产已经达到150亿元之巨。

曾经有一位做钢材贸易的客户老板说过：“我即使不做生意，杭州广发也会让我每天都开进一辆奥迪，当然，我也可以每天给广发开来一辆桑塔纳。”当然，老板只是拿汽车作比喻。

正所谓，为客户开源，就是为自己开源。

企业财务顾问

杭州广发在自己十余年的发展史上，他们始终在自问一个问题：那就是，银行到底是做什么的？

随着他们经营的深入，对这个问题不断有了新解。杭州广发每一次给出的解释，都不仅是用语言文字进行定义，而是用一种创新的做法。因为银行始终是一种实践，实践自有实践的语言。

2003年2月，杭州广发推出了一项金融创新服务——企业财务顾问业务。

这项业务，是银行依托自身在信息、人才、网络、信誉等方面的优势，向企业提供有针对性的专项资料和方案，以满足其经营管理或业务发展所需要的有效增值服务。

这一严谨的定义，其实是事后总结出来的。之前杭州广发的想法很简单：自己有信息、人才、网络、信誉方面的优势，不用白不用。只是自己用，用了也白用，银行不是生财的载体，只有让客户来用，它们才可能生财增值。

但是，银行拥有的信息、人才、网络、信誉等，并不是什么人都可以用的，这就像修行，高级的修炼方法只能是“根器”好的修行者采用，不然会走火入魔。银行其实也是同一个道理。

在银行客户中，谁的“慧根”最好？杭州广发一直以来都有一个支持的倾向，那就是成长性良好的优质中小型民营企业。企业财务顾问业务的合作对象，也就定位在这一类企业身上，目的是在它们二次创业、再图发展的时候，为它们提供优质的银行专业在投资、管理方面的咨询服务。

顾问，不仅仅只是顾顾问问。从这个意义上说，杭州广发要把银行变成优秀客户成长的MBA管理学校。

金海腾说：“为什么不能呢？既然银行懂得为客户开源就是为自己开源，那么培训客户，为客户做咨询，这不是天经地义的银行业务？”

这不是说说而已。到2010年年末，他们累计开展顾问服务的企业，已经超过600家。

杭州广发将企业财务顾问业务分为两大类，一类叫“常年财务顾问”，一类叫“专项财务顾问”。

常年财务顾问，是针对企业近期经营管理的需求和远期发展战略，为其提供财务管理整体解决方案。所谓的“整体解决”，一是指整体性，包括超越财务范围的其他解决方略，如事关企业战略决策、财务管理、内部管理、企业文化建设这四个方面的信息咨询，企业诊断、业务培训、商务谈判、高峰交流等方案的设计和制订。

专项财务顾问，则是指根据企业的特定需求，为其提供有针对性的专项解决方案的服务，主要包括“重组”财务顾问服务、“并购”财务顾问服务、“资产管理”财务顾问服务、“债务管理”财务顾问服务、“投资”财务顾问服务、“融资”财务顾问服务、“财务管理”顾问服务、“资本市场直接融资”顾问服务等。

现在我们知道了，杭州广发不是招600个学生办一个培训班，而是始终不渝地对600家活生生的企业进行跟踪指导，解决五花八门、千奇百怪的问题。这里面不仅工作量大，而且更重要的是，银行需要付出大量的智慧和责任心。

这一角色，有些像传统戏曲文化中的“师爷”。这是一个企业的专业智囊团，当企业遇到经营管理中的重大课题时，他们将获得有效的专业服务，而企业平时不需要专门耗费大量人力资源费用去保留非日常所需的专业人才。

这就犹如企业再次发展的一个加速孵化器。

我们都可能相信，杭州广发企业财务顾问业务的实施，能够满足客户专业化、差异化和综合化的金融服务需求，从而密切银企之间的合作关系，建立新型良性互动的银企理财关系，也成为培育银行核心客户的重要手段。

这一切，我们都可以相信，但是唯一存疑的是，杭州广发也是一家银行，也有编制核算，哪里来的这么多有用的人才来开展没完没了的业务外的业务？而且，这里面不光光是人的数量，更重要的是质量，杭州广发得需要拥有多少个专家，才可能形成一个足以应付600家次企业顾问业务的顾问团队？

不解决这一问题，我们就难以相信杭州广发企业财务顾问业务的质量。

答案是，杭州广发是在没有增加人员的前提下完成这一任务的。

首先他们有一个核心的“职能机构”，叫做“企业财务顾问部”。这个部门专门负责听取一线的信息、寻找企业的需求、设计解决的方向、召集研究的团队、确定出任的人员。也就是说，杭州广发首先保证了这一工作正式进入银行的流程，只有进入流程，它才可能成为一种银行行为。请注意，这正是区别于非流程发动的重要因素，因为任何重要的“非流程发动”，最重要的一点往往就是“领导重视”，而领导重视的项目往往就是临时动议，领导带着大家做，领导离开了，这件事往往就“黄”了，这就是中国的“领导重视”的工作之所以常常会虎头蛇尾的原因。所以，企业财务顾问部所打通的是一个全行的工作流程，某个信息或者需求一旦进入这个流程，就意味着全行有机力量开始发动。

其次是采取课题式的“团队会诊”。我们说过，企业财务顾问部只是一个运行中枢，当某一个需求或者任务确定后，根据这个课题的需要，企业财务顾问部就开始协调人员，从行长、部门总经理直到某个专业人员，只要被点名，对其都是义不容辞的义务。这是一个因课题随机构成的跨门类的咨询团队，而且其不容忽视的意义在于，领导者——行长班子成员或者部门领导——他们往往是富有实践与决策能力的人，他们的判断能力与专业人员的分析成果一旦结合，常常是理论与实践结合的很好的意见。在国有银行里，许多优秀的业务骨干提拔到领导岗位后，从此在享受尊荣的同时，也被“剥夺”了再从事专业的权利，从而浪费了许多具有一线处事能力的真正有实力的人。他们被尊敬地搁置起来，成为可有可无的无数副职中的一员，或者去从事简单的行政操作，被称为享受“××级”待遇。这种现象在杭州广发是看不到的，金海腾本人就常常是某个课题的“会诊”者，而且往往会口出妙计。这是一个“一箭三雕”的机制，一是保证了高质量的“会诊”参与者，二是充分发挥和利用了领导岗位上的人员的实际能力，三是这种团队的“会诊”，其实也是一次很好的内部培训。我们有幸参加过杭州广发这种从行长到员工各阶层人员的集体讨论，能体会到其间的一种“知无不言、言无不尽”的气氛，有时候，上下级之间可以毫无规矩地辩论，可以手舞足蹈、口若悬河地阐述己见，犹如喇嘛辩经。

再次是知识面上“借助外脑”。银行业内人士的头脑毕竟不是万宝全书，不同的产业门类、不同的专业分工，在许多时候即使倾全行之力也未必能全无疑问地解决问题，这时候就需要借助“外脑”，请行业或专业专家来讲课开示或者参与方案的制订。这又是一种无形却有的放矢的培训。在许多时候，杭州广发会利用“外脑”举办全行性的专题讲座，因为在杭州广发这样思想活跃而且更需要活跃思想的地方，谁都会珍视每一次专业讲座或者培训，这也是杭州广发专业讲座特别多的原因。

银行会有意识地把这些活动作为对某些骨干或潜在骨干的培养机会，不断地培养员工，这是杭州广发一种很奇特的企业文化现象。当某些员工培养到一定火候时，银行就会安排他们进行中短期深造，经常到美国、英国、中国香港、新加坡等地出境学习。杭州广发曾安排51名中层以上干部去美国加州大学和富国银行学习，并选送了4名中层干部赴英国牛津大学和利兹大学研修MBA。杭州广发在这方面尤其舍得花钱，金海腾说过：“当他们最需要学习的时候去学习，一定会事半功倍。付出的学费与学到的知识相比，可能就是世界上最便宜的学费。”当然深造、培训是一个方面，更重要的是在实践中提高，他们尤其强调“银企共同提高”，强调“与企业同长进”。在这种氛围和机制下，不出人才就是怪事了。所以那些年，杭州广发的一个副产品就是，常常“出产”行长。把一个部门总经理放出去当一个分行的行长，当一个，像一个，成就一个。难道这其中没有一些关联吗？

杭州广发有一个口号十分发人深思，他们说：“针对企业的不同发展阶段，广发提供不同的智慧；针对企业的不同发展阶段，广发也在不断提升能力。这就是共同成长。”

顾问什么

杭州广发一直在思考的“银行到底做什么”这个问题，说起来有些无奈，其实他们在更深入的层面上，思考着一个更为深入的命题：买方市场的银行业务怎么做？

在这个世界上，现如今缺少的不是银行，而是优质客户。这就是买方市场。俗话说：店大欺客，客大欺店。买方市场正是“客大欺店”的形势。

有一个逻辑命题：有A必有B，这叫充分条件。

有一个逻辑命题：无A必无B，这叫必要条件。

还有个逻辑命题：有A必有B，无A必无B，这叫充分必要条件。

如果我们将上述的逻辑命题用于激烈的人事竞争，恰如一名员工在某企业里，如果有他（A）必做得成某件事（B），但是用其他人（C）也能做成某件事（B），这个人在企业里的地位就会受到挑战。同样，一名员工在企业里，如果没有他（A）肯定做不成某件事（B），他在企业里的地位一般不太会受到挑战，但这名员工很可能恃才摆谱，不做其他事情，企业只能养着他，这也会引起企业的反感，于是千方百计找一个也能办成某件事的人，宁肯养那个人，也要叫这名员工开路。所以最稳定的员工，就是“有他必能做成某件事”，包括一般人都能做到的事，又有“无他必办不成某件事”的潜能。这样，在没有非他不可的事情时，他就做一般的员工，做一般人也能做的事情，当需要他办一件除了他谁也办不成的事时，他又能脱颖而出，这样的员工，叫做一专多能，只要不刁钻，就是老板最喜欢的。

同样的道理，现在银行到了买方市场的时代。有你这家银行，当然能贷到钱，但是没有你，也能贷到钱，你只是一个充分条件。

在买方市场时代，所有的银行都是充分条件，而不是必要条件。所有作为充分条件的银行之间，在进行着激烈的竞争。

有没有银行能够成为客户的必要条件——没有你，别家银行还真干不了。

杭州广发就是想做这样一家银行：没有我，有些东西你还真转不了。如果这个需求大的话，就能使事情产生逆转，使买方市场成为卖方市场。卖方市场的好处，就是我们在前面已经说过的：银行也能选择客户，选择与自己具有共同价值观的、有成长性的优质客户，从而保证自己的优质成长。

杭州广发做的企业顾问业务，其实就是想做卖方市场，想在银企关系中形成良性的循环。

银行除了有钱，还有什么？

还有懂得运用金融技术来赚钱的人，以及可以用来赚钱的专业人脉关系与信誉。这就是银行潜在的资源。

除此，银行就别无他术。

好，我们就把潜在的优势拿出来赚钱，做别人没有的服务。

但是，这些优势不是杭州广发独家拥有的，其他银行也都有，有的还可能比杭州广发强，信不信？

信。盯着600多家客户，进行跟踪服务，人家想不到的你要想到，人家没想到的你要先想到，人家想不出的你要想出来，人家不会去想的你却要想出绝点子。不然，你当什么顾问，有什么资格当顾问？

一句话，这不是坐在主席台上的行政顾问，而是一桩受苦受累的活儿。

不是所有的银行都具有这些优势吗？但有的银行可能知道自己的优势也不敢轻易发挥，大多数银行的体制是做多了没什么好处，做错了问你的责，谁让你胡乱发挥积极性？他们要的是规范，是制度——你还是别做，这最保险。

可是杭州广发不同。它一没有根基，二没有积累，是一家弱势的小银行。死了，没人同情；活着，却有人妒忌。如果不自强就只能自认活该，只能唱《国际歌》："从来就没有什么救世主，也不靠神仙皇帝。要创造人类的幸福，全靠我们自己。"

杭州广发有这个能耐吗？伟人说过"在战争中学习战争"，他们在服务不同行业、不同类型企业的过程中，积累了大量的跨行业经验，这就是他们真正的资本。因此杭州广发的企业财务顾问业务，其意义不仅是为企业提供一个外部智囊团，更在于他们通过"转移经验"的方式，"杠杆式"地撬动客户企业的创新发展。

成立于1995年的金璧化纤集团（下称金璧集团），其老板以化纤原料贸易起家，加上专注的行事风格以及差别化的产品选择，在同时起步的几家化纤原料贸易企业中，算是做得特别好的。2001年，金璧集团的销售额已经达到10亿元。

企业越大，必然越要借助各种合适的金融工具。杭州广发从银行承兑汇票贴现业务开始与金璧集团的合作。开始时，企业好像并没有更多需要银行指导的地方，它以自己的自有资金和积累的利润来增加库存，销售时带款提货，并不需要银行授信支持。其商业模式，仿佛是“小买卖”放大无数倍。

杭州广发在仔细地考察过金璧集团后，只对其说了一句很中肯的话：“你的资金使用效率可以提升，而且很有提升的前景。”

这句话在当时并没有引起金璧集团太大的反响。

几年的积累，使金璧集团具备了对外投资的能力，也产生了对外拓展的欲望。这时候，他们找上门来。老板很实在地说：“化纤贸易是我的老本行，未来也将是我的主业。可是我需要寻找一个新的增长点，比如开办工厂，生产自己在销售的化纤原料；比如投资房地产，或者股权投资……”老板陈述了他的多个想法，听上去好像每个想法都已经有了明确的目标，但都不太确定。他说：“你们见多识广，我就想听听你们的意见。”这没问题，杭州广发的企业财务顾问部立刻组织对金璧集团的发展前景进行了梳理、论证和设计，最后的结论是认为可以投资房地产。就在这一论证过程中，金璧集团老板看到杭州广发不是靠拍脑袋决策的一帮人，他们分析有理有据，表述头头是道，说到可能出现的风险时虽然有些危言耸听，但防范的措施也会同时出台让你放心，尤其是在运作资金方面，点子层出不穷，最后的结论很是让人信服，最后老板说：“事情办得成、办不成咱先不说，要做这件事，就非得你们这班人马参加不可。我就请你们当顾问。”

投资决策上的参谋，最终促成了杭州广发与金璧集团之间的企业财务顾问业务。

虽然在当时投资房地产这种想法很多企业家都会有，但是杭州广发从金璧集团已经具备的对外投资的管理能力和资本积累两个要素出发，认为它可以做，而且银行也可以支持他们做，这就更坚定了金璧老板的信心。

2001年，金璧房产成功取得上海松江区400多亩住宅开发用地。

松江是上海西南部郊县，毗邻浙江的嘉兴，属于“一地跨吴越”的格局，同时拥有两省市的优势。松江又是历史重镇，松江府是太湖流域稻米、棉布、丝绸的集散之地，商业传统深厚，历史上的上海只是松江府华亭县下面的一个濒海小镇。金璧集团进去的时候，松江正值新一轮规划已经制订、行将开发的前夕，但尚未成为上海开发的热土。适逢其招商引资，这正是一个契入的好当口，金璧集团以低地价取得了项目。

杭州广发的介入，等于一下子为金璧集团注入了一批没有利益争议、不会闹思想问题，也不会威胁权力安全的实务型技术团队，使金璧集团在突然跨入一个新行业时，不会产生“隔行如隔山”的感觉。当时房地产贷款已经开始进入严控的宏观环境，顾问团队为金璧集团设计了分期、分批滚动开发、多种融资方式备付的顾问方案。金璧集团初入维谷，进退谨慎，也言听计从，双方配合十分愉快。整个进程确保了每批房产按进度实施，同时随着松江投资、居住环境的形成，楼盘价格出现了大幅的上涨，金璧集团获得了丰厚的利润，也由此奠定了其投资房地产的经验及资本基础。

杭州广发自己不搞房地产，经验从哪里来？这就是操作的奥妙了。因为杭州广发要做“卖方市场的银行”，就悉心组建了一个企业财务顾问部，专业做“好为人师”的事情。也因此，他们对当下一些具有开发性、前瞻性、敏感性的产业作了非常深入的研究，并在指导顾问单位的实践中不断积累经验。金璧集团已经不是他们的第一家房企案例了，其实当时他们已经胸有成竹。

直至今日，除了保持着化纤原料贸易稳定的业务态势外，金璧集团在房地产行业的影响力也得到同行的普遍认可，是目前绍兴地区为数不多的资产每年快速增长，而银行负债一直保持着5年前水平的企业，企业的净资产也由2001年的2亿元左右，增值到现今的10亿元。

我们只是从杭州广发的600多家企业顾问业务中，提取金璧集团作为一个个体案例来说明其中的原理与肯綮。“企业财务顾问”本来是对一种个人岗位或者身份的称谓，但是杭州广发将它产业化了。杭州广发之所以能够开展这项业务，除了它要做“卖方市场的银行”的意愿外，现实的基础就是，企业的发展需要理性，企业也正在变得越来越理性，这就是企业客户的大势。

任何事情的成败，往往在于是否“顺势而行”。凡成大事者，观势是必做的功课，杭州广发的“企业财务顾问业务”，只是顺势而为而已。

非洲业务计划

从杭州广发开办起，金海腾就说过一句话，叫“跳出银行办银行”。初说这句话的时候，许多人并不理解，甚至背后笑他是外行。

中国有三个行业由于吸收了西方管理规程而以管理的严谨精密著称，也由此形成了垄断性效益，那就是银行、邮政、铁路，它们分别被戏称为“金饭碗”、“银饭碗”和“铁饭碗”。要从“金饭碗”行业严谨精密的制度中跳出去，银行该怎么办？

杭州广发所在的浙江地区，历来是出商业天才的地方。金海腾在宁波工作的时候就听到过一个关于银行的故事。说的是20世纪20年代的上海，趁着第一次世界大战期间列强们无暇顾及远东的发展，一批民族资本进入了金融业，上海滩涌现了十余家中资银行，绝大多数都是浙江人开办。其中有一家宁波商业银行，一成立就想到在全国开办股份制分行。当时，中国的资本对银行是怎么回事还知之甚少，更别说投资办银行。宁波商业银行出了一个怪招，成立了一家旅游公司。那时候旅游公司也很少，宁波商业银行请客，请了一批上海滩的名流体验旅游服务。大家高高兴兴地坐轮船溯长江而上，过南京、九江、汉口、沙市直到重庆，这一路上，银行的旅游公司就在船上慢慢地跟大家谈银行，谈银行的赢利方式、发展前景，在每一个靠岸的城市，逐一考察当地的经济、物产、风土、人情，评说城市商业发展的前景和建立银行的可行性。当他们在半个月后回到上海时，所有的旅客都有了一个新的身份，不是九江宁波商业银行的股东，就是汉口宁波商业银行的股东，要么就是重庆宁波商业银行的股东。

这个故事给金海腾留下极其深刻的印象，也对他的“银行观”的形成具有重大的启示。“银行可以是经济活动的核心组织者”，他想，“如果当初上海宁波商业银行旅行社带出去的，不是考察办银行，而是考察办电厂、办水泥厂，这个方案也是可行的，银行最终就是这些投资者的开户银行，就是与他们双赢的合作人。”

金海腾认为，如果银行能够成为经济的组织者，就是跳出银行办银行了。他一直在思考和寻找一个机会，只是没有确定要在多大的范围内组织这样的生产要素，然后形成新的银行业务生长点。

他终于想明白了。

2008年1月，行长金海腾、企业财务顾问部总经理蒋骊军和几位企业家一起，坐上了飞往非洲的飞机，他们要去考察和访问的不是富裕的南非、埃及或者黄金海岸，而是经济并不发达但是与中国有着传统友谊的赞比亚和坦桑尼亚。这里曾经有一条中国援建的坦赞铁路，相声大师马季曾经为此留下过脍炙人口的相声《友谊颂》。金海腾他们拜见了赞比亚的副总统，查看了中国投资人在赞比亚的铜矿，了解了其在投资方面的一些政策和需求；在坦桑尼亚，中国大使馆的刘大使还特地邀请金行长一行参加晚宴，并详细介绍了坦桑尼亚目前的政治经济现状，以及发展投资和业务的机会；金海腾也在达雷斯萨拉姆参观了中国援建的火车站，了解了坦赞铁路的现状，据说坦赞铁路由于缺少资金，年久失修，每周只能开三趟，而且非常不准时，使得赞比亚大量的货物不能及时运送出来。目前日本和美国的一些公司正在考虑投资并接管坦赞铁路，但是由于这条铁路是当年中国政府援建的，坦桑尼亚政府还在征询中国政府的意见，如果中方愿意继续投资修缮这条铁路，坦桑尼亚还是很愿意让中国政府来经营的。金行长初步算了一下，实际改造机车和铁轨，还有管理人员投入，有十亿人民币也就够了，如果联合国内的企业家募集十个亿，那坦赞铁路的经营一定能大有起色，经济效益也会非常明显。

在考察中，金海腾一行敏锐地发现有许多浙江企业家已经在非洲投资，大部分投的是矿产、制造业和商贸业务。他们在宾馆里正好碰到一批绍兴的企业家在考察当地的房地产。他们的直觉是，到这些和中国比较友好的非洲国家，虽然基础建设尚待加强，但这里资源丰富，又缺少资本投入，有很大的发展空间。

银行如何成为客户经济的组织者，正是金海腾此次非洲考察的主题，他反复地思考着，也为自己的计划而兴奋。杭州广发要作出一个非凡的决定，在世界范围内为浙商客户整合资源。

回到杭州以后，金海腾马上召集了一次关于非洲业务的讨论会，把在非洲的所见所闻与中层以上的干部们作了交流。在求得统一的意见后，他就开始布置任务，各业务部门和支行先对所属的客户作个摸底，看看哪些客户已经在非洲有业务了，哪些正准备去非洲发展业务，或者有这方面的考虑。一周之后，初步调查的结果非常令人振奋，在杭州广发的客户中，已经有十几家在非洲发展了业务，有做矿产的，有开工业园的，有开纺织厂的，有开卫生巾厂的，有卖缝纫机的，有卖摩托车的，还有卖纺织品的。而且调查的另一项结论也令人兴奋，那就是这些客户在非洲的所有投资，都是自己现金兑汇后直接支付，没有专门的银行为他们提供金融和其他方面的服务。

"这是一个很好的新业务发展机会。"金海腾说。于是行长室立刻决定制订由企业财务顾问部牵头的"非洲业务计划"，其主要内容就是整理出在非洲有业务和准备发展业务的客户名单，针对不同国家的业务，作好分类安排，由分行负责联系所在国的中国大使馆商务处，了解投融资的政策，同时准备分批组织客户前往非洲考察，还联系非洲当地的政府招商引资部门，邀请他们讲解投资的项目和政策。杭州广发再辅之以投融资的分析和财务顾问的服务，希望以此来推动浙江全省的企业家走出国门，走向非洲，寻找业务的新的增长点。

一时间，杭州广发的客户经理们忙碌起来了，很多客户也络绎不绝地来分行拜访，畅谈他们的业务计划和投资方案，并寻求杭州广发的进一步合作。台州宝石集团、绍兴越美集团等企业更是迫不及待，要求杭州广发企业财务顾问部立刻落实非洲发展的操作细节，企业财务顾问部也因此一边马不停蹄地起草"非洲业务计划"的详细操作方案，一边联络赞比亚、坦桑尼亚、尼日利亚、肯尼亚和南非等地的大使馆，搜集各类投资管理政策，又通过外管局和当地的代理行，了解当地的经济金融环境，提出在各个国家业务操作的初步方案和建议。与此同时，杭州广发的信贷部门和国际业务部则分别设计专项信贷审查的标准和审批的要求，国际业务部还在国际结算配套和贸易融资等方面作了准备，随时为客户提供良好的结算服务。

忙碌的准备工作整整花去了四个多月的时间，那时候，第一批访问团的名单都已经拟定，正准备订机票的时候，突然发生了次贷危机，全球经济危机爆发。这是一个谁也没有预料到的重大变化，"非洲业务计划"不得不因此搁置。

“非洲业务计划”虽然戛然而止，但余韵却久久萦绕在杭州广发那令人奋发的氛围中。一方面，杭州广发已经正常开展非洲业务的客户的服务有了进一步的加强，更为重要的是，杭州广发已经清醒地感觉到自己的一种潜在优势，那就是客户经济发展的组织者的优势，这才是“跳出银行做银行”的主旋律。

第十五章
超越经济利益的服务

美国有一个农民，他种的玉米一直是得克萨斯州最好的玉米。这其中有什么奥秘？人们终于发现，他每年都会把最好的种子送给他周边的农户。问他为什么，他说："玉米晾花的时候，风一吹，周边土地上的玉米都会相互传粉。你要种出好玉米，一定要周边土地上都是好玉米。"这个故事，难道不能对我们有所启发吗？

——题记

银企信用共同体

2008年，杭州广发的一位贷款客户由于非常规经营风险，导致一笔500万元的贷款逾期。好在这笔贷款由另外一家担保企业承担着连带责任。按照一般的处理方式，贷款逾期，借贷客户肯定不会有大笔现钱，银行这时候应当立即起诉担保单位，使银行的资产得以保全。

银行常常说，当一笔贷款发生风险时，也是银行与客户企业的利益冲突最为激烈的时候。而企业认为他们最后往往是被银行掐死的。世故的局外人则会说：银企的合作关系恰如夫妻，夫妻本是同林鸟，大难来时各自飞。

这一次，杭州广发与那位贷款客户的合作关系，也面临了一次"大难"。

杭州广发资产管理部总经理姚非非首先对担保企业作了深入的了解，发现当时这家担保企业的资金链非常紧张。如果此时起诉担保单位，虽然担保的连带责任涉及的500万元，并不是一个十分大的数目，但是执行下来，马上从那家企业抽走500万元，对他们的影响可能会是致命的。

姚非非当时的基本判断就是：通过起诉让担保单位来还款，使银行资产得以保全，这是正确之策，但绝非高明之举。

姚非非冷静地分析了贷款企业和担保企业的实际情况，他认为这两家企业的老板都是非常有诚信的，按照这两家企业当时的经营状况看，通过一段时间的有效运作，他们一定有能力归还贷款。于是，他提出了一个“暂缓起诉”的建议，并附上了后续的解决方案。他的基本立论就是：杀鸡取蛋，不如养鸡生蛋。而且只要两只鸡活着，银行还能不断地吃到新蛋。

这个建议得到了分行行长室集体决策的批准。

当姚非非与经办的支行将这一方案告诉客户时，两家企业都感到非常意外，当然也很乐意接受姚非非设计的后续方案。

然而，更让杭州广发感到意外的事情出现了。

一周之后，那家担保企业来到银行，一下把贷款企业逾期的贷款连本带息全部还清了。不是说没有钱吗，突然间哪里来的这么多钱？

老板是以个人名义向朋友借款来还贷的。

他说：“在危难之时，广发的做法让我很感动。如果你们起诉，可能就会影响到我们的正常经营。说实话，当时我甚至想过大不了我承担责任但拖着不还。没想到你们却这么信任我们，事先已经替我们把该想的都想到了，将心比心，仁义无价。所以无论如何，我都要先还上这笔贷款。”

投桃报李的事情，在生活中并不是偶然。

金海腾说过：“企业对银行的真正信任，并不表现在经营状况良好时选择与哪家银行合作，而在危难之时选择将最后一笔钱还给哪家银行。”

是的，这就是“心中之重”。

银行与企业若要长久合作，共同发展，有一个重要的方式是结成“利益共同体”，在商业社会中，只有互惠互利，相互间的依存度才会高，但是这一利益共同体形成的基础，却是“信用共同体”。

互信才能互惠，互惠才能互利。这是常识。

所谓信用共同体，在金融产品的创新中，已经有银行开始尝试。比如为了解决同一产业链或同一市场等具有共同特征的企业群体的融资或其他事关共同发展的问题，由银行、企业、管理方（比如行业协会、园区管委会等）三方通过共同约定，来约束和促进各方的信用行为，以达到共同发展的目的。

在我们上面讲到的例子里，杭州广发资产管理部总经理姚非非的智慧，正在于他主动创设了一个信用的平台，使银企合作首先成为信用的合作。而在商业社会中，信用是经济人最集中的价值体现。

虽然那家担保企业提前还款有些偶然，但是这两家企业与杭州广发之间的信用链接，一定会更加有效。这就形成了新的信用共同体。

因此我们可以这样来看待和理解这个"信用共同体"：这是一种通过更进一步的非利益约束而建立的信任基础。

非利益约束，这就超越了商业的范畴而达到了道德的境界。

这是不是天方夜谭？不是，这可能称得上是东方夜谭，一种非常东方化的道德理想。

也就是说，相互合作的双方，通过利益约束可以形成信用共同体，做成一笔生意；而如果是通过非利益约束形成的信用共同体，就能长久地做成好生意。

在"信任关系"当中，到底是应该银行先信任企业，还是应该企业先信任银行，这又是一个"先有鸡还是先有蛋"的命题。杭州广发认为，银行在建立银企信用共同体的过程中，不能仅看重眼前的短期利益，而是要真正用心地去建立这种互信关系。信用与风险正好是一对组合概念，信用是冒险的信任。

杭州广发提出银行是经营信用，也是经营风险，正是这个意思。而信用的风险，却常常因为对待信用时太重视利益，又具有一种超越经济利益的价值。

于是，杭州广发在为企业服务的过程中，常常有超越经济利益之举。

关键时刻，是体现信用的时刻

2004年9月，在迎来新世纪第一次宏观调控的时候，杭州广发召开了"2004年浙江民营企业高峰会"，有54家浙江优秀民营企业的企业家应邀到会。这次会议就其议题而言也属一般，就是银行与企业共同探讨如何适应宏观调控，并主张加深合作来共同面对新的政策环境。但是，这次会议上，杭州广发提出了要与客户“风雨同舟，肝胆相照”的行为准则，在关键时刻，这对困难形势中的民营企业不能不说是一种莫大的精神支持。

银行与企业为什么要在合作中“风雨同舟”？杭州广发的解释是，因为只有企业赢利并取得发展，银行的贷款才能获得收益并如期收回，银行业务也才能随之扩大；反之，企业的困境也必然导致银行贷款难以回收，从而产生呆账坏账。从长远发展来看，银企关系唯一成功的结果就是“共赢”。

这一思想并不新鲜，只能说是一句大实话，也是以前我们所说的“为客户开源，就是为自己开源”的更为通俗的解说。新鲜的却是它是在“风雨”来临的时候提出，就具有了不平常的意义。

杭州广发继续解释说，银企双方若要“风雨同舟”，就必须做到“肝胆相照”。所谓肝胆相照，说的是一种共生的关系，互相以对方的正常生态作为自己生态正常的前提。因此，银行与企业都要以诚相待，银行和企业都不能因为短期利益而损害对方的利益，这样的银企关系才会稳定，才能产生“1+1>2”的效应。

而在这一主张的提出中，杭州广发首先作出了一个承诺：要“做一家富有责任心的银行”。在其后的一系列银企事件中，杭州广发都表现出一家有责任心的银行的应有作为，而更主要的是，这一承诺从此成了杭州广发的一种企业道德。

2010年一家叫金洲管道的企业在中小板上市，它是管道制造业中的国家级“龙头企业”，在2004年的那波宏观调控中，由于事先思想准备不足，操作上也存在问题，它一时陷入了经营的困境。金洲管道有几项新的投资项目，由于受宏观调控的影响出现了资金困难，这使金洲管道突然间陷入进退维谷的境地。

为了保证投资不受损失，企业就必然要对主业生产的有限资金“釜底抽薪”。

而如果“釜底抽薪”，必然影响主业的正常经营。

如果要保证主业的健康经营，就必然损失投资。

这事情，说简单就这么简单。

各家银行都密切关注着事态的发展。杭州广发也是贷款发放银行之一，也在密切关注者之列。

关注是什么意思？说白了，就看银行有没有能力挺过去，如果真不行了，就立刻采取保全措施，先下手为强——银行以金融安全为第一原则，在这一原则下，坚决“六亲不认”。

风雨真的来了，也就是考验杭州广发能否“风雨同舟，肝胆相照”的时候了，看你的“责任心”如何体现？

杭州广发迅速组成了以副行长章育民和市场一部总经理谌福民为核心的专家团队，赶赴金洲管道商量对策。章育民开门见山：“我们来的目的，是来商量如何帮助你们在政策允许的条件下摆脱困难。”

谌福民是从湖墅支行的行长任上调到分行担任市场一部总经理的，有很强的一线实务能力。他一参与调查，就发现了问题的根源。金洲管道在浙江湖州投资了一个叫“ERW630石油管道”的生产项目，这在当时是国内最大口径的石油管道制造产业，这个产业从理论上说是很有前途的，因此杭州广发以固定资产投资贷款的形式，向金洲管道发放了2.75亿元的贷款。现在的问题并不是出在“ERW630石油管道”项目里，而是企业为了获得最大的利润，在管道制造的上游炼钢业中收购了一家小型的钢厂，这种小钢厂往往规模小而耗能高，是国家宏观调控的压缩对象。现在的问题是，“ERW630石油管道”项目中的1个多亿的资金已经被企业擅自调用到钢厂改造，钱都花下去了，企业的资金链基本断裂。

谌福民最后为金洲管道归纳出两条关键性的症状：

其一，完成“ERW630石油管道”项目资金不足，不能保证如期试车开工。

其二，即使“ERW630石油管道”项目如期开工，石油工业也亟需这种类型的管道，但是金洲管道目前在国内油业中并没有信誉，一时还打不进这个领域。

这也就是说，不继续做下去不行，继续做下去可能也不行。

金洲管道的头上，悬着一把“达摩克利斯之剑”。而杭州广发的头上，也同样悬挂着一把“达摩克利斯之剑”。

谌福民立刻向分行汇报了这个情况。

分行领导的意见十分明确："金洲管道是杭州广发的战略合作伙伴，我们一贯采取支持的态度，在这节骨眼上，这个态度坚决不能变。但是我们不支持客户发展国家宏观调控淘汰的产业，也不可能向这个淘汰项目发放贷款。我们支持的是'ERW630石油管道'项目，但是这个项目我们已经发放了足够的贷款，没有理由再追加，因为追加意味着变相贷款给炼钢厂项目，而那个项目不仅是国家明令淘汰的项目，而且客观上也不会有实际的成果。"

分行领导的意见让谌福民一下陷入了迷茫之中，他首先的理解就是：这家企业我们要坚决给予支持，但是不再发放一分钱。

企业当下最需要的就是钱，没有钱，又说要坚决支持，那不是一句空话？

谌福民毕竟是杭州广发培养起来的实干型基层行长，一个灵光闪过，他明白了分行领导的意图。

什么意图？

谌福民心里嘀咕着："我们银行不给钱，但是要有人给钱。"

谁给钱？这是杭州广发经常的策略：提前嫁接产业链。

银行的信用在这时候开始发挥作用了。

金洲管道要完成"ERW630石油管道"项目，不就缺少1个亿的资金吗？谌福民马上开始筛选他的客户有没有与管道产业可以形成上下游关系的，哪怕是建设中的原材料供应商。

他帮助金洲管道向5家供应商解释了新的业务合作模式，并以商业承兑汇票的形式，把它们与金洲管道嫁接到了一起。这些供应商提供金洲管道指定的"ERW630石油管道"项目的原材料，但是4个月后兑现货款。这4个月中，所有进货就凭着金洲管道开出的一张"白条"——4个月后方可兑现的"商业承兑汇票"。

杭州广发并没有出钱，只是嫁接了一个信用，或者说付出了一份信用。

这5家上游供应商平均每家垫付了2 000万元的资金，金洲管道在2006年顺利完成了"ERW630石油管道"项目，并隆重开工。

第一个问题解决了。

第二个问题同样是用"嫁接"，只是这次嫁接得找一家"大户人家"。

杭州广发是中小企业的银行，他们的客户中缺少的就是“大户人家”，或者说是“石油大亨”。

金海腾发话了：“银行没有这样的社会关系，我们个人有没有？”

他号召“化私为公”寻找资源。

这倒是再一次拨亮了谌福民的心灯。其实他自己也没有什么资源，但是他显然想到一个方法，他把金海腾的原话告诉了自己的企业客户，企业也想到了自己的社会资源。于是，几经联络，通过朋友的朋友的朋友，他终于联系上了国内某家著名的石油企业，绝对有分量的国有“大亨”公司。

这时候，这家“大亨”公司正好准备在渤海湾发展一个新的基地，需要大量的ERW630石油管道，“大亨”说：“干脆我们入股，如何？”

就这样，金洲管道跟着“大亨”合作者，大摇大摆地进入了中国的石油行业。

在这个过程中，杭州广发付出了什么？从金融意义上说，什么都没有付出。但是他们付出了真诚。这种真诚，就是一种信用。

只有信用，才是无价的。

像养孩子一样的全程服务

企业管理中有一个经典笑话说，办企业有两种境界，一种是像养小孩一样办企业，一心一意把小孩养大，扶持他上学、就业、结婚、生子，办成一家著名企业、品牌企业；另一种是像养小猪一样办企业，什么时候能卖好价钱，就赶快卖掉，然后抱进新的小猪来养，再卖掉。

话糙理不糙。

杭州广发对待自己的优质客户，坚持像养小孩那样，一心一意地把其养大。这是一份近乎慈爱的情感，是人世间最纯真的情感。

为了证明这份情感，杭州嘉禾物资公司总经理魏凤娟讲述了一个故事。那是发生在她身上的真实故事，故事从十年前开始。当时，魏凤娟和她的父亲共同出资，成立了杭州光大物资有限公司，注册资本只有200万元，在杭州广发营业部开立了基本结算账户，从此开始了与杭州广发十年的合作，也成为杭州广发精心养护的客户。

魏凤娟说，她尤其对杭州广发“上门收单”的服务感到满意，也以此建立了互信。当雄心勃勃的魏凤娟试图再向前发展一步抓住上游钢厂时，终于与唐山鸿达制管公司谈妥了合作意向，兴奋之余却遇到资金的问题。杭州广发分行营业部马上为她做了一个“三方保理”的创新方案。

魏凤娟事后回忆说：“当晚我就和上游钢厂沟通了该方案，30%保证金，700万敞口的银票，当我把1 000万元的银行承兑汇票第一时间交给上游钢厂时，我看到了钢厂财务部长充满敬意又有点诧异的目光，他们诧异的是我以最短的时间筹集到了资金，敬佩的是广发银行急客户之所急，以拓展性思维创造的授信方案。终于第一单业务顺利操作成功。”因为她知道，当时没有一家银行敢于解决这么一家小公司的这样一笔大融资。

魏凤娟公司的销售规模连年扩大，从2002年年末的2个亿，到2004年的4个亿，银企之间成了风雨同舟、患难与共的朋友。魏凤娟回忆说，到2004年年中，又出现了新问题。合作的唐山钢厂由于对外投资过大，资金链骤紧，尽管货款已经发过去，却迟迟不见对方发货。心急如焚的魏凤娟第一时间找到杭州广发分行营业部总经理吴郡和客户经理陆必驰，两人二话没说就连夜赶赴唐山钢厂，不巧钢厂的老总却在上海，于是第二天凌晨两人又飞往上海与钢厂老总沟通，敦促企业及时发货，最终及时化解了该笔风险贷款。

魏凤娟的业务做得更大了，她又与唐山华岐制管有限公司合作，意向一达成，杭州广发营业部的吴郡总经理立刻带上客户经理陆必驰，再次赶往唐山对上游钢厂进行贷前调查，花了一个通宵赶出了授信方案，授信额度2 000万元，敞口1 400万元。这是什么样的服务？上游钢厂也被杭州广发的敬业精神和工作效率感动了，说：“你们是世界上效率最高的银行。”

很快，魏凤娟的公司年销售额做到了8亿元，在杭州的钢材界有了一定的知名度，这时候，其他股份制银行也拉着她的袖子要积极介入。魏凤娟的回答只是一句话：“饮水不忘掘井人，在我心中，广发银行自始至终都是摆在第一位的，他们帮助我联系上游钢厂业务，会对我公司的管理架构、财务管理、市场划分提出很多有建设性的意见，这是其他银行可能无法比拟的。”

2005年年底，魏凤娟的公司要开发无锡市场，在无锡成立了分公司，但货源满足不了旺盛的市场需求，魏凤娟又想与唐山钢材“五虎将”之一的宝业实业集团（下称宝业）合作，还是吴郡和陆必驰飞赴唐山，向宝业总裁介绍魏凤娟公司和银企合作的理念，把杭州广发的信用嫁接到客户，宝业董事会很快同意了合作方案。两年后，魏凤娟的公司已经成为宝业的第一经销大户。

十年的合作，魏凤娟的公司从未发生过一笔逾期，历年被评为杭州广发的GP优质客户。“这让我非常自豪，”魏凤娟说，“每次杭州广发都会邀请我参加一年一度的全行员工大会，我更会被广发银行的文化氛围深深吸引，经常是杭州广发各类活动和广发论坛的座上客。即使在广发银行重组前后最困难的时候，我们也始终坚信广发银行是一家有希望的银行，我们要与他们紧密地站在一起。”

当杭州广发十周年行庆的时候，魏凤娟做了一件谁都没想到的事情。她把自己企业所有的结算资金，都集中到杭州广发的结算账户上，又动员了她的上游钢厂也到杭州广发来开户。

她解释说：“广发是我永远值得信赖的朋友。”

这就是一位细心的女企业家送上的行庆礼物——一份厚重的信任。

坦诚相见的“峰会”

银企关系应当是一种和谐的关系。何为和谐？《论语 · 子路》说：“君子和而不同，小人同而不和。”这已经成为中国人对于人际关系和谐的非常到位的理解。真正的朋友应该是真诚的和善，在具体问题上则不必事事苟同，即使一时不能互相理解也不会伤了和气，容忍对方有独立见解，同时不隐瞒自己的不同观点，提出真诚的批评，才算是肝胆相照、坦诚相见的真朋友。

上文已经说过，2004年，杭州广发在宏观调控的背景下，召开了一场以“风雨同舟，肝胆相照”为主题的研讨会，并表明杭州广发一定会负责任地帮助客户安渡经济转型期可能出现的难关。有54家企业客户的负责人应邀到场，成了杭州广发历史上第一次客户企业“峰会”。

这次峰会给杭州广发一个重大的启示，那就是峰会的气氛使他们意识到，银企关系不仅仅是资金的信贷关系，因为信贷关系好比一座浮在海面上的冰山显露在水上的部分，整座冰山才是一个更大的共同发展的主题。客户需要银行，银行更需要客户，从这个意义上说，银企关系是一种共生关系，它共生于银行所有客户组成的“信贷经济共同体”的发展之上——所有与某一银行建立信贷关系的客户，无形中就成了这家银行特殊的“亲友团”，这很像一所学校与全体学生家长的关系。银行要自身发展，就必须研究这个特殊群体的发展，因此，“荣辱与共”在这里就不是一句空洞的口号。

这就形成了两年一次的杭州广发的客户“峰会”。

2004年召开的峰会后，两年一晃而过，2006年，杭州广发在杭州之江饭店召开了第二届民营企业高峰会，相较于2004年的第一届高峰会，参会企业从54家变成了208家，杭州广发核心客户群体进一步壮大了。此时，经济环境和企业发展势头都相当好，金海腾将他们“客户是朋友”的理念再次深化，提出了“坦诚相见，合作批评”八个字。这八个字并不是峰会上的作秀，而是杭州广发将其一贯的客户服务理念，再一次提炼升华的结晶。

这次会议的意义在于，它是杭州广发信贷文化的一次提升。“坦诚相见”从此不再只是作为零星的银企关系，而是上升到银行与整个客户群体的整体道德关系。

如何做到坦诚？在行长金海腾的理解中，就是能够直面对方的缺点，并如实告诉对方。

曾经有位企业家，在所在行业内已有非常高的知名度，他的企业也是杭州广发的重要合作客户。2005年年底他来拜访金海腾，一番互相交流信息之后，金海腾问了他一句话：“请问你去年读了哪一本书？”那位企业家张口结舌，说一本都没有看过。“你管理这么大一块资产，早已不是过去的小企业了，而且你的企业已经是国内相对的龙头企业了，难道你真的不需要看无论是一本企业经营管理还是员工管理方面的书吗？”金海腾连珠炮式的追问让企业家更加尴尬。后来，金海腾送了他一本《我为伊狂》，希望能激发这位企业家多读一些书，多思考一些问题。如是的坦诚，虽然令人尴尬，却让人冷静深思。之后，杭州广发与这家企业的合作也越来越趋于良性。

真正的坦诚相见，就是敢于给对方以善意的批评意见，同时也希望对方报以同样善意的批评。这在越来越看重“表扬和自我表扬”的社会风气中，多少有些格格不入和鹤立鸡群。坦诚，这正是杭州广发屡屡给客户深刻印象并愿意与之成为朋友的原因之一。

2005年年初，浙江红楼集团（下称红楼集团）准备去北方A城投资一个商场，由于前期在杭州广发的帮助下红楼集团曾经成功操作了一个投资项目，所以红楼集团的董事长邀请杭州广发担任这个项目的财务顾问。行长金海腾、副行长章育民和宝善支行行长陈晓文组成的顾问团与红楼集团一起奔赴A市进行现场考察。

一番考察后，红楼集团董事长满怀憧憬地对项目进行了预期性演示，试图说明方案的可行性。金海腾在众人发言之后，力排众议，对项目的“不可行性”作了透彻的论述。“太理想化了，”他对红楼集团的董事长说，“这件事如果你真的做成功了，A市政府一定会请你做市长顾问，或者授予你荣誉市民称号。”这是善意的揶揄，也是尖锐的讥讽。这位董事长一听就明白了，也因此而生出警觉，半个月后，经过再三考察和思索，最终决定撤资。当这位董事长一年后再次见到金海腾时，特意表示了感谢：“你尖锐的话锋使我警醒，说实话，到了我们这样的位置上，很难听得到真话了。”

这不是偶然的个案。在杭州广发的信贷文化中，有一条理念叫做“批评的信贷”，银行对企业要用客观的眼光去审视，企业对银行的服务、观念、方案同样也可以提出批评，双方都乐于直面困难，发现缺点，寻找更好的解决方案。

2006年的客户峰会，成了高扬杭州广发“批评的信贷”的旗帜的典范性会议。

这以后，2008年，杭州广发召开了第三次峰会，会议的主题变成了“携手创新，合作共赢”。当时让所有与会企业家感到震撼的是，金海腾在会上作了一番深刻的检讨。

“我今天要讲的是杭州广发不讲信用的一件事情。我们有一家合作的企业，在它最困难的时候，我们行帮助了它；可在它面临一次质的大突破时，我们却害怕了，撤出了，虽然没有给这家企业造成损失，却也造成了一定的影响，最后这家企业走过了那个瓶颈期。我想说，当我们在坚持一个理想和信念的时候，当我们一再强调要坚持我们的文化的时候，行动上能否一以贯之，这对于我们杭州广发来讲是最根本的。我们要反思自己没有做到位的，希望我们的员工今后不要这样。我希望企业家们能够理解我们，我相信一个坦诚的人，是能够直面自己的错误并真诚改正的。”

金海腾说的这位企业家叫章鹏飞，他当时并没有在场，当他从别人的口中得知金海腾的这番话后，感慨万分：“金行长是我见过的最真诚、最值得尊敬的银行家。”章鹏飞所创办的企业目前已经拥有中国第一家连锁专业市场管理公司和20多家全资、控股或参股子公司，集团净资产近50亿元，是一家集市场商贸业、金融业、医药保健业、文化产业等关联产业于一体的大型企业集团。

企业家是企业的人格化，银行家是银行风格的基石。金海腾的风格，演绎了杭州广发“批评的信贷”，而杭州广发通过金海腾的批评和自我批评，展示了银行的真诚。

国人常常批评许多会议流于形式，那是因为有许多会议往往只是在演示权力和比较权力，但是，如果你参加过杭州广发召集的“企业客户峰会”，你就会联想到宋代大家欧阳修在他的《朋党论》里的那句话：“大凡君子与君子，以同道为朋，小人与小人，以同利为朋。”

请体会一下这三次峰会的主题：从2004年的“肝胆相照、风雨同舟”，到2006年的“坦诚相见，合作批评”，再到2008年的“携手创新，合作共赢”，客户理念的三部曲，正是杭州广发客户建设的三个阶段性主题的缩影。

真心大于技巧

杭州东南染整公司（下称东南染整）在萧山一带享有颇高的知名度。这是一家较早转制的私营企业，2003年前一直运营得很正常。作为典型的家族化管理的企业，东南染整由父亲掌管着整个企业的实际经营，两个儿子和一个女儿则分别掌管着企业的其中一块，一家人同心协力，让旁人看着都羡慕。

可是到了2003年，家庭内部失和并影响到企业的管理。几次交锋之后，眼看企业就陷入了一分为三的危机。老父亲无法控制局面，当地镇政府急了，但做了大量工作也解决不了问题。在这段时间里，有一家银行的贷款到期了，东南染整竟然也没有正常出款，整个企业在经营上陷入困境。

当时东南染整在杭州广发萧山支行有1 000万元的贷款。家人虽然吵翻了，可是在长期的合作中，对广发银行都有很好的印象，因此各方都一再表示贷款到期归还是没有问题的。萧山支行行长助理倪曙晖与他们一家都比较熟悉，看着这个家族企业一步步发展起来，看着他们一家人协力打拼，历程堪为艰辛，所以他一直对东南染整出现的局面深感惋惜。他想，如果能让他们重归于好，不但对这个家族是一大功德，对于银行也是一件好事，因为东南染整也是萧山支行几年来辛辛苦苦培养起来的核心客户，如果因此倒下一蹶不振，而银行不能及时施以援手，自己也会受到良心道义上的谴责。

于是倪曙辉一相情愿地当起了这家企业的高管也就是父子之间的调解人。其间的工作可谓风诡云谲一言难尽，经过一个多月的努力，父子四人终于重新坐到了一起，在倪曙晖的主持下，一团和气地签订了一份各方都感到满意的协议，大家把心里想说的都说清了，担心的问题也都考虑到了。一句话，父亲不能太霸道，儿子不能太较真，家里的规矩该怎样就怎样，企业的事务还得按现代企业制度办。就这样，银行狗逮耗子多管闲事，父子们也恰恰“买了他的账”，企业重新恢复正常经营。目前，老企业由大儿子掌管着，发展良好。小儿子和女儿各自搞了一份产业，生意也很红火。

我们为什么要说这件事？金海腾有一个观点，他说：“什么是商业银行？什么是信贷关系？细想起来，那更是一种人际关系，一种社会关系。”沿着这句话的思想脉络走下去，我们就看到，所谓追求银企关系的合作共赢，不仅仅是一种经济意义上的共赢，它必然包含了一种道义关系。银行和客户是商业伙伴，是事业朋友，在中国式的道义观中，那是值得“两肋插刀”的情义。哪有朋友一有事儿，这边就马上想到撤退保全？

关于这一点，杭州广发的副行长任清尧说得更透彻：“客户一有风吹草动，我们银行不能光想着自己的那些钱。我们与客户不是要肝胆相照吗？银行究竟是要钱还是要客户？要钱，可以收回，但却可能要了朋友的命，可是他没了命，我们也就没了钱。”这就是鱼和水的关系。

倪曙晖上演的是一个“鱼救水”的故事。而倪曙辉则认为：“说到底，我们是在自我救赎。尽管东南染整的所有高管都答应一定会归还贷款，可是如果企业垮了，我们的事业基础不也就受到了损害？”

所以在杭州广发的银行服务中，有一项称为“客户关系协调服务”。外人并不明白此项服务，说白了，这项服务就是利用银行的人缘，帮客户说合、做中间协调人。在客户之间，银行有一种独到的资源——银行是各方共同的贷予人，大家都要靠银行吃饭、仰仗银行求发展，所以一般的客户都会给银行面子。银行在协调客户关系的同时，实际上也培养了自己在客户中的号召力和凝聚力，这就是银行经营的又一种信用。

这也许是杭州广发的又一个文化要素：做一家仗义的银行，或者换一种说法，做一家有情商的银行。

要做一家仗义的或者是有情商的银行，就要在客户困难的时候“该出手时就出手”。

华强化工公司（下称华强化工）是萧山的三家中小型化工企业主共同投资的新公司，杭州广发给予项目贷款，专项用于环氧乙烷项目的建设。环氧乙烷是重要的石油化工原料，也是有机化工和精细化工产品的中间体，它的主要用途是生产乙二醇，是合成聚酯纤维的原料之一。环氧乙烷还能用于生产非离子表面活性剂、乙二醇醚、乙醇胺等精细化工产品。作为投资这个项目的国内唯一民营企业，华强化工当初看到的，正是其可观的市场空间及利润空间，也就是它的可观的前景。

项目建设的进展十分顺利。一方面，工程建设与设备安装由“国”字号的某工程建设公司总承包，是一项“交钥匙”工程；另一方面，投资人也有多年运作化工企业的经验与市场人脉，因此筹建工作看上去轻车熟路。正当生产工人、管理人员陆续到位，准备试运行的时候，一个意想不到的消息突然降至这家尚未真正起步的企业：原定能向他们提供乙烯的某大型石化企业，全面停止向系统外企业供应乙烯。

这一消息如晴天霹雳，因为乙烯正是制造环氧乙烷的原料，没有乙烯，就无法制造他们的产品。办法当然还是有的，那就是进口乙烯，但是仅凭华强化工目前的企业状态和实力，尚不具备进口的条件，而且成本也太高。

这就像给正满怀憧憬的华强化工宣判了死刑。

股东们一时惊慌失措，小股东已经私下开始考虑转让股权，大股东内外交困，焦头烂额。

作为项目贷款的提供者和企业财务顾问，杭州广发也一下蒙了。新兴企业遇到了垄断企业，这不是胳膊拧不过大腿的事，它咳嗽一声就把你的筋脉给整个儿震断。

杭州广发很快就缓过神来，行长金海腾立刻召集了紧急会议，并与业主沟通，了解信息，分析原因，设计应对方案。最后，杭州广发做了一件当时被认为可能是一件莫名其妙的事情——以杭州广发的名义向某大型石化企业正式发了一份函件，陈述对项目支持的理由。杭州广发这样做，一是以银行的信用去证明业主是一家信得过的企业，这是又一种“信用嫁接”。因为在商业社会中，中小企业都被“芸芸众生”一言蔽之，不可能给大企业留下深刻印象。这一次，杭州广发采用了“知道我是谁，你就知道我的朋友是谁”的逻辑链接，用一种也许以前谁都没有用过的方式做了这件事，这就是一种另类事件。而另类事件的价值，往往能给人耳目一新的感觉。“狗咬人不是新闻，人咬狗才是新闻。”这封莫名其妙的函件，却表明了杭州广发对于“华强事件”的重视，它扮演了一个仗义执言的“第三者”的角色，也尽到了一名合作者仁至义尽的情谊。果然，这则“人咬狗”的新闻真的起了作用。这家石化企业居然很当成一回事情，最后网开一面，使这个项目得以成功完成。

杭州广发如何反思这件事情？

我们还是回到金海腾曾经说过的那句话：“银行的优势不在于钱，而在于当别人需要钱的时候，你也就有了服务的机会。因此，银行的价值就在于它的服务。”所有的贷款都是等价的，这家银行发出的贷款与那家发出的贷款是同样的价值，但是每一家银行的服务却不会一样，正如俗话所说：含金量是不一样的，所以才有客户选择银行一说。这里没有技巧之分，只有真诚之别。

知道了这一点，就知道了银行的竞争之道。

信贷的“售后服务”

近些年，物质商品尤其是民用商品的商业活动，从“品牌战略”、“终端战术”，已经进入了比拼“售后服务”的时代。20年的“品牌战略”培养了全民的“品牌常识”，当品牌漫天飞舞的时候，与客户实际接触的“终端”成为了竞争的热点。然而当自营店、直销店、旗舰店、样板店、中心店、体验店……林林总总的“终端”让人眼花缭乱之际，商品的口碑转向了“售后”。只有“售后”才是商家与客户一对一的“恋爱”关键。

同样，杭州广发作为一家后发的弱势银行，也经历了“创品牌”、“争终端”的激烈竞争，现在是不是也到了“售后服务”的时代？

那么，金融的“售后”有没有服务，或者说有没有金融的“售后服务”？

这句话乍一听就让人觉得傻傻的，因为金融本身就是一种服务，它是以服务的形态出现的商业活动，服务如何“售后服务”？

杭州广发经过一番争论与反思后，却提出金融也有售后服务，而且金融的售后服务，正是金融服务的一种新的境界。

奇论。

因为一般说来，银行产品的售后过程服务，已经表现为贷后检查，这种检查不仅仅是防范银行的风险，也是对客户的风险进行防范，因为对客户的风险防范才是最有效的防范。除此之外，还有什么可以作为售后服务的？

有，而且很多，杭州广发如是说。我们先试举一例。

2001年，杭州广发推出创新授信业务“商业承兑汇票可贴现”，就是针对优质客户的售后服务。后来在中国人民银行公布的25家可以试点的企业名单中，杭州广发就占了5家。

商业承兑汇票，是由企、事业法人或其他经济组织签发的无担保短期票据，是具有付款请求权、追索权等一定权力的凭证，可以凭背书和交付而转让。与银行承兑汇票不同的是，商票一般不能向银行贴现，所以其风险较大。作为一种结算工具，2000年左右已经有银行以商业承兑汇票作为新的结算品种试点推广，但是效果并不理想。原因有二：其一是企业贸易往来仍相信现金结算，人们对商票的信任度不高，担心出票人到期不付款；其二是因为商票难以变现，卖家收货款，收到的仍是一张远期兑付的票据，不能解决资金回笼的问题。说白了，这是一张规范的“白条”。

杭州广发的“服务”要点在于，让企业签发的商票可以“贴现”。简单地说，即杭州广发先给出票人作一个授信，出票人开给指定收款人的商票可以到杭州广发贴现。这就既可以使出票人用商业承兑汇票方式延缓货款的支付，而收款人仍可在收票时即向杭州广发贴现取得资金，各得其所。也就是说，商票是他们“售”出的品种，“贴现”是他们的“售后服务”。

如果还太抽象，我们可以看一个这方面的案例。

杭州聚酯纤维有限公司（下称聚酯纤维）是杭州广发第一家使用商业承兑汇票可贴现额度授信的客户。聚酯纤维按授信方案，指定其最主要的原料聚酯切片的供货商上海合纤有限公司（下称上海合纤）为收款人。聚酯纤维以商票形式支付给上海合纤，开始时对方不接受。为此，杭州广发派员陪同聚酯纤维专门拜访上海合纤，向他们作了真诚的解释，要点是商票贴现不但仍可收到现款，而且由于银行的授信，与简单的货款欠款相比，几乎没有风险。上海合纤接受了这一新的金融产品。自从聚酯纤维使用商业承兑汇票结算后，企业在供货商和银行间的信用度也大幅提升。

这一新的服务品种的推广给杭州广发也带来了好处。因为商票贴现业务是以核心行业中的核心大企业为主导，也由此把围绕着这些大企业经营的上游原材料供应商和下游产品销售商中的一批中小企业都网罗到杭州广发的旗下，这样就收到了服务“客户的客户”的效果。商票贴现在宁波推广时，以奥克斯集团、银亿集团、宁波建设集团这些大集团为中心，给予商票贴现、可贴现授信，这使广发宁波分行对这些大产业的整个上、下游产业链，进行了动态跟踪及全面授信，既抢占了市场先机，又有效地控制了风险，而且还自然地帮助客户整合了产、供、销一条龙供应链，对银行来说，这又是信用链接的可持续发展。所以广发宁波分行把这种模式称为“1+N”，意思是通过一个核心客户向N个上、下游客户的发散，形成现金流的“封闭”经营域，扩大了“嫁接”的空间范围程度，促进了专业化经营。

物质商品的售后服务，偏重于维修保养；金融所服务的，是具有成长性的企业与具有情感判断能力的客户，对于他们的售后服务，就在于不断满足其对“成长性”需求的支持，和对“情感性”体验的需求。如果做到了这两点，金融的售后服务就大体上不会“走偏”了。

其实，售后服务无处不在。

诸暨的海亮集团是杭州广发营业部的优质客户，可是在一段时间里，客户经理反映说，他们的信贷额度都没有用完。银行能够提供的服务都与钱有关，当客户不再需要钱的时候，他们需要什么？是的，如果客户不再需要钱，对银行来说，这个客户就像电脑“死机”了。电脑死机需要重新启动，客户“死机”怎么办？

“企业不可能不需要资金。不需要，这只是表面现象，说明我们的售后工作没有做好。”营业部总经理岑焱说。

岑总的话有些让人摸不着头脑。

“客户需要体验被尊重的售后服务。”岑总补充说。她的意思就是，售后服务也包括感情的抚慰。

岑总的这个“脉相”把得准吗？

几天后，岑炎带着客户经理上门走访了海亮集团。一番寒暄后，岑总说了三句话：

第一句是“感谢企业”。

第二句是“额度还未用完，杭州广发将为您永远保留额度，欢迎随时来用”。

第三句是“如果现在安排贷款项目有难处，没关系，请以后一定考虑我们”。

三句话后，正题谈完了。接下去就是老朋友之间聊聊家常，聊得很放得开，也很开心。

第二天，海亮集团给营业部打来电话，要求开立信用开证250万美元。

就这么灵，“死机”的客户被激活了。

岑焱说：“企业需要被尊重，这也是我们售后服务的内容。我们做信贷的就要像心理医生，知道与客户进行心理互动，让客户永远把我们当做知心朋友。”

而海亮集团的老总说：“杭州广发做信贷，做得很有诗意，很有韵味，很有感情。”

是的，信贷关系的本质不是金钱关系，而是银企关系，是银行与客户的关系，这是人与人的关系，也就是一种伦理关系。

为什么要售后服务？售后服务就是一种伦理服务。

本篇以“非典”作为开头，通篇谈论的又都是杭州广发对客户们的“非典型”做法，但可以看到，如此之后，银行与客户越发成为了典型的朋友与伙伴。这些故事的结局好得难以令人相信，但又确确实实是真的，为什么会这样？

首先，需要指出的是，杭州广发并不是在用金钱去玩轮盘赌的游戏，他们之所以能够泰然地包容他们的客户，并做到其他银行做不到的事情，并非是这些人“性格豪爽、爱交朋友”，而是从一开始合作的时候，就已经对客户作出了细致而全面的评价。这种评价并非基于对方是否如日中天，而是从企业的性质、发展前景、潜能以及企业家的人格、诚信等方面的综合考量。杭州广发不会轻易把钱贷出去，但他们一旦这么做，就已经意味着他们将为客户做得更多，是谓“疑人不贷，贷人不疑”。

其次，杭州广发并没有把与客户的伙伴关系当做口号，他们的观念就是：银行如果不是企业的朋友，那么银行就不会有朋友。所谓朋友，逆境中的帮扶比顺境中的服侍更为重要。

再次，在事物发展的客观规律上，好的机制通常具有好的纠错能力，优秀的组织必然具备优秀的危机处理能力与恢复能力，同时，在纠错与危机处理的关键时刻，对服务的依赖往往超出常态，因此就为服务提供者提供了获得高额回报的机会。一方面风险可控，一方面回报可期，当然具有赢利的可行性。

最后，也是最重要的一点就是，杭州分行已经建立起了一种“非典型”的信贷文化，这种文化所熏陶的信贷人员与信贷制度，被允许、鼓励去做那些“非典型”的决策与方案——至于这是一种什么文化，我们将在下篇加以详述。

第五篇
寻找创新的“窄门”

《马太福音》里有句话发人深省：“你们要进窄门。因为引到灭亡，那门是宽的，路是大的，进去的人也多。引到永生，那门是窄的，路是小的，找着的人也少。”

——题记

第十六章
建立创新文化

中国金融业正在经历一场信贷文化的革命。这场信贷文化的革命依赖于一系列信贷体制与法律环境的变革，其目标清晰地指向市场本位。

——题记

文化，是一种主张

在上述的关于杭州广发的一系列金融行为中，我们会发现其实他们非常关注一点，那就是被他们称之为“信贷文化”的东西，那是一种理念，一种一以贯之地深入在他们全部信贷行为中的指导思想。那么，到底什么才是他们的“信贷文化”呢？

《牛津百科词典》里对于“文化”一词有137种解释，可见“文化”是一种十分宽泛的概念；联合国教科文组织关于人类文化的多样性的宣言中，把文化定义为“人类的生活方式和思维方式”。一般地说，“文化”往往是指一种生存方式、思维方式，一种价值观及其表现方式，或者是一种被形式化的观念形态。而当我们反复咀嚼杭州广发的全部金融案例时，联系他们的一系列具体的“信贷文化”表现却发现，他们所倡导的“文化”，更是一种主张，一种被主观自觉地强调的思想方式。

在这十余年中，杭州广发的信贷文化，到底主张了哪些理念和价值观？

——大团结，干事业，立行为公。

——员工第一。

——一线永远是对的，除非能证明他的不对。

——做有“人格”的银行。

——追寻具有共同价值观的未来成功者。

——用团队行为替换个人问责。

——“经营风险”高于“经营信用”。

——创造客户的价值。

——变“风险最小”为“风险可控”。

——做客户发展的组织者。

……

这些杭州广发主张的理念和价值观，从某种意义上说，就是一种创新。有时候，观念的创新比技术的创新更重要，因为它是技术创新的灵魂。

金海腾说过：“中国金融业正在经历一场信贷文化的革命。这场信贷文化的革命依赖于一系列信贷体制与法律环境的变革，其目标清晰地指向市场本位。”

他的意思很明白，这场革命是要解除传统计划体制遗留给金融行业的束缚，清扫覆盖在民间信贷和非正规金融活动之上的灰尘，重新定位政府的监管和法律的规诫，还中国金融业一个新的、基于社会信用和自愿交易的市场信贷体制的文化，其实这也是金融本来面目的文化。

我们这里所说的信贷文化，基本上是指银行信贷从业人员共同遵守的一种规则或制度，并形成一种牢固的认同理念和自觉的习惯，信贷经营管理工作中所形成的价值取向、行为规范的总称；是对信贷对象选择、信贷业务取向、信贷风险认识、估价和处置的共同理念、规范、价值判断和行为准则的总和。

杭州广发所在的浙江地区，近年来有一个流行词叫“浙商”，这是在社会主义市场经济形态下出现的特别能经商的地域商人集团。“浙商”只是借用了一个传统的概念“地域商帮”，它本身并没有帮会化，也没有相互间的互助契约关系。但是我们从前述的许多案例已经不难看出，这片土地上有一种特殊的商业形态，而其背后却是一种特殊的商业精神。杭州广发正是在与这种商业精神的互动中茁壮成长。

在浙江地区传统商人的培养中，有一个历史形成的机制，叫做“学生意”，里面有三条不成文的规矩：其一是，一个初入商道的人，不管是大学毕业抑或文盲，也不管是老板的儿子抑或素昧平生的外地人，都得当三年学徒，称“学生子”；其二是，老板的儿子不能在自己的店铺里学生意，凭着“少爷”的特殊身份那是学不好的，老板们往往“易子而教”；其三，所有学生意的孩子，都必得有一位品德端庄的前辈荐举。我们咀嚼这三条朴素的规矩，却能发现其中的大道理。

三年“学生意”，往往头两年不涉商务，只在店堂打杂、当下手，其实是在培养一种服务他人的姿态和心态，传授为人之道，服务精神比商业技巧更重要。当今商界虽然经常听到“顾客就是上帝”、“商业就是服务”，但常常只是一种口号，真正的商业精神，是在潜移默化中慢慢培养起来的。浙商的“学生子”三年满师，还不能直接带徒弟，起码得再经过三年独立的体验期后，再在“先生”的指导下，才能作为助教去教习徒弟。当一名商人能够有授徒资格的时候，他不但要有娴熟的商业技巧，而且需要高尚的道德，能为人师表。这样的人，才让“学生子”对其“一日为师，终身为父”。这是第一条规矩的要义。而第二条规矩则是保证这一学习的真正效果，或者其无可替代的必要性。第三条规矩，则是一种信用的移植，任何一位“学生子”，当他一进入“商门”，就因此立刻具有了一种信用的意识，也立刻因推荐人的信用而背负上了道德的压力，这是一种被伦理化的责任和要求。

商人就是这样炼成的。

学生意的过程，用现在时尚一点的话来说，那就是“职业化”。只有通过“职业化”，人才可能成为“职业人”。如果不是真正的职业人，光凭商业技巧，极有可能成为奸商。有一句口头禅说：“德不好，越聪明越奸。”

商业文化，正是通过职业化来传承和实现的。这也就是杭州广发所倡导的信贷文化的特点。

信贷文化，是支撑信贷事件的思想方式和行为方式。它首先是信贷工作者的思想方式和行为方式，这也就是通常所说的“信贷文化=理念文化+行动文化”的等式。但是目前的银行业往往片面追求新发放贷款要达到100%安全，并对信贷人员终生追求贷款责任，这种被动的信贷文化是低效的、缺乏生命力的，它的结果必然是以削弱银行贷款管理能力和风险识别能力为代价，使信贷走向怪圈——越想完美，越不能完美。甚至这一现象可以推广到行政管理领域，防范越严，问题越多。一个显著的问题就是职业人的“职业化”程度低下。看过《金融道》第一部的读者一定会有一种感受：杭州广发的氛围让人喜欢。说白了，杭州广发的管理就其内容来说，是所有银行都要涉及的，只是深入程度的区别。但是，在这家银行里，你会感受到一种让人上进的气氛，会觉得这是一个能让职业人发挥职业精神的地方，一个可以“让人待下去的”地方。这至少说明了，杭州广发在自觉地追求员工的职业化，他们非常在乎这种职业化的过程，非常在乎职业精神的弘扬，非常在乎让职业人成为事业的主人。这种“非常在乎”就是职业的“人本”主义，离开这一点，所有的“团队”、“自觉”、“主人翁精神”、“信任”、“风险防范”等，都是废话。这就像战争，大规模的战役必须由正规军上战场。游击队可以打麻雀战，可以干扰敌方，但打不了大战役，因为他们不“正规”。正规军就是被职业化了的军队，他们知道什么叫打仗，什么叫战争，以及什么叫军人——当一家银行必须以防范员工的舞弊作为重要大事时，这家银行本身就不是“正规”的银行。

信贷文化同时也是信贷参与者的思想方式和行为方式。金海腾说过：“信贷文化的目的，是让借贷的基石重新置于当事人的信用和自由之上。”他所说的当事人，包括借贷的双方，因此他的文化观就是用文化来管好两支队伍：优质客户和敬业员工。

当然，文化不是无形的。在杭州广发的理解中，文化首先是一种方法。没有方法的文化是空洞的，与之相应的是，没有文化的方法是愚蠢的。因此，正如我们前面所说的，杭州广发的文化方法首先从员工的职业化开始，进而进行银行的职业化。对于前者，“欲影正者端其表，欲下廉者先其身”，使道德的培育与制度的创新相辅相成。银行不可能凭空甄别员工的品质，故而从信贷调查到信贷业务的各个环节，都明确各自的责任与评估方法。因为在他们的理解中，作为个体的人，都有很强的主观意志，因而控制信贷风险的重点，就是控制人的风险，而人的不易把握性，使得信贷风险控制变得十分困难。人并不是孤立的个体，多是依存于正式组织或非正式组织，所以组织文化就成为有形的方式。所谓信贷文化，也就是信贷人的控制文化。当然这里的控制不仅仅是约束、监管和矫正，还是引导和熏陶。而对于后者，即优质的客户，杭州广发又把与信贷紧密相关的处事原则扩充到信贷文化的要素之中，包括客户的选择、利率定价的市场化、担保方式的创新、客户资源管理的创新等。在这方面，杭州广发做得十分用心，也十分努力。文化建设常常不会有即时的成就感，它就像广东人煲汤，得慢慢地熬着，火候到了，自然有滋味。所以金海腾说："不是每一次努力都会有收获，但是，每一次收获都必须付出努力。"

追求银行的"人格"

人格，是区别这个人与那个人的最本质的特质。一家企业，一家银行，也如一个人，也有它的企业"人格"，银行"人格"。一个人的人格，表现为他基本的为人处世的原则，银行的"人格"表现为它的行事处世的基本原则，比如信仰、意志、真诚、磊落、坚韧、热情、宽容、吸纳等。这些高尚的人所具有的品格，也是一家银行可以追求和具备的品格。

杭州广发追求着什么？

"如果哪一天我没有新东西了，我自动走人。"这是金海腾常常在全行员工面前讲的一句话。这是他由衷的心声，他的员工们也从内心深处认同他们的行长的这种"说得到也做得到"的人格精神，是因为这位行长从未让他们失望过，而且总是一次次带给他们力量、惊喜和成就感。

金海腾说过："导演最大的作用，就是让他的演员感觉到自己的存在。"他就是这样一位现实生活中的导演。

中国式管理的特色之一就是会议多。有一篇微型小说中有一段这样的情节，一位老人留下临终遗言："请组织免了我此生的最后一次会议，你们就别追悼了，让我的灵魂安息吧。"这是对会议厌倦的揶揄。可惜的是，在中国的银行之中，会议尤其多、尤其烦，行长办公会、财务审查会、指标汇报会、集中采购会、行务会、季度工作会、半年工作会、总结大会、表彰大会……有些银行人无奈地抱怨道："我们一周有三天在开会，还有两天在准备开会”，“银行行长的生命中，有三分之一的时间是在会议中度过的。”在很多银行的会议中，有经验的老员工在听领导作总结的时候，经常会告诉新员工：“你听着，下一段该说信贷了，然后会说不良资产，最后以风险防范结尾……”这不是老员工有未卜先知的本事，而是因为领导的发言是去年总结的稿子改的，而去年的稿子又出自前年——于是乎，从创世纪到世界末日，员工们注定要听无数次这样的发言，除了数字，它们其实并无不同。

可是在杭州广发，员工们竟然盼望着开会，尤其是有行长参加的会议。

杭州广发每个季度都有一次“员工大会”，年中的“行庆员工大会”和年末的“年度员工大会”尤其开得“隆重”，说隆重不在于它的花费，或者采用什么样的高科技手段，而是每次大会总能带给员工们惊喜。金海腾对会议主创人有一个要求：“首先得问问自己，你能不能在会议中获得惊喜。要创造惊喜，是为了让员工感受到更好更新的变化。”

这就是他特有的领导艺术。金海腾认为，会议的作用，就是让员工感觉到，杭州广发的每一步发展，都是因为有他们的存在。因此他为杭州广发制定了一条很简约的行训：“员工第一”。因为在他的理解中，员工才是创造广发历史的真正动力。

为此，他总是把会议开成员工自我发现、自我实现、自我鼓舞的舞台。

曾经获得年度“广发理念标兵”大奖的吴郡，讲起当时授奖的情景，至今仍然激动万分。那次颁奖仪式，按照事先设计的程序，由主持人根据准备好的稿子宣读获奖理由。然而在现场，主持会议的金海腾突然改变了主意，改成由他自己在现场娓娓讲解获奖人的故事。一位省级分行的行长竟然能够一一道出每名支行员工的那些鲜为人知的工作细节和生活的不易，道出那些只有慧眼才可能发现的生命价值点，并且说得从容不迫如数家珍，听者无不动容。什么叫“员工第一”？这时候，你就能感觉到员工在金海腾心中的分量。

杭州广发第一批老员工沈军燕说：“每次员工大会，我们都是带着期盼而去，因为每次都会有惊喜。金行长的压轴讲话总会让我们兴奋万分，即使在艰苦创业的时期，他也总会让我们觉得办法一定比困难多，我们一定会有新的方法创造新的奇迹。”

而金海腾则说：“其实我在挑动群众赛群众。”

金海腾还常对员工说：“要饶有兴趣地做每一件事情。”他在诱导员工把自己的职业做到审美的境界。

导演让演员充满了自信，演员才能表演出鲜活生动的剧情。

他们在表演精彩的活剧中，追求着银行“人格”的完善。

因为追求银行“人格”，他们会在客户最困难的“过冬期”说：杭州广发与你们同在。

因为追求银行“人格”，他们会在客户最迷惘的时候说：让我来为你设计最合适的方案。

因为追求银行“人格”，他们在客户不知道如何提升效益的时候说：我为你派出顾问团队。

因为追求银行“人格”，他们会陪伴客户奔波千万里，去上、下游的产业链嫁接信用。

因为追求银行“人格”，他们会直言不讳地阻止客户可能造成风险的举措。

因为追求银行“人格”，他们甚至插手清官也难断的家务事，让创业的一家子重归于好。

……

我们很难用语言来深刻地表述杭州广发的这一种说不清却鲜明存在着的银行“人格”。高尚的人格常常会让周边人群感受到其魅力，成为人们的楷模。人们愿意亲近你、效仿你，这是检验人格魅力的现实标准。恰恰在这一点上，杭州广发做到了。

有许多客户居然追随着杭州广发的脚步，形成自己的企业文化。

浙江商源食品饮料有限公司（下称商源公司）是一家酒水销售起家，又参股生产厂家，最终在销售渠道上形成优势的企业。老板朱跃明说：“我就是学着杭州广发的企业文化做成大事的。”

20世纪90年代初，朱跃明只是一个开着饮料小卖部的个体户，经常蹬着三轮车去西湖啤酒厂拉货来卖。这位文化程度不高但悟性很高的个体户，脑子尤其好使。他知道获得发货优先权的重要，一有钱就先打给啤酒厂，生意也越做越红火，小卖部也就成了商源公司，个体户成了总经理。他以“预付款”战略征服了西湖啤酒厂，又征服了伊力特白酒。商源公司在伊力特酒厂的预付款日益增多，他占有的优先发货权也越来越多，在白酒行情井喷的20世纪90年代末，他的企业获得了飞速发展。

也就在这时候，商源公司成了杭州广发的信贷客户。不用说，他也是杭州广发创新的得益者。由于存在信贷合作关系，他能收到杭州广发赠阅的每一期自办杂志《广发杭州》。正是“心有灵犀一点通”，这个聪明人在杂志中逐渐理解了杭州广发的文化，他被杭州广发的银行“人格”深深吸引。当然，当时他并没意识到那是它的“人格”，用他的话说，他发现这家银行的与众不同处，正是它“有一颗灵魂在跳动”。他尤其佩服这家“弱势”银行一步步由弱到强的经历，感到其中的发展道理与他的企业有本质的一致。他从杂志中了解到杭州广发每季的员工大会都是在鼓舞士气的主调中进行，奖优罚劣，简洁明快，在大局把握上条理清晰，棱角分明，于是便开始偷偷学习起来。他的公司也是一家有1 000多号人的公司，从2007年起，他就借鉴杭州广发的模式开始召开生动活泼的员工大会，甚至连企业办公楼的布局和布置，也参照杭州广发模式，还像模像样地布置了一些企业文化语。这种偷着学的方式，中国古人称为“私淑”。他就是“私淑”杭州广发，亦步亦趋，在自己的企业中慢慢地糅合进了现代管理的味道。

当杭州广发推出“企业顾问”服务时，他是第一批聘请杭州广发作为自己企业的顾问的，这一次，他从“私淑”成了“门生”。他主动提出的要求，是一年内他要有四次和杭州广发的高管共同进餐的机会，其实这饭吃得并不轻松，简直是一场论文答辩会——他提问，广发高管回答，提的都是企业文化建设的事。成为“门生”的他十分用心地吸收杭州广发的理念，对信贷风险的把控也有了全新的了解。

2007年10月，商源公司面临着一个挑战。贵州茅台酒厂临时通知全国经销商，酒厂将在月底提价，这之前打现款到酒厂的都可以享受优惠，过期无效，而且打款的起步金额为3 000万元人民币。当时全国有此实力预付的销售商不少，但由于只有两周时间，一时筹款有困难。当时商源公司的手头也只有2 000万元资金，于是立刻与杭州广发商量，银行给他设计了季节性短期融资方案，几天时间就完成了项目的调查、审批和出款工作。当商源公司拿着5 000万元汇票按时抵达茅台酒厂时，平时很难见到的茅台销售公司老总专程宴请了朱老板和杭州广发的陪同人员，毕竟在这么短的时间内能凑集巨额资金的公司寥寥无几。而朱老板则再一次体验了杭州广发的银行“人格”。

现在，商源公司已经发展成为年销售30亿元、直接代理品牌近10种、间接拥有10 000家餐饮终端、间接掌控388家酒店的企业，在杭州广发的帮助下，公司明确了定位，从经销商转向服务商，从产业链中端走向整合行业价值链的领袖。商源公司的企业现象让外国人也感到惊讶，花旗银行派驻广发的高管都到过这家公司，对它的运营模式和发展前景都给予充分的肯定。

朱跃明说：“如果要说成功，我只是复制杭州广发的文化方面有所成功。”

这是一家银行的文化影响力哺育的企业成果。实际上，杭州广发的银行“人格”影响所及，给它的客户留下了深刻的影响，朱跃明只是其中的一例。

金海腾在不动声色地实施着一个“工程”，一个具有传奇色彩的“同心圆工程”——杭州广发是同心圆的核心，它的客户是同心圆的外围圆环。而那个圆心，就是金海腾。

第十七章
如何保障创新

有许多事情，只有当你想做成它的时候，它才成为目标；只有明白目标实现的价值后，才会有心理的动力。但是如何持久地保持这种动力，则需要理想的力量。

——题记

永远保持来自一线的创新灵感

凭心而论，创新——并不是一件复杂透顶的事情，但在这样一种环境下，事情就必然要变得复杂：一个人做一项工作，做好了不会有任何鼓励，但若稍有偏差，便有无数聪明绝顶的人跳出来指点过失，扮演真理的化身。在这种情况下，谁都愿意去做经验的奴隶，而不是智慧的主人，或者说，恐怕只有傻子才会去尝试创新。

杭州广发也许不是绝顶聪明的，但他们的聪明之处在于：这里不会把创新者置于傻子的境地，于是，诚如上文所述，他们尊重员工的人格，给予他们机会与空间，营造出了一种利于创新的文化氛围。

那么，就让我们看看一群得到创新机遇的人是怎么做的。

杭州广发在1997年创立时，就提出了一句内部行动的口号，叫“不克隆一家银行”。对于这句很形象化的口号，它的内涵可以作种种演绎，既包括“把钱贷给谁”这样的经营方向问题，既包括如何防止和避免同质化经营的运营路线问题，也包括“跳出银行做银行”这样的银行业务的内涵与外延的重新定位的问题。也就是说，当杭州广发尚未实际运营的时候，他们已经看清了传统的中国银行业的漏洞和弊病。这并不是要否定其他银行的做法，“各村的地道各有高招”，而是强调新组建的杭州广发的一种自我定位——他们要走的也许就是另外一条路，这恰恰是现在许多银行不做的。这既是一种回避战略，也是一种高位提升。于是“不克隆一家银行”这句话一出口，就注定了杭州广发的宿命，那就是必须创新。

其实，创新是一个十分宽泛的概念，如何创新，创新的标的在哪里，这并不是拍拍脑袋就可以解决的问题。作为创始人，金海腾心里明白，银行还是银行的做法，只是经营的灵魂却是另一番模样。

空调有没有价值？这个问题大概有些愚蠢得过于明显了，因为谁也不会认为商店里的空调可以和塑料袋一样免费赠送，但在很多信贷人员看来，在某种语境和某种逻辑下，空调就是没有价值。当然，他们还能够举出很多规章与理论加以证明——如果你想听的话。

杭州广发遭遇的第一个创新课题，是在银行开始运营的半年后。1998年上半年，空调销售的旺季到了，经销商们需要资金备货，有一家叫远东空调的私营小企业找上了门。例行调查带回来的消息喜忧参半：空调销售行业前景很好，经营者素质也不错，业界口碑很好，年销售收入数额较大，但是小企业没有银行信用，也没什么固定资产，更找不到一家担保单位。唯一能抵押的，只有仓库里的一堆空调。如果“克隆”以往银行的做法，肯定没戏。然而当时金海腾脑中却灵光一闪：“这就是一个值得创新的课题。”因为在远东空调的背后，他看到了“这一类”——一类尚未取得信用资质又急遽地发展着的中小商贸企业。这是一片未曾开发的处女地，一片极为肥沃的土地。

他把解决这一命题的任务交给了从四大国有银行出来的资深银行专家，结果是解决方案“无从入手”。他又把这一任务交给清泰支行的行长乔立江，乔立江稍稍改变了一下思路，从这家企业“唯一的资产”就是那一堆空调出发，引出了“空调也有价值”的思路，于是就诞生了杭州广发的第一单“动产质押”。用金海腾的话来说，对于这堆空调，只是“找个老婆把他管起来”，但这竟然是中国当代银行史上的一大创举。

乔立江用一只虚拟的蛋，孵出了一只真实的鸡。

如果没有远东空调这个来自一线的崭新的命题，就不会有乔立江的智慧迸发，也就没有杭州广发的第一套金融魔术“动产质押”。这件事对杭州广发的启示太大了，金海腾立刻发挥了他那哲学家般的归纳能力，说：“创新的课题出自一线。”

是的，一线发生的是货真价实的实践。共产党的思想路线不是“一切从实际出发”吗？这才是中国特色的社会主义产生的前提。现在，从一线的银行实践中也会不断地闪现出中国经济真实的金融需求，那才是取之不尽的创新源泉。

于是，这才有了广发核心理念之一的“一线永远是对的，二线永远是错的，除非证明不是如此”。

只有坚持“一线永远是对的”的理念，才可能尊重来自一线的信息，也就是尊重杭州广发赖以发展的新命题和新空间。

一线的真实情况的丰富多彩，会让任何教科书都黯然失色。

我们继续把远东空调不为人知的后半集说下去。乔立江事后有一段回忆，说到在“远东案”的贷审中，资深专家又出了难题，而结果远远出乎旁人的想象：

> 我们的项目很快又上贷审会，会上又遇到新问题。远东空调的报表中反映的资产负债比率高达98%。按照传统银行只根据报表判断企业的做法，负债率超过60%~70%银行就不贷款了，因此，很多评委投了反对票，项目又被搁了下来，但没有否决，要求我们再作调查。
>
> 我们回去后，对远东空调的老板黄国庆的家底作了一次彻底的调查，尽管黄国庆抵触很大，一方面是因为他不愿露富，另一方面也是因为前面两拨人没有给他办成事，所以不愿意配合我们。记得我们到他们财务办公室去的时候，是站着跟他们交谈的，因为他们认为我们又是来应付的，不会贷款给他们，想让我们快些走。
>
> 可能是“想到过成功，想到过失败，但从未想到过放弃”的杭州广发的工作态度起了作用，最后我们摸清了他的家底。原来，造成他的公司负债率高的原因是应付账款科目。应付账款在资产负债表中属于企业

的负债，但当我们仔细查看该科目下的明细时发现，应付的对象，绝大部分都是黄国庆他本人和他老婆。他说为了做生意，他把所有的家底都投到公司里去了，但考虑到种种原因，又不愿意放到注册资金中去，就挂在了应付账款项中。这样一来，情况就明朗了，实际负债率只有20%左右。我让当时的客户经理俞海根据调查的情况，我们自己做了一份财务报表，作为远东公司报表的附件送上了贷审会。项目批下来了。

这就是丰富多彩的一线，让你永远有应对不尽的话题的一线。

同样是空调，庆春支行遇到的又是新的课题，也是新的需求。

庆春支行的核心客户伊莱克斯空调电器是一家改制而来的中型企业，他们从海尔引入了一支团队，专司整个公司的经营和管理，这支团队在其拥有国际视野的高层的领导下，帮助这家由国企改制而来的企业快速走出了经营困境，企业正处于快速发展期，在行业中享有较高品牌知名度。但是这家企业的一个重要特征是它的经营呈周期性的“淡旺季”，每年的冬天到第二年的春天都是空调大量囤货之时，也占据了大量的资金。这时候，企业需要大量的资金用于周转，如何使金融产品与经营效益相匹配，又成了新的创新课题。于是，庆春支行在“库存质押”的基础上，又创新出上下游产业链的“三方保理”融资。这些都在《金融道》的第一部中有详细的介绍。

然而值得我们注意的是，在“官本位思想”依然较强的当代中国，坚持对来自一线实践的信息进行首要价值的判断，并不是一件容易的事情。与一线相对应的是“二线”、是“大本营”、是“总部”，是管理人员云集的地方，也是权力高度集中的地方。“权力公理”的立论基础，就是“权力意志是永远正确的”，如果不承认这一点，所有以权力为基础所建立的“秩序大厦”都将轰然坍塌。因此，杭州广发提出的“一线永远是对的”，本身就是对权力管理的直接挑战，也是管理理念的创新。

“二线”一般集中着一批精英，这是“金字塔”管理模式的特点。为了保证“一线永远是对的”，就需要对精英分布重新调整。杭州广发做到了，他们的精英都是一、二线中领兵打仗的骨干，由传统的垂直“上浮”型改变为水平“散布”型，这样的格局与传统的“晋级激励”产生了矛盾。干得好，提拔到上级部门当领导，这是公众都接受了的传统标准，而在杭州广发，“二线为一线服务”并不是一句口号，而是制度，就好比让好学生到讲台上来不是示范表演，而是擦黑板，这可行吗？杭州广发也做到了。如何做到？行长自己就是给一线“擦皮鞋”的，十余名干得最好的中层干部突然集体“撤职”，从客户经理重新做起，给新员工做榜样，谁还不服？榜样在前。那么，如何评价成绩的优劣？这又成为了评价体系改革的课题，接下去是“如何保持员工持续的积极性”，再接下去“如何让默默无闻的实干家不吃亏”……所有一系列管理上的环节，都得重新设计和创新，直到“行长到底是干什么的”这样的命题。

为了“永远保持来自一线的创新灵感”，杭州广发把自己的内部结构和流程作了彻底的改造和创新，“不克隆一家银行”真是一语中谶。但是，金海腾要的就是这个结果，他要的就是真正能够激励创新的机制，因为自从提出“不克隆一家银行”，他就成了挑战风车的堂 · 吉诃德，杭州广发成了他的集体的桑丘。

但是，有志者，事竟成。

“信用链接”是创新的切入口

当电脑屡屡出错，有一个简单的办法是“重新开机”。重新开机的原理就是回到程序设定的原点。许多时候，当我们对一个问题进行思考却始终不得其解的时候，也有一个简单的方法——回到原点，看看我们到底要做什么。

银行运营的原理是什么？这对经营银行的人来说，是一个极其简单的问题，可是有时候就是因为太简单，人们便不相信问题竟然这么简单。是的，很多资深的银行师，都未必能把这个问题回答圆满。

很简单，银行运营的是信用。

这个简单的问题，杭州广发也是花了一段时间才深刻感悟到的。

按着银行的规矩办银行，这是一般人最直截了当的想法。当一个原理已经变为成熟的流程的时候，确实没有必要再去思考原理的本身，正如人们已经能熟练地使用计算器的时候，谁都不会去关心其中的程序设定，以及二进制的运算到底如何转化为十进制的表达。但是，杭州广发要“不克隆一家银行”，就意味着他们并不从一般的银行规矩入手，而是从银行的本质入手，求得“真正银行”应有的功能效益。

从这个意义上说，创新只是回到银行的本质。这一本质，就是“信用”。

也因为这一原理，杭州广发创新了数十种全新的金融产品，与一大批本来没有资格成为银行客户的核心客户建立了业务关系。

对于信用的理解，杭州广发只是用一个标准来衡量，那就是风险的可防范性。信用是相信客户，风险防范，也是不完全相信客户，在相信与并不完全相信的矛盾中，银行就开始了它的运营。

杭州广发对于信用的运用，简直到了圆润的境地，细细考究起来，都没有一件设计是违规的。——这就是中国特色的尴尬，当歪嘴和尚把经念歪了的时候，真经反而令人怀疑。

且看杭州广发如何理解信用。

有一家叫红荣贸易的新公司，注册资金2 000万元，除此之外几乎没有资产，从事的是煤炭、石油、化工的贸易。如果消极点考虑，它几乎是一家随时随地可能逃走的公司，这就是中国传统的判断——一个连庙都没有的和尚，一定是说逃就逃，怎么想他也不可能有信用。但是杭州广发却一口咬定它具有信用，并且把它发展成为授信客户。

疯了吗？没有。

杭州广发解释说，红荣贸易这个“和尚”是有“庙”的，只是你们没有看到它的“庙”在什么地方。

奇怪，“庙”是一种资产，它没有任何资产，怎么说会有无形的“庙”？

杭州广发说：资产是什么？是一种价值，红荣贸易没有资产，但是有价值。你看它的下游采购方，都是中国神华、中石化、中石油、扬子石化等这样“经济巨人”级别的大型国有企业和上市公司，付款有足够的保证。于是杭州广发给出的方案是“应收账款融资”，无须传统的担保、抵押，就是利用企业经营者成熟的经营渠道和稳定、风险小的货款回笼，授信5 000万元。这是对于它的“相信”，至于对它的“不完全相信”的那部分，只要加一个极为简单的附加条件：所有的应收款都经过杭州广发的银行户头。

红荣贸易何来这般法力，能让这些“经济巨人”成为它的下游产业链？仔细一考察，答案也很简单，因为红荣贸易的经营团队的成员都是原国有大型贸易公司的老总，这是一个“退役将军团”，他们有充足的人脉关系和畅通无阻的营销渠道，就是没有资金。可以这么说，给他们多少资金，就能办出多大的事情。他们雄心勃勃地下海，国有银行、股份制银行、城市商业银行接触了不少，都提出要担保、抵押，这就找上了杭州广发。

与那些他们接触过的银行不同的是，杭州广发认为，信用是可以嫁接的。所以，杭州广发只是把他们的那些下游的“天王巨星”的信用嫁接了过来，判断他们不可能回收不了货款，因为下游的那些“天王巨星”不可能不付货款，也不可能不按开户银行的渠道付货款，这就是最坚实的信用。

最简单的信用嫁接，就是担保。担保就是把保人的作用嫁接到被担保人的身上——如果他还不了钱，我来还。这就是以连带责任的方式实行的信用嫁接。

信用为什么可以嫁接？在杭州广发的理解中，信用不是实体，信用是一种关系，是一种建立于关系基础上的属性。独立的个体，不管是人还是企业，无所谓信用，只有当他们与其他的对象发生和建立某种关系的时候，信用的意义才得以确立。比如企业成为银行客户的时候，与银行就建立起一种关系，这时候，双方于对方都具有了“信用”的概念。客户与他的上、下游商业伙伴之间，也产生了“信用”的关系。于是，“你于对方有没有价值”的问题才被提出来，这就是合作的商业价值。

太理论化了，没兴趣。

好，我们继续用案例说话。

2000年成立的杭州红枫IT工程公司（下称红枫公司），只有50万元注册资金，年销售收入2 000万元左右，产品主要销往金融系统，由于工程接单增加，需要增加流动资金。在许多时候，许多事情的缘由都是相同的。红枫公司也是规模较小，实力较弱，品牌影响力不大，无固定资产可抵押，又没有企业愿意为其担保，各家金融机构根据传统的信贷模式不能给予其授信支持。说来说去，它还是缺少传统意义的“信用”。

杭州广发庆春支行的客户经理对这家企业作了深度的调查和评估，认为企业的产品已经得到市场的认可，而且业务呈上升态势，企业管理团队的研发和管理能力都比较强，法定代表人和股东的口碑很好，应收账款质量好，获利能力强，这些判断都指向一个结论：这是一家有价值的企业。“有价值而无信用”，怎样理解这句话？庆春支行认为，这不是一家“没有信用”的企业，而是“没有在与银行建立的关系中，表现过有信用的履历”，因为他们压根儿就没有与银行建立过关系，如何表现他们的信用？这是问题的一个方面，而另一方面，银行为什么需要客户的信用履历？也只是想以“从前的正经”来说明“以后不会出格”，其实这只是一个形而上的前提，谁能保证从前借了钱能还钱的人以后就不会赖账？其实“信用”的本质就是为了控制“风险”，这才是最终的目的。

好，既然“信用”是为了控制“风险”，我们何不从如何“控制风险”入手？于是他们设计了用“应收账款做质押”的形式，单单对应，合理打折，通过工商管理局登记，进行授信支持，货款回笼统一归还庆春支行的授信。这就绕过了“信用”的难题。红枫公司也接受了。你说它有没有信用？它是把将要表现的信用即“未来的信用”——应收款质押加回笼还贷——嫁接到曾经没有发生过信用的历史。曾经的信用、未来的信用，都是为了控制风险，风险控制了，还用管它到底曾经有没有发生过信用吗？

所以，说银行是经营信用，其实也是经营风险。

也因此，杭州广发从种种案例中感悟到，几乎所有的“创新”的切入口，都是从“信用嫁接”入手。

解决了信用嫁接，银行的面前就会出现一大块未经开垦的金融处女地。

到现在，我们还在坚持讲“信用”，只是因为传统或者现行的银行理论不再坚持“信用”这一概念的神圣性。杭州广发还是沿用着习惯的语境，讲“信用嫁接”，讲大家听得懂的话；而实际上，他们的思考早已跨越了“信用”而走向“风险”。

银行经营着风险，银行在控制风险中“冒险”前进，银行就像技术高超的杂技演员，在每一个看似有风险的动作中，展现着最安全的杂技套路。杂技的看点，其实就是风险，这就是杂技的魅力。

用制度保障“合力创新”

银行运营的特点就是它的流程性，从这个意义上说，银行是一种制度。

与任何制度一样，它的上层建筑必须适应经济基础，如果不能适应，就必然阻碍经济基础的发展，这就需要改革。其实从杭州广发成立之日起，金海腾就已经看到了传统的计划模式下形成的中国银行制度已经不能适应经济基础的发展，尤其在浙江，已经明显地反映出它不能适应大批中小企业发展的现实。所谓“不克隆一家银行”只是一个形象化的说法，它的真实内涵，就是对传统银行制度的否定。

但是杭州广发的工作依旧从“适应”开始做文章。

2001年，杭州广发分行营业部在对金华尼奥普兰汽车公司（下称尼奥普兰汽车公司）的信贷调查中，发现要开拓与该公司相关的金融业务，就必须设计“异地法人汽车按揭贷款”的创新业务，而这一业务，当时不仅杭州广发没有开办，全广发系统也没有开办。这不仅涉及现有的相关信贷管理政策制度，而且还涉及相关法律、结算账户、科技系统支持等。

当时可以选择的有两条路，一是等，等着上面的新政策，这样做永远不会有错，但是会“没有饭吃”，也就是俗话所说的“等米下锅”；另一条路就是“找米下锅”，米在哪里？杭州广发看到的是大量还是谷子形态的米，还没有砻过，你想吃饭，就得砻谷成米。

为了与尼奥普兰汽车公司合作，金海腾亲自召集了讨论会。这是一个“一石激起千重浪”的讨论会，起先讨论的主题并不是尼奥普兰汽车公司，而是杭州广发的自身。他们发现自身的结构大有问题，这样的结构不能适应去开拓与尼奥普兰汽车公司的业务合作。

其实在杭州广发建立的初期，已经对自己将来可能遇到的使命和困惑作过深刻的探讨，这一探讨的结果反映和凝聚在银行结构的形成上。首先他们认为，杭州广发本身应当是开拓市场的主体，以自己分行的身份切入业务最为有利，因为他们将会面临一系列的创新探索，分行不能办成内部的“小央行”，而必须切入经营，于是首先得设立“分行营业部”。同时，根据一般的惯例，成立了“信贷管理部”、“计划财务部”、“法律事务部”、“科技部”等。

这一切，都是显而易见的，谁也不会有异议。其实有许多事情，一旦到了“谁都不会有异议”的时候，自身也就没有什么新意了。也就是说，真正有新意的东西，总是非常规的。

果然，一讨论到尼奥普兰汽车公司的业务，他们马上发现，现成的分行营业部、信贷管理部、计划财务部等，哪一个都不可能独挑或者牵头来完成这一项创新。它需要由上述各部门的相关人员组成跨部门业务的“方案创新、设计、开发、实施工作小组”。这是一个矛盾，现代管理常常根据管理对象的性质，将管理分解为若干职能，再建立若干分支机构。理论上说，这些职能加在一起，已经涵盖了管理对象的全部，然而它们也就这样将管理对象的整体性肢解了，使之成为很难整合的碎片。为此，在必要的时候重新建立一些“综合治理”、“综合执法”、“协调小组”或者“专题领导小组”之类的组织，由原先建立的各职能部门派员参加这些综合机构，实际上也是将权力重新糅合，才可能办成事情。

“异地法人汽车按揭贷款”业务的“方案创新、设计、开发、实施工作小组”开始工作，从各职能部门抽调的成员，分别负责对“异地法人汽车按揭贷款”创新业务进行研发设计与综合协调。内部的关系搭建了，外部的矛盾再次暴露。由于此项业务的信贷权限在总行，分行授信管理部与营业部一起先后三次赴总行进行专题汇报。因为总行也有一个“权力金字塔”，需要让分别代表各种权力的“人”——我们称为领导——了解这到底是怎么一回事，以及它是否值得创新。因为说到底，所有的创新，都是对权力的解放。

广发总行毕竟是商业银行，他们都知道创新赢利对于自身的重要性，他们的机器也足以灵活，于是，总行也第一时间派专人亲赴尼奥普兰汽车公司，展开现场信贷调查与研究。这一次干得漂亮，可谓是“上下通气，内外联手”，在较短的时间内，总行审批下达了可在全国范围进行贷款的“异地法人汽车按揭贷款”创新业务。

这项创新业务的合作开办，不仅有力地推动了尼奥普兰汽车公司的汽车销售，加快了销货款回笼，而且也为该公司创建了一种新的汽车销售模式，增强了该公司的同行竞争能力。然而更重要的是，对于杭州广发来说，他们领悟到了机构权力分割的局限性。机构只是制度的组织形式，说到底，我们的制度设计是有缺陷的，但是一时还难以完善或者重构，因为所有的组织框架都是一个更大的组织框架的一部分，而这一更大框架又是一个比它更大的框架的一部分，也即，杭州广发框架——广发框架——中国银行框架——中国行政框架，这就像是一组“俄罗斯套娃”的大小罐罐，一模一样的造型、一模一样的图案，可以一个套一个地把小号的装进中号的，中号的装进大号的，大号的又装进特大号的，构成一个严密配套的“魔方体系”，除非全面改变，不然你就玩不转。

既然如此，综合性的调控职能就必不可少。于是在2007年5月，杭州广发成立了分行创新委员会。这是一个超脱于所有职能管理部门，并且有常设办事机构的委员会，由行长金海腾亲自担任主任，副行长章育民和原文二支行行长陈妩任副主任，并且挑选了部分优秀的高级业务干部甚至总经理助理级的中层干部担任项目经理。如果以成员的“官”的大小来看，可以说这是杭州广发平均职级最高的一个内设机构，而其设计的原则也颇具匠心。它不是以“终极的权力集中”为特征，而是“集中权力于过程”之中。

当业务一线有新的业务创新需求出现时，可以马上越级申请创新委员会加入现场调查和方案设计——请注意，委员会的第一职能是出现场，同时，一线支持的公司银行部和二线审批的信贷审查部都与之提前介入业务现场。假如项目立项成功，那么后续的审查审批流程就改由创新委员会负责协调完成。这个委员会的工作规程还规定，它可以根据项目的安排，随时邀请各个部门总经理或者抽调业务骨干加盟创新业务的研发设计。

委员会的另一个特点是，它可能为一个具体的创新项目在最短时间内专门组织一个空前强大的创新业务研发团队。它的组织原理，就像正规作战中的特种兵大队，当有难以攻克的目标出现时，前方部队只要发现目标，后续的攻坚就交由直属总部的特种兵大队来完成，而这支特种兵大队甚至可以在全军各兵种中即时动员调集。

然而金海腾很明白，他之所以能够如此高效地完成一些创新项目的设计与实施，在于他在创造杭州广发最高的组织效应的背后，有他的最高权力作用做支撑。这一组织行为，在他创造高效的同时，也在肢解他自己构架的组织肌理，他间接地宣布了他自己构架的组织结构，在面对创新这一课题时是低效或者无能的，不然，他不会组织这支“特种兵部队”。

这是一个很尴尬的结论。

这一点，金海腾实际上从一开始也已经注意到了，只是作为一种战略带动和重大创新的示范，逐步把功能转换为指导、监督和推进。而且一个十分现实的问题在于，既然他不能再在内部架构上的彻底改革上做文章，就必须保证现有架构的有机性；如果不能靠架构体系的本身来产生有机性，就应该依靠驾驭这一体系的各个环节的人。

杭州广发为此提出并一直强调一句外人听起来很抽象的口号：“大团结，干事业，立行为公。”这是一句大白话，毫无诗意，但是大白话有大白话的魅力。在一个新名词层出不穷的年代，一个大讲文化的年代，一个芝麻绿豆大的话题都要用一系列谁听了都不明白的文化新名词来堆砌装饰说得云山雾罩的年代，一句谁听了都能立刻领会并且记住的话，反而起到了迅速凝聚人心的作用。

这句口号，将杭州广发整个价值观体系的基础作了明晰的表达。

对于这句口号，杭州广发在它的组织行为中，用实践作了种种注释，最重要的是它特有的责任机制。当初建立创新委员会，并以行长“挂帅”的做法，实际上已经构架了一个责任机制，从创新的现场开始，行长实际上已经成为创新项目的第一责任人。金海腾说：“让主帅挺在第一线，我们就准备犯这个兵家大忌。”因为创新免不了会不周全，会有闪失，作为倡导创新的主帅，他主动挺身而出，就表明了创新是一种“银行行为”而非个人行为。在明确“责任上的银行行为”的基础上，创新委员会又强化了“操作上的团队行为”。在杭州广发最高权力随时可以决策拍板的条件下，金海腾还是不断地组合各种行内专家参加创新项目，他带着这个“军官团”冲到随时可能出现闪失的风口浪尖上，除了表明对创新的必胜决心，还在宣示一种“团队作用”——英雄时代已经属于昨天，团队精神才是今天的时代精神。

创新委员会对杭州广发的最大贡献，可能莫过于此。

在这个前提下，杭州广发创造了特殊的责任承挡机制。业务出现了风险，除非是因为个人的道德因素造成的风险，其他的风险并不需要追求个人的责任。因为这是一种团队行为，风险处理由专业的团队来承担。它颠覆了传统的“个人问责制”，因为这种制度往往在找到一只“替罪羊”后，其余工作都不会有效跟进，也不会去作深刻的反思。人们都喜欢把失败和损失叫做“付学费”，而如果没有反思，学费就白交了。

这一做法同时再一次落实了杭州广发的关于风险的概念：

预警≠不良，不良≠损失，损失≠不可弥补，不可弥补≠有责任。

流程，永不消逝的创新保证

我们曾经在前面的“企业财务顾问”一节中，提到过“流程”。而如果需要考究是什么使杭州广发的创新屡试屡爽，我们还是要说到流程，说到流程所起到的保障作用。

当代中国有一句俏皮的政治谚语：“老大难，老大难，老大关心就不难。”这是一句被普遍认同的话，意思是，什么事情只要“一把手”做，就没有做不成的。这是一句大实话，道出了中国式管理的特点。其实在这句话的背后，也道出了中国式管理中浓重的“人治色彩”。与这句话相配套的，是“领导指向哪里，就奔向哪里”，这是中国式“执行力”的行动口号。于是事情就出来了，有一天领导累了、领导心里没有灵感了、领导一时想不出高招、不指引方向了，大家都原地待命，集体立正，一脸茫然，表现为“集体无执行力”。回想过去的集体生产时期，一长排农民站在田边左顾右盼，原因就是队长没有到，大家不知道今天该干什么。我们曾经经历过“领导动脑群众干”的时代，对这种思维形成了惯性，已经习以为常，认为那是天经地义的。

于是领导也有他的办法，那就是“搞试点”，自己亲自抓一个试点，成功了，然后推广试点经验，让大家依样画葫芦。领导搞完“试点”，就开始看属下的葫芦画得像不像。属下也从此不再想为什么要画葫芦，只在一心一意地关注画得像不像，领导没有画上去的，他也绝不画上去，或者不能画上去，就像传统银行的“信用”的定义。

这就是“模式”的由来。

这也许就是中国式管理常常轰轰烈烈开始、不了了之结尾，常常虎头蛇尾的缘由。

中国式管理其实并不是笨办法，它的最大特点是将精英集中于领导阶层。中国的管理层都是最聪明的人，如何让这些聪明人能各安其心、各尽其分，一条最简单可行的办法就是分配权力。权力一经分配，各人就开始画自己的样板葫芦，推广葫芦模式。也于是，聪明人之间出现了权力制衡，上下级之间就比赛忠诚，忠诚不忠诚，就看葫芦画得像不像。又于是，世界就成了几种葫芦的样式。所以思想路线老是要强调一切从“实际”出发，人们总是要歌颂“不唯上，不唯书，只唯实”，伟人的“实事求是”四个大字也老是被作为座右铭挂在墙上，大家老是反思教条主义。

我们无意于探讨中国式管理的成败得失，以上只是为杭州广发的一件事做些铺垫，这件事就是“值班行长制”。杭州广发内部，十分淡化权力的分配，也不重视权力级差的比较，谁是“值班行长”——也许他并不是什么行长，只是今天的现场管理的领班，他就是最高责任人，他就有现场的决断权。这种事情，倒只有“老大”决心推行才能办到，老大不在意自己的权力受到“挑战”，愿意推行“事情”本位而不是“官”本位，方能实行。所以从这个意义上说，因为有一个金海腾，所以才可能有杭州广发的现在。

现在我们真正进入实质问题：“值班行长制”实际上也只是一个表征，这一机制并不是金海腾把权力交给另一个值班员那么简单，而是在值班员的背后，有一个严谨的“办事原则”和一套严谨的“流程机制”，那才是问题的核心。这就像不管谁来当总统，国家总有一大严谨的“实体法”和“程序法”。

没有流程，实体的原则也无法得以实施。这就像生产队长不到，所有的农民只能在地头排成一字长蛇阵。

2004年，一线的客户经理提出，有一家叫青油高科的公司，专注于改性沥青，它的上游为中石化或中石油的下属企业，而下游均为各地重大路桥项目，其中有杭州湾跨海大桥工程。2003年销售2.78万吨，总营业额1.4亿元，而本年从承接的合同看，销售量在15.2万吨以上，营业额为7.1亿元。因业务快速发展，需要补充流动资金。一线认为，青油高科发展潜力大，可以成为争取的目标客户；沥青使用的旺季为路面施工的5~10月，因而季节价格波动幅度大，若能及时锁定货源价格，客户利润空间大，相对应的融资成本不敏感，杭州广发也可获得较高收益。但是难点在于企业资产不足以抵押，老板为人谨慎，没有与其他企业互保，短期内难以找到合适的担保。

这是来自一线的鲜活需求，是营业拓展的机会，但是如果没有创新的金融对策，这个机会就转瞬即逝。

信息传达到了杭州广发的公司银行部，这是一线信贷信息的总入口。公司银行部对一线客户经理的报告立即进行了讨论。按照“一线永远是对的”原则，公司银行部要么有充分理由否定提议，要么启动实现它的程序，但是有一条：不能搁置不理。公司银行部的初步意见是“有实现的价值”，实现的新途径初步设计为“利用其优质的上下游客户”来做好文章。为了判断这一构想是否有程序上的问题，他们立即请了信贷审查部门参与，按规定，信贷审查部也不能搁置不理，除非有充分理由否定。于是信贷审查部立即参与到方案设计，提出更为具体的方案细节，即由授信申请人提供的沥青储罐和改性设备作为抵押，同时追加申请人实际控制人个人连带责任保证担保。这一具体方案一经确定，风险控制部门和合规部门也启动响应程序，提出各自的补充完善意见。风险控制部门认为，设备抵押是一般不被接受的担保方式，可以通过对下游回笼款的控制，确保第一还款来源，同时应当与跨海大桥工程指挥部签订货款回笼的三方协议。于是这一方案正式由客户经理与青油高科沟通，提出正式授信申请，紧接着，贷审会召开了，所有部门的意见已经胸有成竹。

很快，授信审批通过。杭州广发不但拓展了授信业务，也获得了一位战略型的合作伙伴。而青油高科对杭州广发的工作理念与作风深表佩服，又正式聘请杭州广发为企业财务顾问。杭州广发除了常规的利差收入外，又收到了100万元财务顾问费。

在上述整个过程的进行中，行长金海腾正在美国考察，全行在“流程”的指导下，自觉地完成了全部环节正常而快速的运行。

流程强大的能动性，可以把原则变成一种解决问题的方法，而这一过程实际上很简单，它只是一个“回答问题”、“提出方法”的过程，没什么玄乎的情节。而所谓需要回答的问题，就是来自“一线”的要求，所以“一线永远是对的，二线永远是错的，除非证明不是如此”。一线为大，就是你必然回答一线的问题，让一个流程在接受一线问题的同时，就发动答题机制，成为“银行行为”，而不是个别人的兴趣或者责任心行为，就像法院一经受理案件，就立刻启动诉讼程序一样。

让我们回过头来看看上述的流程。杭州广发的这一流程有一个特别的地方，那就是对“一线永远是对的，二线永远是错的，除非证明不是如此”这一理念的强制运用。这是杭州广发绝妙的设计。

在许多部门，“研究研究”是常用的托词，一旦进入“研究研究”的笼子，就意味着可以无限期的拖延。杭州广发的高明在于，凡是“一线的需求”必须立即响应，能做的只有一种选择，要么立即为其提供答案，帮助其实现设想；要么立即调查，证明其不可行而加以否决。否决不了，就得全力付诸实现。这一要求，在所有相关的环节中都是一致的，或者说都同样需要严格的遵守。在这一流程启动时，前一程序只是传达“来自一线的需求”并加以完善，对后一道程序而言，得到的依旧是“一线的信息”而不许怠慢。下面的每一道程序均如此。

2008年年底，杭州广发钢铁事业部的一线客户经理发现，当时钢材市场正处于销售淡季，销售商和钢厂为刺激行情，各种规格的钢材价格均可能出现短期的回落，部分产品的价格甚至低于钢坯生产成本。这一钢铁贸易中“瞬时”跌价的机会，大约会发生在1月底至2月初的20天左右的时间里，也就是“春节淡季”。如果抓住这一时机，有一笔短期的贷款额度为贸易商的“吞货待涨”商业行为配套，将会是一次额外的双赢机会。因此一线提出能否有使用敞口2亿左右的额度。“永远正确”的一线再一次提供了鲜活的“正确信息”。此时已近年关，大家正欢欣鼓舞地准备过年，天还下起了雪，正是特殊机会遭遇特殊时间，这事还干不干？——其实这句话是我们问出来的，杭州广发的各部门当时根本没有这个疑问，因为他们对“一线”信息的反应，是不加任何附带条件的。

于是有关部门按程序立即行动起来，一份命名为《“赢利宝”计划》的方案很快汇聚了各个业务部门的智慧。在分析“赢利点”时，方案写道：

由于铁矿粉、焦炭等原材料的涨价以及奥运会期间河北钢厂的减产预期已经没有悬念，加之部分产品的价格已经低于目前的生产成本，春节以后钢材价格整体看涨。在同客户进行交流后，发现后期涨价及目前价格之间有400元左右的价格空间，存在明显的合作机会。正常的贸易商赢利空间在每吨100元。

在设计“运作方式“和”风险控制”时，方案这样表述：

采用一次性不可循环的方式增加临时额度，给予客户一定的授信支持，敞口占用期限一般控制在3个月左右，具体时间视情况而定，采用存货7折质押的方式作为担保手段，质押物价格认定，采用目前的市场交割价格。3个月后逐渐回笼贷款，进指定保证金账户，防止客户将实现销售回笼后的资金挪用为其他用途；采用存货质押并且用目前市场交割价格作为质押物的价格，风险可控，质物变现能力具备。

本次预计使用2亿左右的授信敞口，以商票为主，银承、贷款为辅，并保证所占用的贷款在季末可随时收回，所需占用的额度已经获得资金部的协调。

另外，本次上报采用“赢利宝”方案的客户，均为我行认定的具备一定实力的客户，其个人身家通常在1亿元左右，企业的年销售规模在10亿元左右，总体风险可控。

而在分析和评估本方案的“创新点”时，方案作如下的表述：

敞口占用时间短，在3个月左右，效益比传统业务高，存货质押安全度高，市场影响力较大，也反映出广发行与众不同的信贷文化，善于把握市场机会。

这一计划立刻通过了贷审会的严谨论证。接着，客户经理们立刻踏雪奔赴各大客户所在地，与之商谈融资意向和约定细节。结果果然如预期的分析，在新年的鞭炮声中，杭州广发与他的十余家钢铁业的核心客户又意外收获了一笔大生意，并且派生存款2.5亿以上。由于杭州广发出乎客户意料的商机意识和“短平快”的操作风格，使客户们在惊讶之余，纷纷邀请其作为自己的企业财务顾问，杭州广发因此又额外增加了企业财务顾问收入150万元左右。

今天，当所有的当事人回忆起这件事时，没有一个人感觉到当初曾经感受过压力，他们甚至根本不觉得有什么人要求他们非要遵照“一线的信息”勉强照办，他们说，每次一线的信息给予他们的只是一种兴奋，一种立刻投入行动的欲望。我们尤其欣赏杭州广发各级员工的这种状态。这时候，他们已经“超越”了银行规定的“行为法则”和“流程规范”，完全成为了“自觉行动”。他们甚至很难想象，除了作出积极而迅速的反应外，还有什么选择。这就是一种仿佛天经地义的行为生态，这就是企业文化，一种已经超越了规定制约的自觉的文化状态。

当然并不是每个“一线需求”都会牵动全部部门，其他未涉及部门如果有谁以局外人自居，站在一边挑剔一线的要求，金海腾又有说法。他规定了一个“提出问题的人，去解决问题”的原则，告诉多嘴的：“别站着说话不腰疼，就叫你去做。”——他必须保证一种纯粹的业务氛围，以激励干活的人。

许多年后，金海腾回过头来审视自己带领杭州广发所走过的路，深有体会地说：“银行需要创新许多课题，导向贴近市场、形成后续产品、适度放宽权限、鼓励创新人才……但是我们必须始终明白，创新流程才是核心的工作。”

第十八章
创新，不是制造风险

不克隆一家银行，我们只是杀鸡取蛋孵小鸡。

——题记

创新不是“冒险实验”

在许多时候，人们常常会不自觉地被“概念”牵着鼻子走。尤其是当代中国，人们太习惯于在一种“概念”的氛围中生活，把鼓动口号当成目标。这是中国文化的又一个特征，我们的老祖宗常常会把复杂的事物简约地概括成一句“口诀”，把丰富的世界图解为一些拼凑明显的“十全大补膏”。于是，人们脑海里的世界更加透明纯真、简单明了，也距离现实的世界越来越远。

杭州广发说：“我们的所谓创新，其实只是把银行放回到原来丰富复杂的现实世界中去，还银行以真正的本性。”从这一点说，他们并不是什么创新，却是真正的“守旧”——守住银行的本真。

银行的本真是什么？它是经济运行中的金融工具，它应当适合于所有追求安全和增值的资本形态，同时以自己安全而富有成效的服务，获得与服务对象的共同发展。杭州广发只是在服务于“所有的资本形式”上，努力使金融发挥原本应有的作用。

这是从广义上说。而在狭义的经营实践中，杭州广发又强调将自身的发展与具有同种价值观的未来成功者型的合作伙伴捆绑在一起，与他们兴亡一体、荣辱与共。银行服务于全社会的金融需求，杭州广发通过核心客户与战略合作者队伍的建立，形成了自己坚强的事业基础。

所以他们不从概念和科律出发，决定“把钱贷给谁”，而是坚持从自己的银行理念出发，寻找属于自己的合作者，为他们量身定做金融产品，给原本没有权利享受金融服务的他们运用金融工具的权利。他们坚持真实的交易背景，而非概念的金融操作。他们认为值得关注的风险，并不是目标风险，而是操作风险。这一切都构成了杭州广发的金融个性和行业人格，也是他们的魅力所在。

在这样的情势下，杭州广发常常处于一种两难的处境：一方面，他们不得不伴随着“创新”而行；而另一方面，所有称得上“创新”的举措，都是第一次，而第一次都是不成熟的，这就会使得“操作风险”发生的概率更高。也就是说，许多创新都可能是一种“冒险实验”。

这也就是他们常常说的谨防“操作不当的风险”。

但是操作风险无处不在。2008年，杭州某一实业公司向杭州广发贷款1 500万元，以另一公司的两处房产为抵押。一年后贷款到期，企业却未能按期归还贷款。在处置不良资产的过程中，杭州广发发现贷款企业和提供抵押物的企业从一开始就动机不纯，有合谋骗取银行贷款的嫌疑，因为贷款资金并没有依照申请的目的使用，而是被挪作他用。杭州广发提起诉讼，法院判决杭州广发胜诉。到此的一切，都是银行一般程序所能解决的“正当防卫”，意想不到的风险恰恰出现在“防卫程序”之外。

正当杭州广发庆幸自己已经掌握足值抵押的抵押物时，他们立刻意识到一个被疏忽了的问题：目前所有的防范与诉讼，都围绕着“所有权”展开，但是房屋这样的标的物还有“使用权”，可悲的笑话“炒房炒成了房东”，就是二权分离的结果。果然，被抵押的这些房产，早已被贷款企业租了出去，而且租赁期限超过20年，由于租赁关系的存在，法院无法强制执行。杭州广发无可奈何地成了房东。

反思信贷的过程，客户经理在贷前调查中有一个重大疏忽，那就是没有认真调查被抵押房产实际存在的形态，仅仅听信申请人的 ·面之词，这基本上造成了抵押落空。

“反思是成功之父。”金海腾说。他这句话是针对“失败是成功之母”说的，许多人经常失败，但总孕育不出成功，原因在哪里？他认为只有母本还不能繁育出新的生命，必须有父本的参与，那就是反思总结。所谓“吃一堑长一智”，首先长的是“智”，智就是反思、总结、学习、感悟的结果。

抵押房产的案例让杭州广发悟到了什么？一个重要的教训就是：在信贷经营中，即使理念正确，学理周全，如果操作不当，也同样会导致风险。

世界上的许多事情，一旦有人参与其间，情况就会立刻变得复杂。所以，“精通专业”与“内行”常常不是一回事，前者是通过人的“专业化”得以实现，而后者则是通过人的“职业化”得以实现。专业化是以技术逻辑、技术规范和技术操作规程完成构架，有完整的学理系统和操作原则，娴熟于这些的人，可以当一名技术官员，“对事不对人”，照着本本做。职业化则不但需要以专业化为基础，而且更多是要借助社会知识，琢磨人的行为心理，要领先一步想到可能发生的风险并采取防范措施，说白了，这是“既对事又对人”的活，需要与人“博弈”的本领与技能。所谓“懂行”的人，不但懂得技术行规，而且懂得社会行规。所以汉语中把商业叫做“生意”，因为商人的活动不仅仅是商业活动，还会不断地“生出意思”来——一种隐蔽其中的想法、计谋、企图、伏笔，甚至是假象、陷阱、阴谋……所谓风险，多从这些地方产生，如果技术安排上有漏洞，就会成为风险孳生的温床。因此，职业化比专业化复杂得多，要求也高得多。

由此，杭州广发在要求员工加快职业化进程的同时，也务实地将员工定位为“不完全职业化”，因为既然商业是一种博弈，就可能会失败。在这个认识的基础上，杭州广发对员工在工作中产生的风险，采取一种十分公允的评估原则。如果不是因为个人道德的因素产生的风险，都是可以原谅的，但是员工必须反思，明白书本上没有写到而社会生活中实际存在的各种“人为风险”，在“吃一堑长一智”中通过反思举一反三，在这种特殊的锻炼中提高员工的职业化水平，这就是“付学费”。

也因此，杭州广发不搞“自己揩屁股”。这就是我们前面说到过的，当客户经理由于经验不足产生风险后，一般说来这说明客户经理没有经验应付这一类复杂问题，于是风险的处理交由专业的风险管理部去解决。这时候，企图与阴谋已经明了，所有的处理都仰仗专业的娴熟，水来土掩，兵来将挡，该专业人员出场了。

由此说来，杭州广发是不是在它的创新中有“冒险实验”之嫌？他们认为，积极创新与冒险实验之间有三条分野：一是原先的创新设计，在技术分析可以达到的范围内，是否做到了风险可控；二是设计的创新流程，是否可以随时监察而做到动态可控；三是设计的创新流程，是否具有主动化解的能力。这三条加在一起，就是我们前面已经说到过的杭州广发“风险管理三大原则”。

创新，为了创造更大的价值

创新是为了解决问题，解决原先不能解决的问题。而解决问题为了什么？杭州广发会明确地告诉你：为了创造更大的价值。如果没有更大的价值，创新就毫无意义。

确立了上述的理念，创新就不仅仅是方法上的，还包括更为重要的目标创新。以价值目标为导向，银行就成为了商业银行。

萧东支行的“授信配套，逢低购料”的做法，细究起来颇有新意，这得益于他们的企业顾问业务。当他们与一家以沥青为原料的生产企业签订了专项财务顾问协议后，发现自己被绑在了这家企业的战车上——这也就是企业顾问业务的魅力，你必须与客户站在一起思考问题，也会学到原来坐在银行的柜台后根本想象不到的东西。

沥青的价格有很强的季节波动性，企业告诉他们，要提高企业的创造价值，最简单的办法就是在沥青价格最便宜的季节大量购进这种原料。原理谁都知道，却未必都做得到，因为缺钱。具体地说，一方面是企业的经营者凭着多年的从业经验，对原料的价格变化往往有着更为敏锐的嗅觉；而另一方面，为了保持资金良好的流动性，企业无法在原料价格较低时大量备货，这就是杭州广发的顾问业务面临的一大课题。事情只要想明白了，方法也就出来了。针对这种需求，顾问意见是设计了一种新的信贷方案，根据原料价格波动行情和企业的生产经营规模，杭州广发为其专项配套原料采购的授信额度。这一额度以行情波动期间的企业实际生产所需为限，专款专用，所购原料以存货质押或委托第三方监管。

正如我们在前面已经讲到的，企业顾问业务在开始建立的时候，有些像狗逮耗子，银行做好银行的事就行了，去当什么企业顾问呢？而实际上，这件事是“一石三鸟”。银行在这一过程中熟知了客户的需求，启动了客户的需求，更把客户变成了启动新的银行业务的平台。这就是金海腾“把银行做到企业里去”的设想的实现。

而从另一方面考虑，银行也在创造新的风险。由于企业顾问业务，银行在金融拓展中的主动性更强了，有时候甚至会成为“美国顾问指挥作战”，然而每一次“作战”，都有一个“几成胜算”的问题。但是，银行的魅力也就在于风险，如果你能控制它，它就是一个可爱的、活蹦乱跳的小精灵。一旦失控，它就是一个魔鬼，让你吃不了兜着走。

所以，“经营风险”高于“经营信用”；控制风险高于依赖信用。因为“信用”是一个“被动的过去时态”，我们不能拿过去的案例假设当前的安全；而“风险”是一个“主动的将来时态”，它在假设将来安全的前提下，创造新的价值。

萧东支行根据沥青企业的案例，开始主动复制这类的风险经营。他们的思路是这样的，既然沥青可以如此，为什么橡胶、水泥、铜材乃至制造饮料的果浆不可以如此呢？推而广之，就成了“授信配套，逢低购料”的系列做法——主动配合企业，低价储备原料。

由于有了运作沥青的经验，他们悉心研究了“这一类”的操作要点。他们认为，这种操作模式的前提，一是原材料可标准化且具有规律性的价格波动，二是必须能够准确把握这种行情波动的节奏，三是企业具备存储的条件。

符合第一个前提条件的大宗物资有很多，上述的橡胶、水泥、果浆等，每年都存在规律性的价格波动，橡胶在停割时价格会上涨，沥青在冬季价格最低，水泥在春节前后价格会下跌。具备第二个前提则需要用心观察、总结、提炼，多年行情的钻研与跟踪，通过多信息渠道的印证与分析，发现其中的规律，才能踏准行情的脚步，这一点是关键，因为掌握波动的规律，才是控制的基础。第三个条件需要根据具体情况来看，尤其原料的存储要求较高，企业需要另外投入费用以满足额外的原料存放，应测算其价格波动带来的回报是否值得投入。

通过捕捉大宗物资行情变化，给出专项的增值对策，给企业带来的利润会非常直观。而且大宗物资的行情价格公开，其价格波动带来的收益是否高于资金成本完全可以预测。但在这种操作模式中，必须保持对行情的实时跟踪和理性分析，不能盲目相信价格的即时变化曲线，应当通过查阅相关报价信息和期货价格，追踪几年行情的走势变化，综合分析近期趋势。当然也不能无视企业自身规模，盲目扩大储备量，偏离锁定原料价格的初衷。

创造更大的价值，使企业顾问模式在客户中大受欢迎。因为对客户而言，这就等于拥有了一个“外脑”；而对银行，又相当于多了一个撬动市场的杠杆。

创新，是为了解决企业的实际问题、最基本的问题，去选择最合适的方法，这一方法的选定就是创新。如何选定方法？这就要求银行综合考虑相关方的利益，而不是根据一般的原则去套用成例，以提出个性化的方案。“原理是一致的，在这个前提下，重新丰富原则、制定原则。”企业财务顾问部总经理蒋骊军说得很到位。

杭州广发的贷审会，这一最重要的贷款审核环节，内部有一个宗旨，那就是贷审会的工作不是为了否决，而是通过讨论提出更好的方案。而更好的方案，说白了就是风险可控的方案。文三支行为一家电脑企业作授信，企业的前景是可以的，不过贷审会发现授信方案中的风险不确定，于是就快速决策，增加房产抵押，完善了方案，也避免了机会成本的损失。贷审会从裁判员变成了教练员，同时也创造价值，而且是创造更多的价值。所以作为贷审会成员的叶弘深有体会，他说：“贷审会是银行家说心里话的地方。”

不为创新而创新

杭州广发在它前10年的历史中，依靠不断的创新，创造出了我们曾经在《金融道》第一部描述过的“一家弱势银行的崛起”的故事。“不克隆一家银行”的气势，仿佛有“见佛杀佛，见祖杀祖”的豪气。这种豪气看上去极像是把传统银行这只“大母鸡”给一刀宰了——本来任何一家新银行的建立，都是用这只“大母鸡”下的“蛋”孵成的。杭州广发“不克隆一家银行”，不就意味着不克隆这只“大母鸡”？

“不，”金海腾说，“我们是杀鸡取蛋孵小鸡。”

他们把银行的本质取了出来，重新用人工“孵化”。这个人工孵化的过程，就是一系列创新的过程。他们孵的还是鸡。

初看杭州广发，创新简直就是一服灵丹妙药。杭州广发先后树立起的几个“里程碑”式的人物，都是创新的带头人。领导鼓励创新，群众景仰创新，全行上下一片创新的浓重氛围，仿佛所有的人都在想着创新，仿佛整个银行就是以创新为使命。如果真的是这样，这还正常吗？

“在充满创新气氛的地方，”金海腾说，“最可怕的是大家都以创新为目的，去争着创新。”

这简直是太理性的认识。“楚王好细腰，宫中多饿殍。”怕的就是这一个。

创新只是一种手段，而不是目的——这是需要切切记住的真谛。

杭州广发法律事务部经理姚非非说：“我的工作目标之一，就是时刻关注着这种事情的发生：为了收益不顾风险，结果从低风险做成高风险。”

这句话的本质，就像他的名字：非非。前一个“非”是动词，后一个“非”是名词。

姚非非讲述了一个真的故事。

我们都知道，有一家叫“绿菱实业”的公司，2001年来我行申请300万美元进口开证额度，用于进口96台喷气织机。当时浙江的纺织行业正处于上升期，外销形势非常好，利润率在10%以上。这家企业当时已经拥有了96台国产纺织机，每年销售额有1亿元，利润1 000万元。这是一家个体企业，老板是当地的村党支部书记，能说会道也富有心计，他就像篮球队里的中锋，带动了这个村周围的一大批企业。当那些企业的发展就像篮球的前锋那样越来越有精彩表现的时候，中锋感到了压力，于是他要越位冲锋了。他琢磨着易地发展，在当地的县城里又征地开办了一家纺织厂，配置了300台织机，虽然取得了预期的利润，但是他的贷款利息和其他成本的抬升，已经到了他发展的极限。

如果就此稳步发展，局面还是稳定的，企业风险依旧很低。然而这时候，他的声名再次鹊起，政治荣誉也在加码，于是他又有些坐不住了，又提出在县城的工业开发区再去吃块地，从事跨行业的塑料薄膜项目。当他再一次提出贷款要求时，我们行内形成了两种不同的意见。一种认为，这个老板本身是一个创新型人才，总是能在产业创新中捷报频传。这一次跨行业的发展，又是一次发展创新，我们作为以创新著名的银行，应当与他风雨同舟。另一种意见却认为，创新并不是我们的终极目标，冷静分析就会知道，他正在走向高危的区域。这一步，将使他从低风险区走向高风险区，我们没有必要与他绑在同一条船上。我们不但不能怂恿他发展，而且要竭诚规劝他，遏制他的发展冲动。

所幸结果是后一种意见占了上风。但是，天下的银行多的是，我们不支持他，其他银行就会乘虚而入，他的跨行业的塑料薄膜项目还是如愿投资了，最终导致其资金链断裂，就像一部经典电影的片名——《中锋在黎明前死去》。

在这个案例中，其实银行也遇到了一次考验。在发展与风险的矛盾中，是迎合客户胡乱创新，还是始终以冷静的心态去洞察真实的发展，考验的是银行的理性。

在许多时候，创新的理由其实很简单，世界上的事情纷繁复杂，你根本不能用一个原理、一个模子去套。好多创新，其实只是“实事求是”，百种药方治百种病而已。对症才是我们追求的目标。不对症，反而弄出风险，就成了“伪创新”。

杭州广发属下的某家支行，向杭州广发提出了一项为某物资公司创新的3 000万元授信业务，这项创新业务可以称为“标准预付账款模式”。他们的设计很理想化，该物资公司的上游是很有实力的大中型制造企业，物资公司是它的经销商，于是就设计由制造企业、经销商、银行通过签订三方协议，共同约定如下内容：一是经销商先从银行取得融资，用于预付制造商的货款，需要提货的时候，经销商向银行缴纳保证金或偿还融资，而制造商则根据银行的提货通知发货。如果融资到期，经销商未能按时补足保证金用于赎货或提货，则制造商将收到的预付款总额，在扣除银行通知的提货总额后，将余款退还给银行。

这看上去是一笔贷款充当两笔用的方案，银行用一笔贷款既支持了经销商预订货物，又武装了制造商发展生产，自己则终始控制着双方，稳坐在钓鱼台上。

如果可行，也称得上是创新了一种新的贷款模式。

但这一看似无懈可击的方案，恰恰是一个“书斋式方案”。何谓书斋式？就是读书人根据信贷的原理杜撰出来的，它的背后有许多假设的前提，比如当事的双方都是单纯为业务的企业，比如大家都是正人君子，行为不可能有猫腻，比如所有的人都诚信守约，等等。但世界并没有那么简单。

分行在审查这一方案时发现，这家上游制造商正在为固定资产进行大量的投入，需要钱来填补基本建设的窟窿，如果银行批准了这笔预付款申请，企业必然先用于基建，而不是制造产品。该企业发出的货物提单，设定的期限为一年，近期查不到有发货通知，即使有货物交易，也都是在厂家所在地完成。再进一步了解，那家所谓的经销商贸易公司，在上游制造厂有实际股份，该笔贸易项下的融资无真实贸易背景，实际是将一笔预付款给制造商用于固定资产投资，一旦固定资产投资失败，风险就会立马出现。

这单“书斋式方案”就成了一次“伪创新”——利用创新的名义上报授信，而实际上并非如此。因为它首先违背了“创新的关键，是创造出一种新的控制风险的方法”的原则，使所谓创新成为了制造风险的机器。

杭州广发始终告诫着自己的员工，所有的业务创新，关键是创新“风险控制”的方式，而在所有风险控制的新方式中，最关键的是控制“第一还款来源”。这才是创新的真正要害。

那么，怎样的创新才称得上真正有效的创新？杭州广发很明确地说：“创新体现在多赢。”也就是说，银企合作的目标，就是在风险可控、经营可持续的前提下，达到合作可持续。对银行而言，重在风险可控；对企业而言，重在经营可持续。只有这样，才能使银企合作达到可持续的境界。

这是一个什么样的境界？杭州广发信贷管理部副总许玲凤讲了一个南山集团的故事。

杭州广发与南山集团结缘始于2004年。南山集团是一家大公司，光公司的占地面积就有45平方公里，旗下的山东南山铝业在1999年上市。南山铝业因投资新项目公开发行可转换债券8.83亿元，需要银行为债券提供担保。这一类大项目，任何银行都会作为重点营销的目标。有消息说，当地的主要合作银行已经先行介入，作为债券的担保人，并已取得总行的初步批复，相关的合作协议正在审核中。也就是说，这一合作已经基本定局。

听到消息的杭州广发行虽然有积极的合作愿望，但是没有任何竞争优势。然而应了那句话“机会总是留给有准备的人”，就在南山铝业一切材料准备就绪，等待10天后递交证监会评审的时候，当地的担保银行对签署担保协议仍没有明确的回复。南山铝业有些急了，这时候，杭州广发出现了并表达了自己合作的心愿。南山铝业抱着试试看的态度，让杭州广发同步上报自己的总行审批。杭州广发惯于打“遭遇战”的特点立刻发挥了作用。杭州和广州，分行和总行，一场真正的联动作战在8个工作日内创造了中国银行业的一个速度奇迹。8天后，8.83亿元可转债担保项目的申报、总分行审查审批都顺利完成。南山铝业惊呆了。南山集团虽在当地堪称龙头企业，但从来没有体验过如此大额的授信竟然能在如此短的时间内完成审批，并且考虑了所有完成签约的细节。OK，就是杭州广发！

可转债项目使南山铝业的资产和产业转型都取得质的改变，而作为担保方的杭州广发同时获得了这笔可转债资金的监管权力，南山铝业公开募集的资金，全部通过杭州广发结算，按项目约定的用途使用。这就为杭州广发带来了可观的存款，也因结算带来了多项中间业务收入。

可持续发展的境界，就是杭州广发与自身认可的具有“三种品格”的企业的可持续合作。什么是银行的可持续发展？就是银行不断地培养自己的优质客户，把钱贷给他们，与他们共赢，这才是取之不尽的源泉。正因为如此，杭州广发才从一家弱势的银行，十年后发展成为浙江地区著名的商业银行。

这是杭州广发在金融壁垒之下，主动追求差异化的成功之路。

说到这里，本书已经举了太多的例子，阐述了太多的道理，这些文字其实不过是在解答一个问题——把钱贷给谁？这个问题似乎非常具体，如果套用某种公式、复制某段规章，可能远可以不那么费事，但是——这真的是个具体的问题吗？

“把钱贷给谁”其实是这样一个问题：如何把财富用于创造更多财富的模式之中。这不是“如何把财富托付给别人”的问题，而是一个怎样通过自身努力去创造财富的问题；这不是一个物质层面的问题，因为其中牵涉到理念与文化；这不是一个经济问题，因为其中有对权力体系构造的思考；这不是一个经营问题，因为其中的道理是哲学层面的；或者这甚至不是一个企业的问题，因为这里面有做人的道理、品格的价值。总之，“把钱贷给谁”的关键不在于“多少钱”或者“贷给谁”，而是在于，作为一个银行家，一个财富管理者，一个社会价值的传递者，一个被赋予了某种权力、使命、义务与责任的人——

你，应该是谁？

尾声

空　间

本书即将成稿之时，正是中国人民银行宣布将存款准备金率上调至21.5%之际，这已经是历史最高水平了。持续高通胀的经济环境，同质化严重、流动性高度紧张的竞争环境，贷款限额、存贷比控制等不断严格的监管要求，让很多人都不由得开始担忧中国的银行到底还有多少发展空间。

对此，金海腾似乎有话要说。

他讲出了他的思考，起点是南太平洋的邮轮甲板上。

2011年3月，我与一位著名经济学家和几位企业家在南太平洋度假，难得的返璞归真，我们可以每天晚上在邮轮的甲板上仰望浩瀚的星空，恣意地海阔天空。

深邃的太空总能引人更多的想象。

当时我们正好在读一本书——《万物简史》，书中回溯了科学史上那些伟大与奇妙的时刻，引用了近年来发现的最新科学史料，几乎每一个被作者描述的事件都奇特而且惊人：宇宙起源于一个要用显微镜才能看得见的奇点（甚至可能还要小）；全球气候变暖可能会使北美洲和欧洲北部地区变得更加寒冷；1815年印度尼西亚松巴哇岛坦博拉火山喷发及相伴而来的海啸夺走了10万人的生命……作为享誉世界的旅行文学作家，作者比尔·布莱森说：“足迹遍及世界各地的我，对于自己长期以来置身其间，而且这辈子也只能生活其间的地球，竟然是那样的缺乏了解。比如，我不知道为什么海水是咸的，而五大湖的湖水却是淡的。我不知道随着时间的流逝，海水会变得越来越咸，还是越来越淡，不知道海水的咸度是不是我该关心的问题。而且直到20世纪70年代，科学家们也不知道这些问题的答案，他们只是悄悄地议论这些事。”

这的确是个奇妙的世界，而且没有穷尽，我们看到的所谓平淡无奇，只是我们视野不够宽，思考不够深。

这本书一下子引发了我们的思考和讨论，经济发展、市场演变、制度变迁等表面的结果，想必都是有很多可以探究的根源，未来总是充满了想象的空间。

中国的银行业到底还有多少发展空间？金海腾引入了问题的主线。讲到发展空间，首先还是要弄清楚银行何以能够发展。

回看杭州广发十多年信贷业务的发展，有一条清晰的主线，从找市场到确定市场定位，再到不断地深化、优化市场定位，我们在浙江市场特别是中小企业市场中，一定程度上赢得了令人侧目的地位。确定市场定位，这是经营一家优秀的商业银行首先需要明确的战略问题，然后顺着这条主线才能去做深做透，否则东放一枪，西打一棒，最终的结果就是挖了很多井，但都出不了水。

与客户一起完成资本增值，然后共享利益，这是银行服务的本质。银行若想发展，就需要具备不断为客户创造价值的能力。杭州广发的一系列创新也都是围绕着“如何为客户增加价值”这个主题，从创新国内首单可置换动产质押授信业务开始，到“厂商银”、“商商银”、“厂厂银”业务模式，到国内首创的品牌质押授信业务、异地法人按揭授信业务，再到国内首推的企业财务顾问业务等一系列的业务创新，之所以能够成功也都是因为给客户带来了巨大的价值提升。

当然，产品的创新只能带来一时或某一领域的领先，更重要的是形成有效的发展思维，学习任何一项创新，不是去学习创新出来的产品，而是要去研究其中的思维方式。

金融学上讲，银行是经营货币商品的特殊企业，但从实质上讲，银行经营的是信用。银行以存款的方式筹集货币资金，以贷款的方式提供给各类经济组织资金，这其中发挥纽带作用的就是银行信用，货币只是载体，链接的是一种信用。

所以，杭州广发的发展史从根本上讲也是不断破解信用经营难题，创造各种信用链接方式的过程。从1999年的“恒生电子”购房项目开始，到“厂商银”、“商商银”、“厂厂银”模式，再到发散式平台模式，我们其实是将信用链接创造从“一对一”的信用对延伸到“上中下游”的信用链，再延伸到了“一对多”、“多对多”的信用网。

银行通过信用链接将自己与商业社会、经济活动连接在一起，那么，一家银行如果信誉越好、信用链接方式越多、链接程度越深，势必会给自己带来更多的发展空间。

抓住了思维的要点，突破就会随之而来。杭州广发将信用经营发挥得淋漓尽致。一个典型的案例就是他们2001年就推出“商业承兑汇票贴现、可贴现”授信业务，这让原本代表商业信用的商业承兑汇票，因为有了银行信用的嫁接，大大扩展了可以使用的空间，让企业间的资金流、物资流得以加速流转，也为自己创造了一片新的发展空间。更根本的是，它强化了商业信用，使得商业链条更加紧密，帮助企业培养了核心客户。

“跳出现有的空间，才能谈发展空间。相比于商业信用，银行信用其实只是社会信用很小的一部分，如果银行能够寻找到更多将自己融入到商业信用领域的有效模式，那么它的发展空间将是无限的。”此时，金海腾点出了开启一扇“新空间”的大门的方法。

对比其他行业，银行业其实是发育最不充分、竞争最不完全的行业之一。银行业是仅存的没有被民营资本冲击的领域之一，即使有少量的民营资本进入，也没有获得经营主导权，代表不了民营资本意志。

再来看民间融资，中国的民间融资到底有多大规模，目前也没有可靠的调查数据，数万亿可能还是保守的估计。这其中包含着以道德为基础的私人信用和以契约为基础的商业信用。这些民间融资的存在有着一定的现实意义，这也反映了以银行融资为代表的间接融资市场以及直接融资市场发育得仍然不够充分。

我们曾经作过一个调查，就算是金融相对发达的浙江，也还有将近90%的企业没有银行贷款，也就是说，这些数量巨大的企业群体在没有银行信用嫁接的情况下，仅凭着商业信用就进行着自己的商业行为。那么，在整个中国，还有多少可以让银行去发挥和创造的空间？

所以，银行的发展空间，不只是在于将现有的银行信用模式扩展得有多大，更大的空间在于，切入并嫁接了多少新的商业信用领域。

有商业行为，有资金流动，就有商业信用存在；有商业信用存在的地方，都是可能嫁接银行信用的领域，就有银行发展的空间。

将商业信用转化为银行信用，这个空间确实让人充满想象。

“银行经营的是信用。信用，一定程度上是一种冒险的信任，因此，银行经营信用的核心就是经营风险。在我们探索新空间的时候，很可能会碰到各种新的风险，但我们不能因噎废食，经营风险关键在于做到风险可控，而不是风险最小，无风险可能就无机遇。”金海腾的一番话让我们对经营信用有了更深的认识。

“银行的发展空间很大，重要的是能否以小见大，从小事当中发现创造大空间的思路，把小事做成大事。杭州有句俗话叫‘螺蛳壳里做道场’，意思是说在狭窄简陋处做出复杂的事情。”金海腾话锋一转，将我们引入了一段新的思考。

去年，我去了一趟广东省云浮市郁南县，这是一个“八分山地一分田，半分河道半分村”的地方，也是广东为数不多的欠发达地区。我的一位老同事，原广发东莞分行行长黄志豪先生在那里当县委书记。就在这么一个不起眼的山区小县，他们却创造了让人刮目相看的小额信贷“郁南模式”。

农民贷不到款，这在中国金融界是个老生常谈的话题，而“郁南模式”不仅让农民贷到了款，甚至让贫困户也贷到了款，这不得不说是一个奇迹。

“郁南模式”主要在三方面进行了创新：首创县级征信中心、政府主导的信用村评定和扶贫担保基金贷款。这个模式创新实质上也是从解决信用问题入手，在郁南的征信中心，你不仅可以查到常规中国人民银行征信系统的信息，更可以查到每个农户种了多少亩果园，每年赚多少钱，他是否违法违规，是否在种养过程中使用违禁药等信息。他们倡导的“信用三农”——“信用农民”、“信用农村”、“信用农业”——通过共谋共建、集体评议、激励型评级、张榜公示、整村授信的方式，让每一个农民都成为了信用农民。

郁南县的金融机构开办了“订单农业”贷款、林权抵押贷款、惠农卡、农户“互保”“联保”、“村级联络员搭桥”等适合“三农”的创新金融产品。为解决中小企业和农户缺少有效担保、抵押物的问题，郁南县还创办了担保公司和政府担保基金，为贫困户提供贴息小额担保贷款、农资赊销服务以及先付款后种养的“订单农业”等扶贫方式。截至2010年7月1日，金融扶贫基金规模已超过1 000万元。以基金做担保，郁南县农信联社按基金额度放大5倍，向全县4 497户贫困户实施整体授信5 000万元。郁南县已经初步形成了“放得出、有效益、能致富、收得回”的良好局面。

在整个“郁南模式”中，政府“补位”而不“缺位”，不遗余力地打造信用环境，为金融的创新提供了极好的社会环境，而金融创新又反过来推动了社会信用的发展。

金海腾说：“‘郁南模式’看似是金融创新，但它用金融撬动了整个农村社会信用体系的建设，其本身已超越了金融创新，这其实也是每个金融机构的社会责任。”末了，他点出了这个案例的用意：

中国的改革从农村发端，然后进入城市，30余年过去了，城市改革取得了伟大的成功，国民经济实力大大增强，跻身于世界民族之林，领跑于第三世界。但是，按人均一算，中国仍然比较落后，因此改革必须关注最广大群众的生活、生产基础——农业、农民，改革必须回到农村！金融关注农村应是题中之义。

城市的改革为城市金融的发展提供了广阔的空间，也推动了计划经济向市场经济的转变，以及开放的全面进程。中国是一个农业大国，农村人口接近9亿，占全国人口的70%；农业人口达7亿人，占产业总人口的50.1%，而这几乎还是银行业务的不毛之地，设想，银行如果深入农村，那该会怎样？

前面提到的“郁南模式”在农村信用模式的建设上作了有益并且有效的探索，这其中政府发挥了很好的作用。那么，作为创新能动性更强的银行，能否在农村金融改革中发挥更好的作用呢？

2006年度诺贝尔和平奖获得者孟加拉的穆罕默德·尤诺斯和格拉明乡村银行，他们所倡导的“格拉明乡村银行模式”就是一种非政府组织从事农村小额信贷的模式。

在更加广阔的中国农村，相信只要银行能将聚焦点放到农村，“郁南模式”肯定只是个开始，一定会有更新更好的模式出现。

在城市金融服务的空间还远远没有饱和的这个阶段，农村金融服务的需求又昭示着中国金融业发展的无限空间，中国银行业的空间实在太大了。

金融源自于实体经济，银行的发展空间也是源自于此。立足中国经济，才能走出中国特色的银行业发展之路。